本书得到江苏省第五期"333高层次人才培养
第三层次培养对象（中青年学术技术带头人）

中国制造

从成本竞争优势
到综合竞争优势

辛永容◎著

河海大学出版社
HOHAI UNIVERSITY PRESS
·南京·

图书在版编目(CIP)数据

中国制造:从成本竞争优势到综合竞争优势 / 辛永容著. -- 南京：河海大学出版社，2023.12
 ISBN 978-7-5630-8806-5

Ⅰ.①中… Ⅱ.①辛… Ⅲ.①制造工业－工业发展－中国 Ⅳ.①F426.4

中国国家版本馆 CIP 数据核字(2023)第 250658 号

书　　名	中国制造:从成本竞争优势到综合竞争优势 ZHONGGUO ZHIZAO: CONG CHENGBEN JINGZHENG YOUSHI DAO ZONGHE JINGZHENG YOUSHI	
书　　号	ISBN 978-7-5630-8806-5	
责任编辑	齐　岩	
文字编辑	胡欣仪	
特约校对	李　萍	
装帧设计	徐娟娟	
出版发行	河海大学出版社	
地　　址	南京市西康路1号(邮编:210098)	
电　　话	(025)83737852(总编室)　(025)83722833(营销部)	
经　　销	江苏省新华发行集团有限公司	
排　　版	南京布克文化发展有限公司	
印　　刷	广东虎彩云印刷有限公司	
开　　本	787 毫米×1092 毫米　1/16	
印　　张	15.75	
字　　数	298 千字	
版　　次	2023 年 12 月第 1 版	
印　　次	2023 年 12 月第 1 次印刷	
定　　价	78.00 元	

前言

Preface

《中国制造：从成本竞争优势到综合竞争优势》一书聚焦于深入分析制造业演变过程中的重要转折点。本书通过多个视角（包括物流效率、智能制造和数字经济）全面解析了中国制造业在全球竞争中的地位，并提出了相应的策略选择。其旨在为决策者、学者和业界提供深入洞察和战略指导。

第一章为本书奠定了坚实的基础，详细介绍了研究的背景、意义与结构，明晰了研究内容，并对基本概念进行了明确界定，同时选择了清晰的研究视角。这一章节为读者提供了全书内容和结构的清晰导览，使其能够更好地理解研究的动机和框架。深入研究中国制造业的总体现状、面临的挑战和机遇是第二章的核心。通过多角度的分析，本章为后续研究提供了必要的背景信息，确立了对制造业的全面认识，为深入探讨竞争优势的演变打下了基础。

第三章深入剖析了中国制造业成本竞争优势的变动趋势及国际比较，不仅提供了对制造业成本的具体认识，还为后续研究提供了参照和对比的依据。聚焦于中国制造业从成本竞争优势到综合竞争优势的演变过程，第四章通过对成本竞争优势现状和挑战的深入分析，以及综合竞争优势来源和转型逻辑的讨论，呈现了一个清晰的发展路径，使读者更好地理解制造业在竞争中的动态变化。

第五章以物流效率为视角，探讨了物流产业与制造业规模效应综合竞争优势的联动机制，以及物流效率对制造业竞争优势的影响逻辑。这一章为制造业综合竞争优势提供了新的理论和实证支持，为政策制定和实践操作提供了有益启示。在第六章，聚焦于智能制造，深入探讨了智能制造与制造业综合竞争优势之间的关系，探讨了ChatGPT在制造业中的应用与挑战，展示了智能制造对制造业的深远影响。

第七章以数字经济为视角,分析了中国数字经济的现状和未来趋势,探讨了数字经济对制造业综合竞争优势的影响。通过对数字经济时代下制造业竞争优势构建和中国制造业在全球价值链中的地位的研究,提供了对数字经济时代下制造业的深刻认识。第八章深入研究了从成本竞争优势到综合竞争优势的战略选择,探讨了综合竞争优势转型的动力和机遇,并提出了中国制造业在这一转型过程中的路径选择与策略。此章节为读者提供了实践操作层面的建议,使其能够更好地应对竞争中的挑战。

最终,第九章总结全书的主要结论和启示,强调了本研究的创新之处,并展望了未来可能的研究方向。通过对整本书的回顾和总结,读者能够更好地理解本研究的价值和意义,为未来研究提供了引导。本书的编写得益于广泛的文献调研、深入的理论分析和大量的实证研究,同时也不可避免地存在一些局限性。然而,正是这些局限性激发了我对未来研究的进一步探索和完善的渴望。我期望本书能为政府决策者、企业管理者、学者以及产业从业者提供有价值的参考和启示。在整个写作过程中,我深感责任重大,希望通过对中国制造业竞争优势演变的系统研究,为中国制造业的可持续发展提供战略支持。我将研究的视角从成本竞争优势延伸到综合竞争优势,强调了制造业在全球化和数字化浪潮中的适应性和创新能力。

最后,我衷心感谢在本书写作过程中给予支持和帮助的所有人。特别感谢江苏开放大学商学院对本书的支持,以及参与讨论和提供建议的同事和朋友。正是因为你们的支持和鼓励,本书才得以顺利完成。

我坚信,通过我们的共同努力,中国制造业必将在全球竞争中展现出更强大的综合竞争优势,并迎来新的发展机遇。希望本书能够为实现这一目标贡献一份微薄的力量,为中国制造业的未来发展提供有益的思考和借鉴,推动产业升级和经济可持续发展。

辛永容
2023 年 12 月 5 日于宁

目录
Contents

第1章 绪论 ·· 001
  1.1 研究背景与意义 ·· 001
  1.2 研究内容与结构 ·· 003
  1.3 研究方案 ·· 005
  1.4 基本概念的界定和研究视角的选择 ·································· 011

第2章 中国制造业发展现状、挑战及机遇 ································· 015
  2.1 中国制造业总体发展现状 ·· 015
  2.2 中国制造业目前面临的挑战 ·· 033
  2.3 中国制造业面临的机遇 ··· 035
  2.4 本章小结 ·· 046

第3章 中国制造业成本竞争优势变动趋势及国际比较 ················ 048
  3.1 中国制造业单位劳动成本变动研究 ·································· 049
  3.2 中国制造业成本竞争优势国际比较研究 ··························· 061
  3.3 本章小结 ·· 067

第4章 中国制造业成本竞争优势到综合竞争优势的演变 ············· 068
  4.1 中国制造业成本竞争优势现状和挑战 ······························ 068
  4.2 制造业综合竞争优势的来源 ·· 081

4.3　从成本竞争优势到综合竞争优势的挑战和机遇 ················ 087
　　4.4　制造业从成本竞争优势到综合竞争优势转型与升级的逻辑 ········· 095
　　4.5　本章小结 ······································· 097

第5章　基于物流效率视角的制造业综合竞争优势研究 ················ 099
　　5.1　物流产业与制造业规模效应综合竞争优势的联动机制分析 ········· 099
　　5.2　物流效率对制造业竞争优势的影响逻辑分析 ················ 104
　　5.3　物流效率影响因素研究背景 ························· 109
　　5.4　理论基础及模型 ································· 110
　　5.5　实证结果分析 ·································· 112
　　5.6　主要结论与政策启示 ······························ 130
　　5.7　本章小结 ······································ 134

第6章　基于智能制造视角的制造业综合竞争优势研究 ················ 136
　　6.1　智能制造的概念和发展历程 ·························· 137
　　6.2　中国智能制造的现状 ······························ 141
　　6.3　智能制造与制造业综合竞争优势 ······················· 146
　　6.4　ChatGPT在制造业生产效率提高中的应用与挑战 ·············· 154
　　6.5　本章小结 ······································ 162

第7章　基于数字经济视角的制造业综合竞争优势研究 ················ 163
　　7.1　中国数字经济的现状和未来发展趋势 ···················· 164
　　7.2　数字经济对制造业综合竞争优势的影响 ··················· 167
　　7.3　数字经济时代下制造业竞争优势的构建 ··················· 171
　　7.4　数字经济背景下中国制造业在全球价值链中的竞争地位 ·········· 191
　　7.5　本章小结 ······································ 198

第8章　从成本竞争优势到综合竞争优势的战略选择 ················· 199
　　8.1　综合竞争优势转型的动力和机遇 ······················· 199
　　8.2　中国制造业从成本竞争优势到综合竞争优势的路径选择与策略 ······ 201
　　8.3　本章小结 ······································ 231

第 9 章　研究结论和展望 ······ 233
- 9.1　主要结论和启示 ······ 233
- 9.2　创新之处 ······ 236
- 9.3　未来研究展望 ······ 236

参考文献 ······ 238

第1章

绪论

1.1 研究背景与意义

自改革开放以来,中国制造业依靠劳动成本竞争优势,得以快速发展,为出口导向贸易做出了重要的贡献。但是随着外贸出口政策调整、劳动法律法规和环保要求日益严格以及原材料价格不断攀升等一连串因素的影响,制造业的成本一直呈现上涨的趋势。尤其是制造业集中的沿海地区,劳动力成本、土地、原材料和能源等价格不断攀升,这使得中国的外向型制造业的低成本条件逐渐削弱,一些企业不得不倒闭、撤资或迁移。由此可见,近30年形成的基于生产要素成本优势之上的传统低成本策略已经无法满足国内、国际新形势下的要求,其竞争优势也逐渐消失,阻碍了中国经济发展方式的转变。

作为一个发展中大国,中国在一定的发展阶段,如"刘易斯转折点"后,需要寻找低成本企业和产业的战略出路。然而,国内学术界和产业界对于低成本优势是否仍然存在以及是否继续依靠低成本参与国际竞争存在争议,这甚至引发截然不同的观点。一种观点认为,中国的低成本劳动力优势只能再维持几年,必须依靠差异化战略或产业升级来寻找出路;而另一种观点则认为,国际分工决定在未来相当长的时间内,中国大多数企业仍需实施低成本战略。如何从传统的成本优势转向竞争优势是中国制造业需要思考和解决的问题。同样,这个问题也是发展中国家在整个历史进程中需要思考并找到低成本企业和产业战略归宿与出路的问题。我们需要问:过去中国制造业的低成本劳动力扮演了什么样的角色?中国目前和未来是否仍然具有劳动力成本竞争优势?影响劳动力成本竞争优势的关键因素是什么？如果劳动力成本优势难以为继，从成本竞争优势转向综合竞争优势，除了中国制造业已闻名全球的劳动力成本优势，是否还存在其他东南亚国家无法替代的规模竞争优势？在数字经济蓬勃发展的14亿人力资源和资本市场中，中国制造业是否能通过数字化转型提高劳动生产率，从而抵消由于劳动力成本上升所损失的优势？我们如何实现从要素和投资驱动过渡到创新和财富驱动的战略研究和路径选择？我们将通过数据分析与实证研究回答这些问题。

在国内外相关研究中，学者们通常关注我国劳动者工资率的国际横向比较以及未来发展趋势，但这并不能充分说明劳动力的竞争优势。劳动力成本低虽然是成本优势的重要构成因素之一，但它并不是唯一的因素。同时，劳动生产率在依赖劳动力成本优势的增长效应中也起着根本性作用。因此，研究我国劳动生产率及其变化趋势也具有重要意义。在国际竞争中，劳动成本竞争优势实际上不仅取决于薪酬率，还受到劳动生产率和汇率的影响。这三个因素综合影响了劳动成本竞争优势及其变化。因此只研究其中的某个要素并不能完全说明劳动成本竞争优势的存在及其变化。对于劳动成本优势及其变化，需将这三个因素结合起来，才能得出合理结论。

目前，荷兰哥廷根大学产出与生产率比较项目（ICOP）建立的单位劳动成本指标是一个较为完善的研究指标，包含了以上所述三个因素。从单位劳动成本的角度来分析中国制造业的成本竞争优势，探索比较优势的演化路径，并寻求提升和强化劳动成本竞争优势的策略变得至关重要。然而，在中国制造业竞争优势的研究中，学者们大多集中在探讨要素丰裕度，关注的是制造业低成本竞争优势的演变趋势，对于创新型低成本应用空间的研究较少。因此，本书从这一视角出发，分析中国制造业竞争优势的变动趋势、影响因素以及强化提升策略，探讨如何实现从要素和投资驱动向创新和财富驱动的转型，如何重新定义和选择中国制造业在全球的分工，还包括在当前全球疫情导致的供应链分工重新洗牌背景下，如何制定中国制造业的战略选择之路。这些研究将有助于完善产业发展的不同阶段的战略选择和规划，同时为实现"中国制造2025"的宏伟蓝图提供现实分析和理论依据，具有重要的学术价值和现实意义。

本书以此为背景，提出了中国制造业从成本竞争优势到综合竞争优势的分析框架。运用1978—2020年的数据进行实证分析，尝试从中国制造业长区间实际数据的分析中寻找到竞争优势转化的实现路径和战略选择，分析要素驱动型低成本战略向创新型低成本战略的演进路径，以及基于成本比较优势的产业综合竞争优势形成及强化机制。本书的研究对于推动成本领先战略管理理论的进一步发展具有重要的理论意义,为我国制造企业实施创新型低成本战略的实践提供具体的借鉴和指导。因此,本书研究结果不仅可以为中国制造业在全球分工中的定位和未来发展提供有益的指导,也具有国际性、普遍性和长期性的意义。该研究可以为其他发展中国家低成本企业和产业在"刘易斯转折点"后寻找战略出路提供参考,并为其他国家制造业的发展提供借鉴和启示。

1.2 研究内容与结构

本书旨在通过劳动力成本、劳动生产率和汇率相关理论研究和数据实证分析,探讨中国制造业从成本比较优势向成本竞争优势提升、进而向综合竞争优势转化和巩固的途径与战略选择,并提供理论支持和实证依据,以帮助相关部门制定产业发展战略方针和政策。

全书共分 9 章,前面 2 章是研究概述及中国制造业的现状、挑战和机遇分析,第 3 章重点分析了中国制造业成本竞争优势的发展情况,第 4 章根据 SWOT 框架研究了中国制造业从成本竞争优势向综合竞争优势的演变、所面临的机遇与挑战等,第 5~7 章重点分析制造业综合竞争优势的形成与强化过程中关键要素的影响,第 8 章在前面分析基础上给出制造业从成本竞争优势到综合竞争优势转化的战略选择与实现对策,最后一章给出全书的研究结论和未来的研究展望。

首先,第 1 章绪论部分介绍了研究的背景和意义,以及研究的内容、结构和方案。随后,第 2 章详细呈现了中国制造业的总体发展现状,以及当前面临的挑战和机遇,为后续章节提供了背景和基础。

接着,第 3 章通过研究中国制造业的单位劳动成本变动、成本竞争优势发展趋势和国际比较,揭示了中国制造业成本竞争优势的变动趋势和国际竞争地位。主要研究中国制造业劳动力成本、劳动生产率和单位劳动成本的变动状况,分析其变动原因,并探讨劳动力成本、劳动生产率、单位劳动成本变动与竞争优势之间的逻辑关系。同时,使用 ARIMA 模型对制造业成本竞争优势相关指标建立计量模型,并对其进行预测分析;将中国与欧美以及一些发展中国家进行横向与纵向比较,分析中国制造业成本竞争优势所在,为竞争优势维持与巩固的途径分析提供方向。

第 4 章分析了中国制造业从成本竞争优势转向综合竞争优势的现状、挑战和机遇,并提出了制造业转型与升级的逻辑。本章通过探讨中国制造业成本竞争优势的现状、来源,从 SWOT 框架角度分析低成本之路带来的影响和面临的机会和挑战，进一步探讨制造业综合竞争优势的来源，包括成本效益和规模经济、供应链集成和物流效率、人力资源和人才培养、创新与智能制造，以及数字经济和信息技术的应用。同时讨论了从成本竞争优势到综合竞争优势的转型过程中所面临的挑战和机遇，以及实现转型与升级的逻辑和关键要素。

第5章从物流效率视角研究了物流产业与制造业综合竞争优势之间的联动机制，分析了物流产业对制造业的促进作用，以及物流效率对制造业竞争优势提升的逻辑路径，并提出了提升制造业综合竞争优势的策略，包括推动物流企业现代化发展、加强物流产业与制造业协同发展、优化供应链管理、提升物流基础设施建设水平、引入信息化技术等。

第6章以智能制造视角，讨论了智能制造与制造业综合竞争优势的关系，并探讨了ChatGPT在制造业生产效率提高中的应用和挑战。首先探讨中国智能制造的现状和政策支持，接着分析了智能制造与竞争优势的影响关系，以及ChatGPT在提高制造业生产效率中的应用和挑战。研究表明智能制造可以提高生产效率、降低成本、改进产品质量、提升定制化能力和促进创新与研发。ChatGPT等技术在制造业中有广泛应用，但也面临数据质量、领域知识、数据安全和人工与自动化平衡等挑战，智能制造为制造业带来机遇，借助技术创新可实现竞争优势，但需解决面临的相应挑战。

第7章分析了中国数字经济的现状、对制造业综合竞争优势的影响以及数字经济时代下制造业竞争优势的构建，同时还研究了数字经济背景下中国制造业在全球价值链中的竞争地位与国际分工选择。本章首先分析了中国数字经济的发展现状，以及数字化转型对制造业竞争优势的重要影响，重点涵盖了数字化生产流程、供应链管理、物流管理和市场营销等方面的优化措施。研究发现通过引入自动化生产、机器人技术、物联网和区块链应用，制造业可以提高生产效率、降低成本，增强企业竞争优势。同时，对于面临的技术应用能力、数据安全与隐私保护、人才培养与转型等方面的挑战，提出了增加研发投入、加强数据管理与监管、建立适宜的人才培养机制等解决方案。中国制造业通过数字化投入、自主创新、合作与协同以及全球参与，可以在数字经济时代保持竞争优势，成为全球智能制造和数字化创新的重要参与者。

第8章研究了在智能制造和数字经济背景下推动中国制造业从成本竞争优势向综合竞争优势转型和升级的战略选择和对策建议。通过分析制造业的技术创新、产业升级和市场需求变化，提出了应对挑战的策略。推动综合竞争优势的转型可以通过多元化市场战略、供应链管理优化、人才培养和创新驱动等路径实现。同时，人工智能和数字化转型具有重要意义，它们可以促进智能制造的发展、优化供应链管理,并提供竞争力更强的产品和服务。绿色制造也扮演重要角色,通过技术创新和工艺改进实现可持续发展和环境保护。最后,共同努力加强产业链和供应链管理,重视环境保护和人员福利,加强创新和人才培养,有助于实现中国制造业的高质量、可持续发展目标。综合而言,本章提供了指导中国制造业转型和升级的战略选择和对策建议,以实现综合竞争优势的转变。

第9章给出全书的研究结论和未来展望。

1.3 研究方案

1.3.1 研究目标

本书目的在于通过对劳动力成本、劳动生产率和汇率相关理论研究,宏观环境、行业环境相关要素的变化态势研究,以及影响制造业竞争优势相关要素数据的实证分析,研究中国制造业从成本竞争优势到综合竞争优势转化、提升和强化的途径与战略选择,为相关部门制定产业发展战略方针与政策提供理论支持和实证依据。

通过对劳动力成本、劳动生产率和汇率的理论研究和数据分析,来研究改革开放以后我国制造业劳动力成本、劳动生产率和单位劳动成本的变动态势,分析我国制造业在国际比较中所具有的竞争优势;通过对劳动生产率和劳动力价格变化的研究,分析其对我国劳动力从比较优势到动态比较优势,再向竞争优势转化的影响,对物流效率、数字经济、市场需求及人力资本要素对制造业竞争优势的影响逻辑展开研究,进一步勾勒中国制造业从传统成本竞争优势到基于规模效应的综合竞争优势演化过程的图像,进而寻求劳动力规模优势到素质优势、效率优势的转化途径与突破口,探索中国制造业比较优势转化、提升和强化的措施与战略选择,为相关部门制定产业发展战略方针与政策提供理论支持和实证依据。

因此,本书研究目标分为三个层次,第一层次的目标在于对当前理论界关于制造业成本竞争优势的争议给出回答。要研究成本竞争优势目前的状态是否弱化了,以及影响的关键因素何在,则需要对竞争优势的变动态势进行研究,此为本书的第二层次目标。要了解劳动成本竞争优势的变动态势,最基本的条件是时序数据的获得,从数据分析得出我国制造业劳动成本竞争优势的变动状态。第三个层次的目标则是探索竞争优势维持与巩固的重要影响因素以及途径。本书主要是基于单位劳动成本这一指标的构成逻辑进行研究,因此在指标选取与

中国制造：
从成本竞争优势到综合竞争优势

运用上也分为三个层次，第一层次的指标为单位劳动成本，该指标涵盖了成本竞争优势的综合影响因素。第二层次的指标为决定成本竞争优势的三个因素指标：劳动力成本、劳动生产率和汇率。第三层次的指标是影响劳动生产率与成本的综合性因素，如数字经济水平、物流效率水平、智能制造、人力资本质量等。因此，本书在分析制造业成本竞争优势的变动态势时，主要从单位劳动成本、劳动力成本、劳动生产率、汇率以及影响劳动生产率的要素指标等来研究。

本书的核心目标是通过对劳动力成本和劳动生产率相关理论研究和数据实证分析，探讨中国制造业从成本比较优势向成本竞争优势提升，并进一步向综合竞争优势转化和巩固的途径与战略选择。首先，在研究成本竞争优势的状态和影响因素时，需要更具体地考虑不同行业、不同类型企业之间的差异，以及全球竞争市场的背景下，形成竞争优势的各种因素。其次，为了更好地了解中国制造业的竞争优势，需要深入研究制造业的创新能力、技术水平、品质管理和品牌建设等方面的因素和趋势。此外，还需要对中国制造业在国际市场的竞争面临的挑战，以及如何应对这些挑战进行更加深入的研究。针对以上的需求，在研究方法上，本书将基于多因素的实证研究方法，从劳动力成本、资源优势、生产率、经济环境、行业政策、技术水平、物流效率、数字经济和智能制造背景等多个方面考察中国制造业竞争优势的形成和发展路径。细分目标如下：

（1）分析中国制造业的现状、挑战和机遇，为后续研究提供背景和基础；

（2）研究中国制造业的成本竞争优势发展情况，包括劳动力成本、劳动生产率和单位劳动成本的变动状况，并探讨其与竞争优势的逻辑关系；

（3）研究成本竞争优势的影响因素，找出维持和强化竞争优势的相关路径；

（4）分析中国制造业从成本竞争优势向综合竞争优势转化的现状、挑战和机遇，并探讨竞争优势转型与升级的逻辑和关键要素；

（5）研究物流产业对制造业综合竞争优势的促进作用，分析物流效率对竞争优势提升的影响，并提出相关策略和措施；

（6）探讨智能制造与综合竞争优势的关系，研究智能制造在提高制造业生产效率中的应用与挑战，探寻通过智能制造实现综合竞争优势提升与强化的关键要素和实现路径；

（7）分析数字经济对制造业综合竞争优势的影响，研究数字化转型对竞争优势的重要影响，包括数字化生产流程、供应链管理、物流管理和市场营销等方面的优化措施；

（8）给出在智能制造和数字经济背景下推动中国制造业从成本竞争优势向综合竞争优势转型和升级的战略选择和对策建议，包括多元化市场战略、供应链管理优化、人才培养和创新驱动等实现路径。

通过实现上述研究目标,本书旨在为相关部门制定产业发展战略方针和政策提供理论支持和实证依据,推动中国制造业的转型和升级,实现综合竞争优势的转变。

1.3.2 研究方法

本书研究中国制造业劳动力成本竞争优势的问题,涉及区域经济、产业经济和劳动经济等领域的知识。本书采用主流经济学的研究方法,包括规范分析和实证研究相结合,主要通过建立数学模型和经验研究来回答"是什么"和"为什么"的问题,注重数据分析和事实描述。在研究手段上,主要采用统计与计量模型,并包括以下几个方面:

(1) 文献研究法:通过广泛查阅国内外的相关文献,了解成本比较优势和竞争优势的理论研究进展,为本书的研究框架和基础理论提供支持。

(2) 描述统计方法和面板数据分析法:通过对中国制造业劳动生产率和劳动成本变化的描述和统计分析,进行国内时序比较和国际横向比较,利用面板数据分析方法,对劳动力成本、劳动生产率和单位劳动成本等指标进行比较研究,揭示中国制造业成本竞争优势的变化过程和趋势,同时了解在国际比较中的变化过程和位置。

(3) Super-SBM 模型和 Malmquist 指数分析法:利用 Super-SBM 模型和 Malmquist 指数,来分析物流效率的演化及探索其增长动力源。首先利用 Super-SBM 模型评估中国 30 个地区的物流效率,探索物流效率时空格局的演变。其次,通过 Malmquist 指数分解和测算物流效率,来刻画中国物流效率的演化过程,并深入挖掘物流效率的增长动力源,从而探索物流效率视角下综合竞争优势的提升路径。

(4) 案例分析法:在本书第 2 章,第 5、6 和 7 章中使用了大量案例来对具体问题进行佐证和分析。第 2 章通过选择具体的制造业企业或行业作为案例,深入研究和观察其在中国制造业总体发展现状、面临的挑战以及面临的机遇方面的表现和应对策略;第 5 章通过选择转型成功的企业作为案例,分析企业转型的策略、实施过程以及取得的成果,观察企业在更加注重创新、技术升级、品质提升、市场拓展等方面的努力,以及企业在转型过程中面临的挑战和机遇,从而深入了解综合竞争优势的来源和逻辑。在第 6、7 章的研究中,通过选择具有代表性的制造业企业或行业,观察其在智能制造和数字经济背景下的转型和发展,收集相关数据和信息,来分析企业的技术创新、生产流程优化、数字化供应链管理、数据驱动的市场营销等方面的实际应用和改进效果。通过分析这些案例,深入了解智能制造和数字经济对制造业综合竞争优势的影响,揭示智能制造和数字经济对制造业综合竞争优势的具体影响机制和路径,并从实际案例中提取出重要的主题和关键问题,为进一步的研究和实践提供指导和建议。

(5)规范分析和理论研究:分析中国制造业劳动力成本上升的必然性和必要性,并提出中国制造业竞争优势维持和巩固的相关策略;通过规范研究和理论研究探讨数字化、智能制造对制造业综合竞争优势的影响,以及推动制造业重构竞争优势的路径和策略选择,提出中国制造业竞争优势提升的途径和战略。

综合以上研究方法,本书旨在提供理论支持和实证依据,为相关部门制定产业发展战略和政策提供指导和建议。

1.3.3 研究思路

中国的制造业一直以低劳动力成本作为优势发展其外向型经济。但是劳动力成本优势是一个有限的外生优势,其可利用程度是受限的。此限制包括两个方面:一是低劳动力成本的来源是有限的,城市人口的低生育率和老龄化使得劳动年龄人口减少,农村转移到城市的现代部门的劳动力也有限。二是工资刚性约束、经济发展的内生需求、政策制度的外生推动因素等决定了劳动者报酬上升是不可避免的。因此,随着时间的推移,低劳动力成本优势将逐渐减弱,诸如比较优势陷阱、悲惨式增长、贸易摩擦、结构性劳动力短缺等弊端也会随之出现,这提醒我们单纯依靠低劳动力成本优势的时代将面临终结。

为了在国际贸易中保持竞争优势,中国必须培育以技术进步为核心的竞争优势。技术创新与进步是经济增长的重要推动因素,这意味着技术进步在当前劳动力成本上升的背景下变得更加紧迫。同时,技术进步具备更大的增长潜力,因为劳动生产率的提升是没有限制的。因此,提高劳动生产率是应对低成本竞争挑战的关键。劳动生产率的提高不仅考虑了劳动者的操作效率,还涵盖了更为丰富的综合影响,例如人力资本积累、专业化分工、企业投资、管理经验、技术进步、技术创新和行业技术扩散等。因此,从劳动生产率视角来研究成本竞争优势的影响因素和寻求提升途径是尤为重要的。

与其他发展中国家相比,中国制造业较其他国家在综合效率方面表现更好。这是由于中国制造业具备了劳动力成本优势以外的其他优势,例如市场体制、政府政策支持、配套的人力资本和低成本自然资源等。习惯将劳动力成本或工资作为比较优势的判别标准不够科学,应将劳动生产率纳入成本竞争优势的评判范畴。我们可以将成本竞争优势综合为劳动力成本和劳动生产率之间的相对关系,并采用单位劳动成本这个指标来衡量竞争优势的高低。劳动生产率和劳动力成本可以视为一级指标,在单位劳动成本指标下,将这些指标与汇率进行比较。

物流效率也与劳动生产率密切相关。物流管理的优化可以帮助企业降低物流成本、提高供应链效率,并使产品更加准时地交付给客户。通过提高物流效率,制造业能够更好地满足市场需求,提高客户满意度,进而增强竞争优势。此外,数字经济和智能制造领域的发展也对劳动生产率有着重要影响。数字经济的发展可以通过降低成本、提升生产效率和加强创新能力,实现制造业的转型和升级。智能制造的应用可以提高生产效率、降低生产成本,并促进产品质量和创新能力的提升。数字经济和智能制造的发展为提高劳动生产率提供了机会,并推动制造业从成本竞争优势向综合竞争优势的转化。

本书区别于通常将劳动力成本或者工资作为比较优势判别根据的做法,将劳动生产率纳入成本竞争优势的评判范畴,并将成本竞争优势综合为劳动力成本与劳动生产率之间的相对关系,采用单位劳动成本这一指标来衡量竞争优势的高低。在展开研究前提出四个假设。假设1:成本竞争优势与劳动生产率呈正向变动关系。假设2:成本竞争优势与劳动力成本呈反向变动关系。假设3:成本竞争优势与单位劳动成本呈反向变动关系。采用两级指标来衡量这三种关系:单位劳动成本为一级指标,劳动生产率与劳动力成本为二级指标。第四个假设是综合竞争优势与物流效率、数字经济和智能制造水平呈正向关系。物流效率、数字经济和智能制造水平将通过降低成本和提升技术创新而显著降低中国制造业资源误置程度,从而提升制造业的资源配置效率与竞争优势;通过改进和优化物流管理、运输和仓储等环节,可以降低物流成本、缩短交货时间和提高供应链的灵活性。因此,物流效率的提高将有助于降低制造业的总体成本,并提升其在市场竞争中的优势地位;数字经济的兴起和技术创新可以通过自动化、智能化和数据分析等手段提高生产效率、降低生产成本,并激发企业的创新能力和灵活性。数字经济的发展将为制造业提供更多的机会来实现成本竞争优势,进而提升其在市场上的竞争力;智能制造技术包括物联网、人工智能、自动化和机器人等,它们可以提高生产过程的效率、精确度和柔性,降低生产成本,并支持个性化定制,能够快速响应市场需求。通过智能制造技术的应用,制造业可以实现多方面的改进和优化,从而提升其综合竞争优势。在第四个假设中设立三个子假设,四个假设的大致框架具体如下:

H1:成本竞争优势与劳动生产率呈正向变动关系

H2:成本竞争优势与劳动力成本呈反向变动关系

H3:成本竞争优势与单位劳动成本呈反向变动关系

H4：综合竞争优势与物流效率、数字经济和智能制造水平呈正向关系

    H4-1：综合竞争优势与物流效率水平呈现正向关系

    H4-2：综合竞争优势与数字经济水平呈现正向关系

    H4-3：综合竞争优势与智能制造水平呈正向关系

在本书中，将分成四个层次来阐述和论证竞争优势的变动与影响因素，并对上述假说进行一一验证。

在第一层次中，本书主要考虑劳动力成本在成本竞争优势中的决定作用。通过分析中国制造业劳动力成本的变动以及国际比较，研究发现中国制造业的劳动力成本正在不断增加。本书的假设认为，短期内，劳动力成本的上升对竞争优势的作用是消极的。但是，长期而言，劳动力成本的"适度增长"对于人力资本积累、企业效率提升、经济增长方式转变的影响是积极的，从而可形成可持续性成本竞争优势。因此，政府部门在发挥中国制造业成本竞争优势中的努力并不是想方设法控制劳动力成本的上升，而是要出台相关措施合理引导劳动力成本的"适度增长"。

在第二层次中，本书将劳动生产率纳入成本竞争优势的决定范畴之内。通过单位劳动成本综合衡量竞争优势的变动，并通过国际比较来分析中国制造业在国际分工中的优势来自何处。本书认为，劳动生产率的提高对于成本竞争优势的影响都是正面的，尤其是在劳动力成本必须以及有必要上升的前提下。因此，增长的劳动生产率与"适度增长"的劳动力成本是中国制造业可持续发展的关键。

第三层次，在劳动力成本与劳动生产率指标中，考虑汇率变动对竞争优势的影响。在国际贸易中，如果两个国家的劳动力成本与劳动生产率没有太大差异时，决定贸易发生的关键在于汇率的变动，它通过改变贸易品的出口价格，进而改变进口国的进口成本。在人民币走强趋势背景下，不得不考虑汇率变动对中国制造业成本竞争优势的影响。

第四层次，在劳动生产率与成本的影响因素中，外部环境的变化与行业环境的提升对劳动生产率和成本的影响有着间接影响。中国制造业的竞争优势是综合而立体的，除了依赖于低廉的劳动力成本和资源成本外，供应链的稳定性、基础设施的建设、上下游产业链的完善、数字经济和智能制造技术的应用将在很大程度上对产业的成本产生规模性的综合效应，从而在整体上降低制造业的综合成本，形成规模性的综合竞争优势。首先，物流效率的提高可以加强供应链的稳定性，优化供应链管理，降低物流成本，并缩短交货时间，这将有助于改善制造业的生产效率和灵活性，提升竞争优势。其次，数字经济的发展带来了数字化转型的机遇，通过应用自动化生产、机器人技术、物联网和区块链等数字技术，制造业

可以提高生产效率、降低成本,增强企业的竞争优势。数字经济的兴起还提供了新的市场机会和创新模式,增加了制造业的差异化竞争优势。另外,智能制造技术的应用可以提高生产过程的效率、精确度和柔性,降低制造过程中的人力成本,促进供应链的协同和优化。智能制造技术能够提供定制化能力和快速响应市场需求,从而提升制造业的竞争优势。综上所述,物流效率的提高、数字经济的发展和智能制造技术的应用都对提升制造业综合竞争优势产生正向影响。通过优化供应链、数字化转型和智能化生产,制造业可以提高生产效率、降低成本,并增强在市场竞争中的地位。这些因素的协同作用将进一步提升制造业的综合竞争优势,使其在全球市场上保持领先地位。

1.4 基本概念的界定和研究视角的选择

1.4.1 基本概念的界定

(1) 制造业成本比较优势(Cost Comparative Advantage):指在全球范围内,某个国家或地区的制造业生产某种产品的成本相对较低。这种比较优势可能源于劳动力成本较低、原材料价格低廉、能源成本优势等因素。制造业成本比较优势是在国际贸易中考虑不同国家或地区之间的成本差异,为企业提供在特定产品或领域中降低成本并获得竞争优势的机会。

(2) 制造业成本竞争优势(Cost Competitive Advantage):强调企业在特定市场中以更低的成本提供产品或服务,从而获得竞争优势。企业实现成本竞争优势的途径包括降低生产成本、提高生产效率、优化供应链、采用先进技术等。通过降低成本、提高效率和质量,企业可以以更具竞争力的价格吸引消费者,并获得市场份额。

(3) 制造业综合竞争优势(Overall Competitive Advantage):指企业在市场竞争中相对于其他竞争对手的全面优势。综合竞争优势包括成本竞争优势、产品质量、技术创新、品牌声誉、供应链管理、客户服务等方面的综合能力。企业通过在这些方面的持续优化和发展,能够建立和维持在市场上的长期竞争优势。

(4) 三者之间的区别与联系:

成本比较优势是在国家或地区层面上比较不同的制造业成本,而成本竞争优势更关注企业内部的成本控制和效率提升。制造业成本竞争优势是企业在市场中以较低成本提供产品或服务的能力,而制造业综合竞争优势则包括多个方面的综合能力,不仅仅限于成本方面。成本比较优势可为企业提供一定基础,而成本竞争优势和制造业综合竞争优势则是企业内部努力和优化的结果。

由此可见,成本比较优势是成本竞争优势的前提,而成本竞争优势则是实现综合竞争优势的基础。下面对三者之间的关系作进一步分析。

成本比较优势作为竞争优势的前提:成本比较优势强调了在全球范围内,某个国家或地区制造业生产某种产品的成本相对较低。这种比较优势可能源于劳动力成本较低、原材料价格较低、能源成本优势等因素。成本比较优势为企业或国家提供了在特定产品或领域中降低成本并获得竞争优势的机会。它可以为企业提供初始的竞争力,但仅有成本优势并不足以在竞争激烈的市场中长期保持优势地位。

成本竞争优势为综合竞争优势奠定基础:成本竞争优势强调了企业在特定市场中以更低的成本提供产品或服务,从而获得竞争优势。企业通过降低生产成本、提高生产效率、采用先进的技术和管理方法等,实现成本竞争优势。因此,具有成本竞争优势的企业能够以竞争性价格提供产品或服务,并吸引更多的客户以增加销量。而提高市场份额和销售量可以进一步带来规模效益和经济溢出效应,为企业进一步降低成本和提高效益创造条件。因此,成本竞争优势为企业实现综合竞争优势奠定了基础。

实现综合竞争优势的其他要素:尽管成本竞争优势是重要的基础,但要实现综合竞争优势,仅仅依靠成本优势是不够的。其他要素如产品质量、技术创新、品牌声誉、市场渠道、供应链管理等都起着重要作用。例如,通过提供高质量的产品和服务,企业能够赢得消费者的信任和忠诚度,进而建立强大的品牌声誉;技术创新可以帮助企业开发新产品、提高生产效率、差异化竞争等;有效的市场渠道和供应链管理可以快速响应市场需求、减少物流成本并提高客户满意度。综合竞争优势需要综合考虑各种要素,使企业在多个方面具备优势,以满足不断变化的市场需求。

综上所述,成本比较优势作为成本竞争优势的前提和基础,为企业提供了初始的竞争力。而成本竞争优势则进一步为企业实现综合竞争优势奠定了基础,通过降低成本、提高效率以及在其他关键领域取得优势来增强竞争力。然而,要实现持久的竞争优势,企业还需要关注其他要素,如产品质量、技术创新、品牌声誉等,综合考虑并提升多个方面的综合竞争能力。

1.4.2 研究视角的选择逻辑

综上所述,成本比较优势是决定制造业国际化分工的基础,对于了解国际竞争格局、优化全球价值链以及制定贸易政策等方面都具有重要意义。了解不同国家或地区的制造业成本差异可以帮助企业和政策制定者做出更明智的决策。然而，单纯追求成本比较优势并不一定能够带来持久的竞争优势。在全球经济快速变化和不断演进的背景下，制造业组织需要更加注重提升自身的竞争力，进而实现转型和升级。得出这样的结论，基于以下理由：

（1）成本竞争加剧：全球化竞争使得制造业成本竞争日益激烈。许多新兴市场国家以低成本和劳动力成本优势崛起，导致传统制造强国面临更大的挑战。单纯追求成本优势可能导致陷入价格战并削弱利润空间。

（2）技术创新和自动化：技术进步和自动化的发展改变了制造业的格局。机器人技术、物联网、智能制造、数字经济等新技术的引入和应用使得生产过程更高效、精确和灵活。制造企业需要关注技术创新来提高生产效率、降低成本，并满足市场需求。

（3）产品质量与价值：除了成本因素，产品质量、创新和附加值也成为消费者越来越关注的因素。消费者对品牌认知和产品质量要求的提高推动了企业向高附加值产品和服务转型，同时提高了产品定价能力。

（4）可持续发展：环保和可持续性越来越受到全球关注。制造业企业需要关注环境保护、资源节约和社会责任，以应对环境法规、消费者偏好和市场压力。

因此，成本比较优势也可以为国家或地区的制造企业提供一定的比较基础，但国家和企业需要更多关注成本竞争优势向综合竞争优势的转型升级。这包括投资于研发和创新、优化供应链、加强技术创新、不断改进产品质量、开拓新的市场和业务模式等。只有适应市场需求的变化，企业才能在激烈的市场竞争中保持优势地位，并持续巩固综合竞争优势。

在综合竞争优势中，本书重点关注劳动生产率、物流效率、智能制造和数字经济对竞争优势的影响，因为它们在现代制造业中扮演着重要的角色，可以显著提升整个制造业的竞争力和效益。理由如下：

（1）劳动生产率：劳动生产率是指单位劳动投入所创造的产出量，高劳动生产率意味着企业能够以更少的劳动力生产更多的产品或服务。提高劳动生产率可以降低单位产品成本，增强企业在市场上的定价能力和竞争力。因此，通过多角度多层次来挖掘劳动生产率的影响要素，并据此寻找提高劳动生产率的关键要素对于强化竞争优势尤为重要，比如通过人力资源管理、培训、技能提升和优化工作流程等，可以实现劳动生产率的提高，从而提高综合竞争优势。

（2）物流效率：物流是制造业供应链的重要环节，高效的物流能够降低成本、提高供应链的响应速度和灵活性，帮助企业更好地满足市场需求，并降低库存和运输成本。优化物流过程、采用先进的物流技术和信息系统，能够提高物流效率,实现准时交付、快速反应市场需要,从而提升综合竞争优势。

(3) 智能制造:智能制造是利用先进的信息技术、物联网和人工智能等技术手段来提高制造过程的自动化和智能化水平,实现生产的高效、灵活和可持续发展。智能制造可以提高生产效率、降低成本、提高产品质量和个性化定制能力,从而增强企业的竞争优势。通过数字化转型和工厂智能化改造,企业能够实现更高的生产效率和灵活性,提供符合市场需求的个性化、定制化的产品和服务,从而强化整个行业的综合竞争优势。

(4) 数字经济:数字经济是指依靠信息技术和互联网,利用数据和数字化解决方案来推动经济活动的形式。在制造业中,数字经济的应用可以帮助企业优化供应链管理、产品设计和制造过程,提高生产效率和质量,并开发新的商业模式和增值服务。通过数据分析、人工智能、云计算和物联网等技术,企业可以获得更多的市场洞察、优化决策,实现数字化转型,增强综合竞争优势。

综上所述,劳动生产率、物流效率、智能制造和数字经济对于制造业竞争优势具有重要的影响。通过提升这些方面的水平,企业可以实现更高效、灵活、智能的生产,降低成本,提高质量和定制能力,从而在竞争激烈的国际市场中获得持续的竞争优势。这也是本书基于以上视角来展开分析和深入研究制造业成本竞争优势向综合优势转变的逻辑所在。

第 2 章

中国制造业发展现状、挑战及机遇

2.1 中国制造业总体发展现状

2.1.1 制造业发展历程

制造业是中国经济的重要支柱之一,其发展历程可以大致分为以下四个阶段。

初期阶段(1949 年—1978 年):新中国成立后,实行计划经济,重点发展了一些国家重点工业,这个时期的制造业规模很小,技术落后,主要生产基础工业产品,如钢铁、煤炭等。在此阶段,制造业主要为满足国防和基础设施建设需要。政府对制造业有着极高的重视,但由于靠计划经济执行,缺乏市场竞争,导致制造业发展缺乏动力。

开放与改革阶段(1979 年—1990 年):自 1978 年实行改革开放政策以来,中国制造业开始向全球敞开大门,经济开始快速增长。政府引入了外资和先进技术,促进了企业的技术进步和管理水平提升,制造业规模不断扩大,制造业产值得到了较大提升,但由于市场竞争的缺乏和企业资金短缺等原因,制造业的发展仍受到限制。

大幅提升阶段(1991 年—2009 年):在这个时期,制造业规模和实力都有了很大的提升,逐渐占据了国民经济的重要位置,并在世界范围内占据了重要的市场份额。同时,还开始向技术含量更高、附加值更高的制造业领域转型。高端制造业开始逐渐成为中国制造业的重要组成部分。外资的进一步增加和产业结构的调整,推动了制造业的进一步发展。在此阶段,中国汽车、家电、建材等行业开始逐渐领先世界。

创新转型阶段(2010年至今):在此阶段,制造业面临着企业升级和转型压力,并逐渐向高质量智能制造转型。政府高度重视高质量发展,采取了一系列措施,推动制造业创新能力的提升,强化环境管理和园区建设。整体产业结构正在发生转变,通过进一步推进技术创新,提升制造业核心竞争力,加快发展智能制造、绿色制造等高端制造业,推进全民创新,实现制造业的可持续发展。

此外,中国制造业的发展还伴随着一些重要政策和倡议的推行,如"中国制造2025"计划、"一带一路"倡议以及新基建建设等。这些政策和倡议都旨在推动中国制造向更加高效、绿色、智能和国际化的方向转型,加强与全球制造业的合作和竞争。值得一提的是,近年来中国制造业还在加强服务化转型,向服务型制造业转变。这包括发展以互联网、大数据、人工智能等技术为基础的智能制造,以及逐步完善售前售后服务和定制化服务,这些新的发展趋势和变化都将为中国制造业的未来发展带来更多的机遇和挑战。

表 2.1 中国制造业发展历程

时间	制造业发展状态
1949—1978 年	缓慢增长,发展受限
1979—1990 年	快速增长,市场化步入新阶段
1991—2009 年	迅速增长,在全球制造业中扮演重要角色
2010 年至今	向高质量智能制造转型

总的来说,尽管中国制造业发展历程非常复杂,但是这四个阶段的描述可以较好地概括中国制造业发展的基本轨迹。中国制造业在不断发展、成熟过程中,由批量制造向高质量、智能化转型发展。产业结构的升级和转变,不断地推动着制造业的革新和发展。

2.1.2 制造业在国民经济中的地位与贡献

制造业在中国国民经济中扮演着至关重要的角色,为经济发展和社会进步做出了重大贡献。首先,制造业对国内生产总值(GDP)的贡献占比很大,一直是中国经济的重要支柱之一。其次,制造业在就业市场中占据重要的份额,为广大劳动力提供了丰富的就业机会。另外,制造业的发展也对贸易产生了深远影响,成为国际贸易中不可忽视的一部分。制造业的发展不仅推动了经济增长,还促进了技术创新和产业升级；不断培养和吸引创新人才，积极参与全球技术创新竞争，建设涵盖多个领域的具有全球影响力的制造业创新中心。与此同时，制造业的快速发展也为中国带来了新的发展机遇，推动了产业升级和转型，提升了国家的经济实力和国际竞争力。制造业在中国国民经济中的地位与贡献在多方面体现，作为经济的重要支柱，它在 GDP 贡献、就业市场、贸易、技术发展、创新人才培养、产业升级转型等方面发挥着重要作用。随着中国经济的不断发展，制造业将继续承担推动经济增长和改善人民生活的重要责任，并在全球舞台上发挥更大的影响力，下面将从多个方面来展开分析。

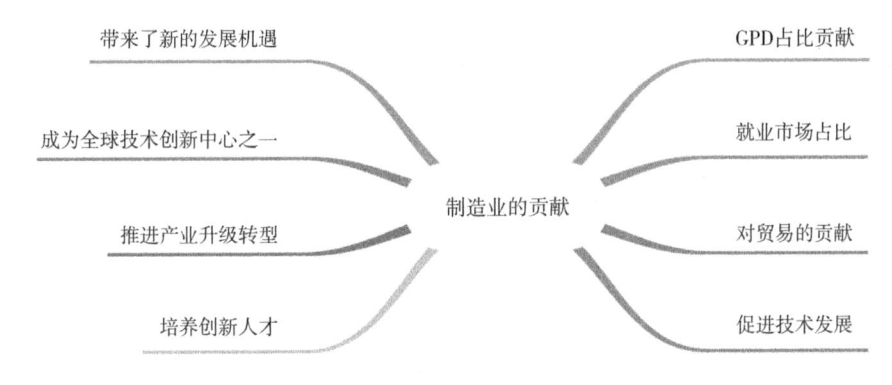

图 2.1 制造业在国民经济中的地位与贡献

2.1.2.1 GDP 占比贡献

制造业一直是中国国民经济中的重要组成部分，其 GDP 占比一直比较稳定，在 2019 年占比为 27.9%，是国民经济的重要支柱之一。在过去的几十年中，中国的制造业发展非常迅速，对中国经济增长贡献了大量的经济价值。图 2.2 展示了 1978 年至 2020 年期间中国制造业 GDP 占比变化[①]。

从图 2.2 可以看出，中国制造业的 GDP 占比在过去几十年中保持着渐进式的增长趋势，尤其是 20 世纪 90 年代以后增长幅度更加明显。然而，在最近的十几年间，制造业的 GDP 占比总体呈现出下降的趋势。具体而言，到 1985 年，制造业 GDP 占比达到了 15.6%，而到 1990 年则猛增至 24.8%。随着中国改革开放政策的进一步推进与经济结构的变革，制造业在中国国民经济中扮演的角色逐渐变得更加重要。然而，随着经济发展和产业结构的不断升级，制造业在中国

---

① 数据来源：国家统计局官网，https://data.stats.gov.cn/easyquery.htm?cn=C01&zb=A0202018sj=1978。

国民经济中所占比重逐渐减少。在 2010 年左右，中国制造业的 GDP 占比达到了历史峰值，占比高达 32.00%。但到了 2020 年，中国制造业 GDP 占比已回落至 27.90%。

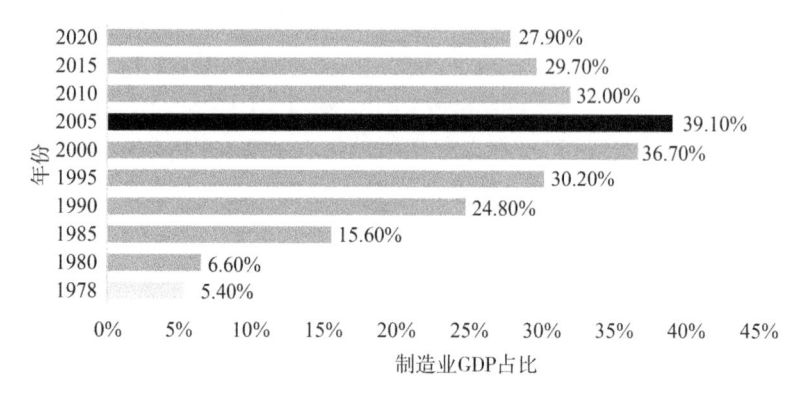

年份	制造业GDP占比
2020	27.90%
2015	29.70%
2010	32.00%
2005	39.10%
2000	36.70%
1995	30.20%
1990	24.80%
1985	15.60%
1980	6.60%
1978	5.40%

图 2.2　1978—2020 年中国制造业 GDP 占比

2.1.2.2　就业市场贡献

制造业是中国就业市场中最重要的产业之一，提供了大量的岗位机会。根据国家统计局发布的数据，约三分之一的就业人口在制造业工作，人数超过 1 亿。制造业提供的就业机会包括从工人到研发工程师等各种岗位。图 2.3 是 1978—2020 年中国制造业就业市场占比变化趋势图[①]。

从图 2.3 可以看出，中国制造业就业市场占比在过去几十年中波动在 20%~30% 之间，在 20 世纪 90 年代开始显著上升，从 1990 年的 20.50% 增长到了 1995 年的 26.70%。在过去的二十年中，制造业在中国就业市场的占比增速没有显著上升。2020 年，制造业在中国就业市场中的占比降至 26.50%。时至今日，尽管制造业市场占比已经出现一定程度的下降，但它在中国经济和就业市场中的地位依然至关重要。未来，如何提高制造业的技术含量，拓展制造业高附加值领域，促进制造业与服务业、新兴产业的融合，将是中国制造业发展面临的重要问题。

2.1.2.3　对贸易的贡献

中国制造业出口是国际贸易的重要组成部分，其份额占据了我国出口总额

---

① 数据来源：国家统计局官网，https://data.stats.gov.cn/easyquery.htm? cn＝C01&zb＝A0406&sj＝1978。

第 2 章
中国制造业发展现状、挑战及机遇

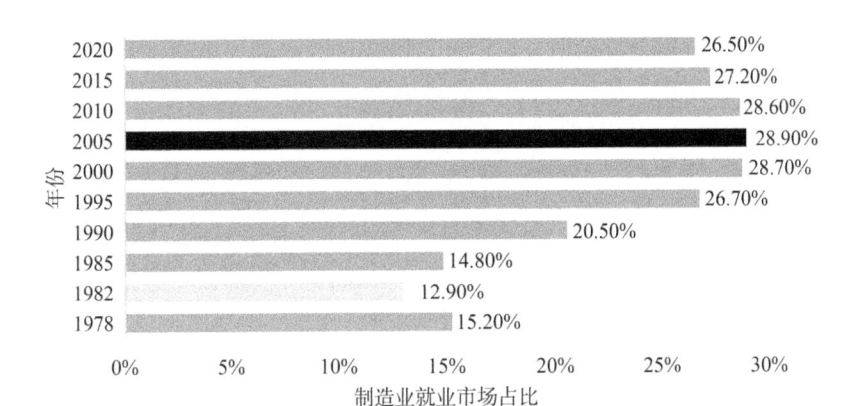

图 2.3　1978—2020 年制造业就业市场占比

中的大部分。据中国海关总署发布的数据,2019 年我国出口总额为 2.5 万亿美元(17.23 万亿元),制造业出口额约占总出口额的四分之三,展现出制造业在中国国民经济中对国际贸易的重要性[①]。从图 2.4 可以看出,中国制造业出口额逐年增长,在出口总额中所占比例也逐年提高。尤其是在 20 世纪 90 年代后期和 21 世纪初期,中国制造业在全球贸易中的地位逐渐上升,占比已经超过了 70%,表明了中国制造业对国际贸易的贡献之大。

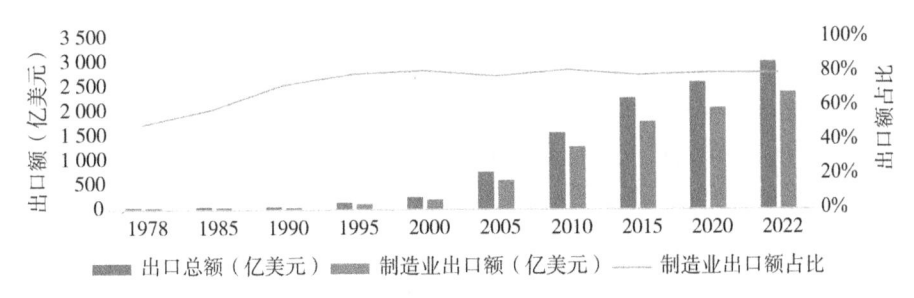

图 2.4　中国制造业出口额及占比变化趋势图

---

① 中国海关总署官网发布了中国各年度的进出口数据信息,其中包括了出口总额和制造业出口额等指标(http://www.customs.gov.cn/customs/302249/302274/302277/index.html)。国家统计局发布了中国各年度的进出口数据信息,其中包括了出口总额和制造业出口额等指标(http://www.stats.gov.cn/tjsj/ndsj/)。世界银行发布了亚洲各国的贸易数据,其中包括了中国出口总额和制造业出口额等指标(https://data.worldbank.org/indicator/)。

此外，中国制造业促进了全球经济的增长。作为世界上最大的制造业国家，中国生产的商品和服务远销全球，为各个国家和地区的消费者提供了丰富的选择。中国制造业所涉及的产业链、工业振兴计划及经济战略对世界经济发展产生了重要影响，为全球经济的增长做出了重要贡献。中国制造业对全球经济增长的贡献来自广泛的行业和领域，如电子设备及通信设备、纺织服装、汽车及汽车零部件和金属制品等。(1) 电子设备及通信设备：中国制造业在这个领域拥有巨大的优势，使得世界各地都可以得到大量高质量、高性价比的电子产品。据2021年中国海关总署发布数据，中国电子产品出口额位居出口商品前三名，出口额约为 1.06 万亿美元，占比达到了 42.6%。其中华为、小米、OPPO 等品牌都是全球知名的，其销售业绩和国际市场份额节节攀升。(2) 纺织服装：中国制造业在这个领域也达到全球领先水平。2019 年，中国对外出口纺织品和服装的额度为 3 201.34 亿美元，占制造业出口额的 17.5%。中国的纺织服装行业具有完整的产业链和强大的竞争力，有大量的高效生产线和专业生产人员，可以满足多种商品的需求。(3) 汽车及汽车零部件：中国在汽车生产方面的优势也日益显现。随着中国经济的增长和城市化进程的加速，汽车消费市场不断扩大，2019 年中国汽车产销量已经位居全球第一。此外，中国在汽车零部件制造领域有着强大的竞争力，是全球最大的汽车零部件制造国之一，汽车零部件出口额在 2019 年达到了 1 167 亿美元，占中国制造业出口额的 6.4%。(4) 金属制品：中国以低廉的劳动力和廉价资源成为全球金属制品的重要制造中心。中国制造业在这个领域拥有广泛的制造能力，包括钢铁、有色金属等，为全球不同行业提供了高品质低成本的金属产品和材料。2019 年，中国金属制品出口额为 1.5 万亿美元，占全球市场份额的 29.2%。

综上所述，中国制造业的出口份额在中国国民经济中占据了重要地位，对贸易有着举足轻重的贡献，且为全球经济的增长做出了重要贡献。电子设备及通信设备、纺织服装、汽车及汽车零部件、金属制品等是中国制造业对世界经济增长贡献最大的行业和领域，中国已经成为全球制造业中非常重要的一部分，其所涉及的技术和贸易也对中国和全球经济的发展带来了重要的影响。

2.1.2.4 带来发展机遇

随着国际市场和经济全球化的不断深入，制造业不仅面临着新的挑战，同时也有了更多的机遇，见图 2.5。

(1) 电子商务的快速发展。随着互联网和移动互联网技术的发展，电子商务成了全球贸易的重要渠道。中国制造商通过电子商务平台向海外市场销售商品的方式成为一种业态,这不仅提高了中国制造业的销售额和海外市场的占有率,同时也为国内外消费者带来更多的选择和优惠。例如,阿里巴巴的电商平台为中国制造业带来了许多新的机遇和发展空间。

(2) 新能源汽车的崛起。随着环保意识的提高和油价的不断上涨,新能源汽车市场开始受到人们的关注。中国政府鼓励发展新能源汽车产业,特别是电池电动汽车和插电式混合动力汽车,这为制造业带来了新的机遇和挑战。例如,特斯拉选择在上海设立工厂,以便在中国制造新能源汽车,也为制造业带来了新的机会。

图 2.5 制造业带来新的发展机遇

(3) 人工智能的技术革新。人工智能技术的快速发展,也为制造业带来了新的机遇和发展空间。中国的人工智能技术正在应用于流程自动化、智能制造、智能物流等领域,提高了工业生产的效率与质量,推动了制造业的转型升级。例如,中国的云从科技公司利用人工智能技术开发出了智能机器人,为制造行业提供创新性的解决方案。

(4) "一带一路"倡议的推进。中国提出的"一带一路"倡议旨在促进与沿线国家的经济合作。这一倡议为中国制造业带来了新的贸易机会和市场拓展空间。例如,中车等中国制造企业在沿线国家建设铁路和港口,推广中国制造技术,加强了中国制造在国际市场的影响力。

除了上述提到的机遇,制造业还面临着一系列新的发展动力,这些动力将推动行业实现更为全面和可持续的发展。

(1) 数字化转型的加速推进。制造业正积极迎接数字化时代的到来。随着物联网、大数据分析和云计算等技术的成熟应用,制造企业能够实现生产过程的更高效监控、优化资源利用和精准预测需求。这不仅提高了生产效率,还为企业提供了更灵活的生产模式,促使企业更好地适应市场需求的变化。

(2) 可持续发展的重要性凸显。随着全球环境问题的日益突出,制造业正逐渐转向更加可持续的发展路径。这包括减少资源浪费、采用环保材料、推动清洁能源的使用等方面。对于中国制造业而言,积极响应可持续发展的号召将不仅为企业树立良好的社会形象,还能够迎合越来越注重环保的国际市场需求。

(3) 智能制造的普及应用。随着人工智能、机器学习和自动化技术的不断进步,智能制造已经成为制造业的重要趋势。智能制造不仅提高了生产线的灵活性和自适应性,还为企业带来了更高的产值和更低的成本。中国制造业在推动智能制造发展方面取得的进展,将为行业带来更多机遇,同时也有助于提升全球竞争力。

中国制造业在面对新的挑战的同时,也迎来了更为广阔的发展机遇,使其在国际舞台上更具竞争力。随着国际市场和经济全球化的不断深入,中国制造业积极应对新形势,通过积极把握机遇和加速创新,有望实现更为可持续、智能化和国际化的发展。电子商务的快速发展为中国制造业开辟了全球贸易的新渠道,通过电商平台向海外市场销售商品成为一种重要业态,不仅提高了销售额和海外市场的占有率,也为国内外消费者带来更多的选择和优惠。同时,由于环保意识的增强和油价上涨,新能源汽车的崛起为制造业带来了新的机遇和挑战。人工智能技术的快速发展为制造业注入了新的活力,应用于流程自动化、智能制造、智能物流等领域,提高了工业生产的效率与质量,推动了制造业的转型升级。此外,"一带一路"倡议的推进为中国制造业创造了新的贸易机会和市场拓展空间,加强了中国制造在国际市场的影响力。这些机遇不仅为中国制造业的转型升级提供了新的契机,同时也为中国企业的国际化进程提供了更多的支持和帮助。

2.1.3　制造业总体规模变动趋势

中国制造业在过去几十年间取得了巨大的发展,呈现出不断扩大的总体规模。根据国家统计局的数据,中国制造业的规模从 2000 年的 4.2 万亿元增长到 2019 年的 32.9 万亿元,增长了近 8 倍,制造业增加值从 2002 年的 3 148 亿元增长到 2020 年的 25 738 亿元,具体趋势见图 2.6。

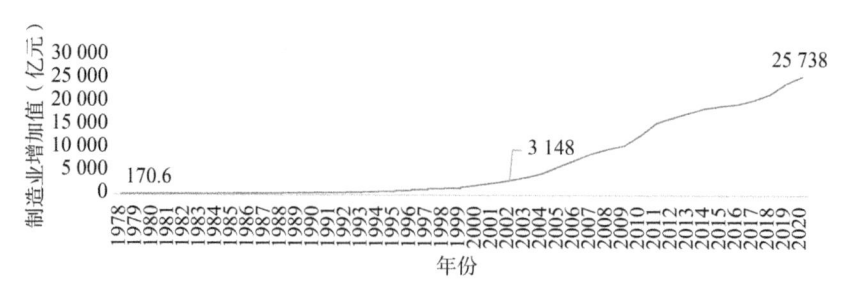

图 2.6　中国制造业增加值变动趋势图

1978—2020 年的中国制造业年增加值数据分析显示,中国制造业总体规模不断扩大。1978 年的制造业增加值为 149.6 亿元,而到了 2020 年,这一数字增

第2章 中国制造业发展现状、挑战及机遇

长到了 25 738 亿元,代表着近 200 倍的增长。这反映了中国制造业在过去几十年内取得的显著进展。另一方面,制造业增速在同期内呈现出一定的波动性,尤其是在经济周期波动期内,增速明显减缓。举例来说,2008 年后,制造业增加值的增速逐渐减缓,进入了一个被称为"新常态"的阶段。这表明制造业增速受到宏观经济波动的影响,呈现出一定的周期性变化。

制造业的快速发展与中国改革开放政策密切相关。随着中国经济的腾飞和市场对外开放的不断扩大,中国逐渐崛起成为全球最大的制造业基地之一。这突显了政策支持和市场开放对制造业发展的关键作用。这一发展趋势的复杂性涉及多个方面的因素,包括技术升级与自动化、行业结构的优化、全球化影响、政策支持与改革、经济周期的影响、环境保护和可持续发展,以及人口红利与劳动力成本。

通过技术升级和自动化程度的提高,中国制造业在过去几十年中取得了显著的生产效率提升。科技的不断发展推动了生产线的数字化和自动化程度的逐步提高,从而降低了生产成本、提高了产能,进而推动了制造业总体规模的扩大。行业结构的优化也是规模变动的关键因素。在中国制造业的发展过程中,不同行业的发展速度和结构发生了变化。一些高附加值、技术密集型的制造业逐渐崛起,对整体规模的提升发挥了积极作用。这种结构的优化不仅提高了制造业的竞争力,也在年增加值数据中得以反映。

全球化的影响是制造业规模变动中的重要因素之一。中国积极参与全球产业链,成为全球制造业的关键一环。国际市场的需求对中国制造业的规模产生直接影响,在全球化框架下,中国制造业获得了更广阔的市场和更多的机会,推动了整体规模的增长。

政策支持与改革是中国制造业发展的重要推动力。中国政府通过一系列的产业政策和改革措施支持制造业的发展,包括降低税负、提供贷款支持、优化营商环境等。改革开放政策的实施为制造业提供了更多的发展机会,促使企业更具竞争力、更能适应市场需求。

经济周期的波动也对制造业规模变动产生显著影响。2008 年全球金融危机后,全球经济放缓对中国制造业造成一定冲击,导致增速减缓。然而,在其他经济周期中,制造业的增速可能受益于国内外市场的复苏。

人口红利和劳动力成本在制造业发展初期发挥了关键作用。中国充分利用了人口红利,低廉的劳动力成本推动了制造业的迅猛增长。然而,随着劳动力成本的上升和人口结构的变化,中国制造业逐渐朝技术驱动和智能制造方向调整。这些因素共同作用,形成了中国制造业总体规模变动的复杂趋势,反映了该行业

在不同阶段的应对策略和调整，以适应全球化、技术进步和市场需求等多变因素。

2.1.3.1 中国制造业结构基本特点

中国是全球最大的制造业国家，其结构特点主要包括以下几个方面，见图2.7。

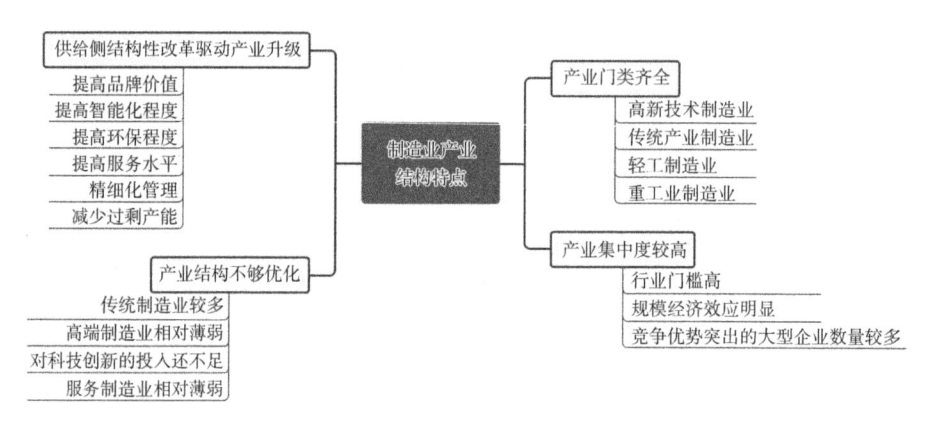

图 2.7 中国制造业结构基本特点

（1）产业门类齐全：中国制造业门类齐全，各类制造业均有不同程度的发展。例如，家具、化工、纺织、钢铁、电子信息、冶金、汽车等制造业均处于世界前列水平。根据国家统计局的数据，中国的制造业门类可以分为以下几类。

高新技术制造业：包括电子信息、计算机通信等高科技领域的制造业。随着信息技术的不断发展，这些制造业的市场份额越来越大。传统产业制造业：包括钢铁、化工、纺织等传统制造业。这些行业在中国有着悠久的历史，也是中国经济发展的基石。轻工制造业：包括服装、家具、玩具等行业。这些制造业人员密集，技术门槛相对较低，但市场容量巨大。重工业制造业：包括铁路、能源、冶金等行业。这些制造业通常需要大量的资金和技术支持，但它们可以对国家基础设施建设和经济发展起到推动作用。

可见，中国的制造业门类非常齐全，涵盖了各个领域。中国制造业的优势在于技术和成本，这些产业的竞争力也在不断提高，这也使得中国的制造业在全球范围内有着很大的话语权和影响力。

（2）产业集中度较高：中国制造业集中度较高，表现为行业门槛高，具有规模经济效应、具有竞争优势的大型企业数量较多等特点。

行业门槛高。在一些重要的制造业领域，企业需要具备较高的技术实力、大规模生产能力和较强的资本实力。这些门槛使得新进入者难以立足,行业中的头部企业积累了更多的资源和竞争优势。根据国家统计局发布的数据,截至2020年底,制造业的企业数量为29.5万家,其中规模以上企业数为10.7万家。这些企业在资本实力、技术实力等方面需要具备相应的门槛才能进入市场。例如,汽车制造业需要投入数百亿的研发资金,家电制造业需要具备核心技术才能生产高端产品。此外,中国政府也出台了许多政策,鼓励企业提高技术水平和产品质量,从而提高了行业门槛。

规模经济效应明显。制造业中的许多领域,例如电子、汽车和机械制造等,都有着明显的规模经济效应,即产品的制造成本会随着生产规模的增大而不断降低。大型企业具有更高的生产规模和更多的生产线,可以更有效地利用资源,实现成本的优化。根据中国工业经济联合会发布的统计数据,2019年中国汽车行业前十家企业销售收入占整个行业销售收入的比重超过70%。这些大型企业拥有较强的规模优势,能够更好地实现成本控制和技术创新,从而在市场竞争中占据优势。例如,格力电器是中国空调市场的领导者,其规模效应使得其能够在广告、销售和研发等方面投入更多的资源,进一步扩大企业的市场份额[①]。

竞争优势突出的大型企业数量较多。中国的制造业领域涌现出了一批拥有强大技术实力和竞争优势的大型企业。这些企业在行业中占据着重要地位,不仅有着强大的制造能力,而且在研发创新方面也在领先地位。根据世界500强排行榜,2021年中国有124家企业进入榜单。其中,有不少企业来自制造业领域,如华为、海尔、中国中车等。这些企业在技术研发、生产制造等方面具有较高的优势,能够持续地推出具备市场竞争力的产品。例如,海尔在家电领域积累了较深的技术基础和品牌影响力,其产品的销售量和市场份额均已超过许多国际知名品牌。

综上所述,中国制造业的产业集中度较高,大型企业占据着行业的重要地位,这也为中国的制造业发展奠定了基础。

(3) 产业结构不够优化:中国制造业中传统制造业较多,高端制造业和服务制造业相对薄弱。其中,高科技行业主要以互联网和电子信息为主,且大多数技术依赖进口,对科技创新的投入还不足,需要进一步发展。

传统制造业较多。根据国家统计局发布的数据,2019年中国规模以上制造

---

① 中国汽车工业协会:《2019年中国汽车工业经济运行报告》,http://lwzb.stats.gov.cn/pub/lwzb/gzdt/202005/w020200528770641948487.pdf,访问日期:2020年12月9日。

业中,传统行业占比仍高达65.6%,高新技术制造业只占18.6%[1]。传统制造业多数依赖低成本劳动力、资源和原材料等优势,而高端制造业则更注重高端技术和创新能力。例如,中国车联网行业中90%的数据都依赖于进口技术,导致该行业在自主创新和技术壁垒方面存在较大的问题。

高端制造业和服务制造业相对薄弱。根据工业和信息化部发布的数据,2019年中国高端装备制造业与半导体产业交付的产品自给率分别仅为25%和21%左右[2]。同时,制造业与服务业的深度融合水平也较低,服务型制造企业比例也相对较少。这些问题都反映了制造业在高端制造和服务制造方面的不足。

对科技创新的投入还不足。尽管中国政府从多个方面都在加强对高科技领域的投资,但与发达国家相比,中国的创新研发投入仍不足。第26次中国高科技产业发展报告显示,2020年中国企业的研发投入强度为1.4%,而日本、美国和韩国均在3%以上。这对于中国的制造业而言,意味着更难以在高端技术和核心技术研发方面取得领先地位。

可见尽管中国制造业在全球范围内具有重要的地位,但其产业结构还需要进一步优化和升级,加强高端制造和服务制造等方面的发展。

(4)供给侧结构性改革驱动产业升级:中国制造业正在进行供给侧结构性改革,推动制造业向品牌化、智能化、绿色化、服务化方向升级,促进制造业和工业结构调整。供给侧结构性改革是制造业面临的重大任务之一,也是促进制造业升级和转型升级的关键因素。中国制造业正着眼于消费升级和科技进步等趋势,积极推动供给侧改革。除了加强技术研发和应用外,制造业也注重提高品牌价值、智能化程度、环保程度和服务水平。

例如,浙江吉利控股集团推出的全球最大汽车智能工厂,生产车型实现由30多种降为10种,建立多个数字化车间,大力推行智能化生产,每100辆车只需要1人负责,大幅提高了生产效率和质量。

通过供给侧改革,制造业正加强对产业结构和企业生产经营环节的精细化管理,优化资源配置,制定优惠政策,减少重复建设和过剩产能。同时,政府还推出了一系列扶持中小企业、推动企业转型升级的政策,以支持行业整合和结构调整。

例如,江苏省出台的支持制造业高质量发展的政策中,明确提出鼓励企业开

---

[1] 国家统计局:《中华人民共和国2019年国民经济和社会发展统计公报》,https://www.stats.gov.cn/sj/zxfb/202302/t20230203_1900640.html,访问日期:2020年9月29日。

[2] 中国工业和信息化部:《王新哲:加快建设现代化产业体系、推动工业通信业高质量发展》,https://www.miit.gov.cn/jgsj/ghs/gzdt/art_195b8ec1c1a149ad8a503184e514aff7.html,访问日期:2020年12月23日。

展合并重组,通过兼并收购等方式优化行业结构。

自 2015 年起进行的供给侧结构性改革已经取得了一定的效果。据国家统计局发布的数据,2020 年中国规模以上工业企业利润总额同比增长 4.1%,其中高科技和装备制造等新兴产业实现了较快增长[1]。同时,2020 年中国工业产值已经回到了疫情前的水平,并且高端装备制造、新材料、高端芯片等新兴产业快速崛起,形成了较好的发展格局。

综上所述,供给侧结构性改革是中国制造业转型升级的关键因素之一。通过加强技术研发,提高品牌价值、智能化程度、环保程度和服务水平等方面的努力,可以有效提高制造业的产业水平和核心竞争力,实现可持续发展。

2.1.3.2 中国制造业转型升级情况

中国制造业正经历转型升级的阶段,其主要原因是制造业面临的国内外环境变化和转型升级的必然要求。

(1) 中国政府加大技术创新力度,促进制造业升级。中国政府为促进制造业的转型升级采取了多项政策和措施。首先,制造业正着力强化技术创新能力。在推进"中国制造 2025"战略的过程中,政府旨在提高制造业的技术水平,优化产业结构,并加强制造业与服务业的融合。这一战略涉及政府在技术研发、知识产权保护等方面的增大投入,从而有效提升了中国企业的技术创新能力和核心竞争力。同时,制造业正迅速向高端制造和服务制造方向转型。随着中国经济的不断发展,市场对高质量和品牌化产品的需求日益增加。不再仅仅依赖国内低成本劳动力和资源已经成为制造业发展的必然趋势。因此,中国制造业积极进行升级转型,着力提高产品的附加值和品质,朝着高端制造和服务制造方向发展,以更好地增强竞争力。这一转型既是对市场需求的响应,也是对全球制造业发展趋势的积极应对。

根据《中国制造 2025》规划,到 2025 年,中国计划在智能制造、新材料、新能源汽车、航空航天等领域取得核心技术突破,在技术研发、知识产权保护等方面加大投入,提升中国企业的技术创新能力和竞争力。国家统计局数据显示,自 2016 年以来,中国制造业企业年度研发投入额均保持较快增长,2019 年达到 1.88 万亿元,较 2015 年增长 74.14%[2]。比如中兴通讯于 2019 年启动了智能制

---

[1] 国家统计局:《2020 年全国规模以上工业企业利润增长 4.1%》,https://www.stats.gov.cn/sj/zxfb/202302/t20230203_1900985.html,访问日期:2021 年 3 月 1 日。

[2] 数据来源:国家统计局官网,http://www.stats.gov.cn/tjsj/zxfb/202102/t20210228181354S.html。

造工厂项目,投入总额超过130亿元,致力于推动工业智能化和高质量制造。

(2) 中国制造业加速向高端制造和服务制造方向转型。随着国内市场需求升级、人工成本上升,中国制造业由低成本、规模化竞争转向高品质、高附加值的发展道路。数据表明,2020年中国高端装备制造业增加值占工业增加值比重达到15.1%,非制造业服务业增长势头也强劲。如华为推进了质量革命计划,加强对供应链管理的要求,提高产品的质量和可靠性,以满足全球市场的要求①。

(3) 绿色制造、智能制造成为中国制造业转型升级的重要方向。中国政府还鼓励企业进行绿色制造、智能制造等方面的探索和实践,以降低资源和能源消耗、提高生产效率,推动制造业的可持续发展。例如,推进"工业互联网＋"等项目,将传统制造与互联网、大数据和人工智能等前沿技术相结合,实现智能化生产和管理,提高资源利用效率和生产效率,降低环境污染,推动节能减排。数据显示,2020年中国数字经济规模达到35.8万亿元,其中工业数字化规模达到9.7万亿元。又比如:宁波某钢铁企业实施绿色制造转型,引进先进的废气治理设备和粉尘回收装置,降低空气和水的污染,同时提高生产效率和质量,减少能源和原料的浪费②。

为了实现制造业升级,中国政府近年来实行了一系列政策措施。例如,制定了《中国制造2025》规划,提出了从低端制造走向高端制造的战略目标,加快推动制造业向数字化、网络化和智能化发展;推行"三去一降一补"工程,即去产能、去库存、去杠杆、降成本、补短板;加强知识产权保护,营造有利于创新的环境等等。

在升级制造业方面,数字化生产是一个主要趋势,能够实现柔性生产、高效生产,并同时提高产品质量和技术含量。

例如,中国家电巨头海尔就率先推进数字化转型,实现智能化生产线,提升了自身制造业水平。在汽车制造业中,吉利集团投资了欧洲十大模具制造公司,从而提升了企业的制造能力和高端制造水平。

此外,中国制造业正积极推进智能制造。智能制造是通过数字化技术、人工智能、大数据等现代技术手段实现制造业的信息化、智能化和高效化的过程。在这一背景下,中国政府提出了"中国制造2025"战略,旨在引导传统制造业向智能制造的转型升级。

---

① 参见:华为官网, https://www.huawei.com/cn/press-events/news/2020/9/Huawei-Quality-Revolution。

② 参见:中国钢铁新闻网, http://www.csteelnews.com/qypd/qydt/202107/t20210720_52699.html。

2.1.4 制造业国际竞争力和影响力

中国制造业的发展经历了漫长的历程,从最初缺乏经验和技术积累,逐步演变为全球制造业的重要组成部分,最终朝着高端制造和智能制造的方向迈进。在这一过程中,中国制造业的国际竞争力和影响力在近年来持续不断地提升。

2.1.4.1 国际竞争力不断提升

(1) 中国制造业在全球的排名不断上升。根据世界经济论坛发布的2019年全球竞争力报告,中国的竞争力排名从2018年的第28位上升至第24位,其中制造业竞争力排名为全球第1位。报告强调了中国制造业在数字化技术和电子商务等领域方面的领先地位,以及中国企业的创新和生产效率。同时,中国仍然是全球最大的制造业国家,占据了全球制造产出的近30%,见图2.8。

在全球制造业中,中国制造业的地位也越来越重要。根据联合国工业发展组织的数据,2019年全球制造业增加值超过13万亿美元,其中中国占据26.2%的市场份额,排名第一。此外,中国制造业对全球经济的贡献越来越大,根据商务部的数据,2019年中国制造业产值占GDP的比重达到29.6%。

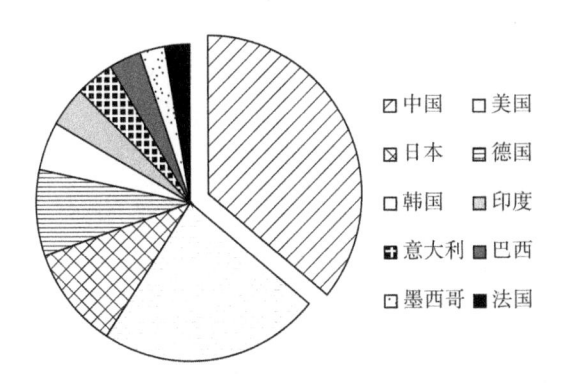

图2.8 2019年主要国家制造业增加值占全球比重

(2) 中国制造业在某些领域已经达到或接近世界领先水平,特别是在高铁、轮船和钢铁等领域,展现了强大的国内市场竞争力,同时在国际市场上也具备一定的影响力。此外,在新能源汽车、人造卫星、无人机等新兴领域,中国企业正积极与国际竞争对手展开激烈角逐。在走向高端制造和智能制造的过程中,中国制造业取得了显著的成果。以高铁技术为例,中国已经成功跻身世界领先水平,而在汽车电子、人工智能等前沿领域,中国企业也开始崭露头角。

截至2020年,中国智能制造市场规模达到1.24万亿元人民币,同比增长13.9%。国家统计局数据显示,2020年中国高新技术制造业增加值占规模以上工业增加值的比重达到15.1%,较2015年提高了5.1个百分点。这表明中国在智能制造和高新技术制造方面取得了显著的进展,为未来继续提升国际竞争力奠定了坚实基础。

(3) 在国际贸易方面,中国不仅是世界最大的贸易国之一,而且其出口额连续多年位居全球榜首。这一成就得益于中国在制造业、技术创新和全球供应链中的积极参与。中国的制造业已经建立了庞大而高效的生产体系,为全球提供了各种产品,从电子设备到纺织品,以及机械设备等。特别值得注意的是,中国在"一带一路"倡议的推动下,对沿线国家的贸易额也在不断增长。这一倡议通过加强基础设施建设、促进贸易合作和人文交流,为中国企业打开了更广阔的国际市场。中国的企业因此能够更加便利地进入新兴市场,拓展业务,提高全球市场份额。在这一过程中,中国的贸易政策也发挥了关键作用。中国政府一直致力于推动自由贸易,并采取了一系列措施,包括降低关税、简化进出口手续、鼓励外商投资等,以促进更加开放的贸易环境。这些政策举措为中国企业提供了更多的机遇,使其能够更加灵活地适应国际市场的需求,提高在全球贸易中的竞争力。因此,中国在国际市场上不仅保持了强大的出口实力,同时也在积极参与全球贸易体系的构建中发挥了积极作用。

2.1.4.2 国际影响力持续强化

中国制造业在全球经济中的地位逐步上升,呈现出多个显著趋势,国际影响力持续强化。

首先,根据世界制造业报告2019的数据,中国的制造业增加值一直占据全球制造业增加值的1/3以上,突显了中国在全球制造业中的巨大贡献。这体现在制造业增加值的数据中,为世界经济的稳定和增长提供了有力支持。

其次,中国制造业的国际影响力在高端市场中逐渐扩大。举例来说,中国企业在半导体制造、5G通信和新能源汽车等领域取得了重大技术突破,产品性能和质量已经能与国际品牌媲美甚至超越,市场份额持续扩大。以海尔智家为例,该企业已成为全球智能家居领域的领军者,成功覆盖60多个国家和地区,拥有超过3亿用户,展现了中国企业在高端制造市场的引领地位。

再次,代表性企业如华为在国际市场上占据主导地位,尤其在全球5G市场中具有重要地位。华为的成功不仅体现在技术实力和市场份额上,还表现在广泛的知识产权和专利积累上。其在人工智能、物联网等领域的卓越表现为中国制造业赢得了国际认可和支持。

与此同时,中国的制造业发展还带动了相关产业和产业链的繁荣。中国已经发展成为全球最大的手机生产国,同时,手机制造业也成为移动互联网产业中的重要组成部分。汽车制造业同样迅速崛起,使中国成为全球第一大汽车市场,中国品牌汽车在国内外市场逐渐占据了重要地位。

最后,中国的"一带一路"倡议为中国制造业提供了更多机会和合作伙伴。通过基础设施建设、经贸合作和技术交流,中国制造业的产品已经广泛走向全球,为世界各地带来了更多价格优惠和高质量的产品,进一步巩固了中国在国际市场上的地位。这一倡议为中国制造业开辟了更广阔的国际市场,加强了国际间的经济合作与发展。

2.1.5 制造业数字化转型现状

制造业数字化转型在全球范围内正在快速推进,成为当前制造业发展的重要趋势之一。全球制造业数字化转型具有各自的特点和趋势,而中国作为全球最大的制造业国家,在数字化转型方面也有其独特的特点和经验,详见图2.9。

图 2.9 全球和中国制造业数字化转型特点

全球制造业和中国制造业都正处于数字化转型的关键阶段。通过技术驱动、供应链网络化和政策支持等手段,制造业正在实现从传统制造向智能制造转型,为提升生产效率、创新能力和竞争力奠定坚实基础,下面将详细分析全球制造业和中国制造业在数字化转型中呈现出来的特点。

中国制造业数字化转型正在快速发展,但相比于发达国家仍存在一定的差距。中国国家信息中心和中国政府各部门的报告显示,中国制造业数字化程度已经接近全球平均水平,但远远落后于发达国家水平。中国制造业数字化转型呈现出以下特点:

(1) 数字化转型应用范围广泛。中国制造业数字化转型应用非常广泛,尤其是在工业互联网、工业物联网、5G、云计算、大数据等领域。例如,华为将工业互联网作为其战略重心之一,利用其丰富的技术和业务优势为制造业客户提供数字化转型解决方案。根据中国工程院发布的《中国工业互联网发展报告(2020)》,目前中国工业互联网应用情况总体不断升级,已经涉及制造、交通、医疗、能源等广泛领域。例如,上汽集团通过数字化转型,实现了柔性化生产,提高了生产效率,最终实现了智能制造。同时,该集团也将数字化技术应用到营销领域,通过数字化营销实现销售增长和品牌提升。

(2) 数字化转型的普及率逐步提高。根据《2021年中国制造业数字化转型白皮书》,在制造业中,超过56%的企业已开始或正在着手数字化转型,其中大部分企业是中小型企业。例如,智能制造企业普铂将数字化与智能化相结合,通过数字化工厂建设,实现流程优化、资源共享,最终提高了生产效率和质量。

(3) 产业链数字化转型程度各异。在中国制造业中,数字化转型程度具有不同的差异。部分高新技术和先进生产力企业,如航空航天、汽车、电子、机器人等行业,数字化转型程度较高,数字化应用和技术水平均优于其他行业。中国信息通信研究院发布的《工业互联网产业经济发展报告(2020年)》报告显示,中国工业互联网应用最为广泛的行业是工业装备制造业和汽车制造业,数字化转型程度最高的是高新技术企业和其他一些大型企业。例如,著名机器人企业中国机器人集团将工业互联网和人工智能与机器人相结合,实现了机器人智能化,提高了生产效率和产品质量。

(4) 数字化转型发展面临挑战。中国制造业数字化转型的发展面临着诸多挑战,其中主要是数字技术的普及率、应用成本、IT基础设施建设和运维能力等。一些企业数字化转型缺乏专业知识和技术领导,缺乏数字化战略和规划。2020年《工业数字化转型白皮书》指出,数字化应用成本和数字技术的普及率是当前数字化转型面临的主要挑战。一些企业数字化转型缺乏专业知识和技术领导,缺乏数字化战略和规划。例如,一些中小企业因为资金不足、技术人员缺乏等问题,数字化转型速度较慢,难以有效降低生产成本和提高生产效率。

2.2 中国制造业目前面临的挑战

2.2.1 内部问题

中国制造业当前面临一系列内部问题,这些问题的复杂性和相互关联性使得寻求解决之道变得更加迫切。首先,产能过剩一直是制约中国制造业发展的主要问题之一。尽管在一些领域,如钢铁和非钢行业,已经完成了相当数量的去产能工作,例如截至 2019 年底,钢铁行业去产能已经完成了 1.11 亿吨,非钢行业去产能已经完成了 1.77 亿吨。但在水泥、电解铝和平板显示等领域,产能过剩问题仍然存在。这将导致价格竞争激烈,降低企业盈利水平,进而影响产业的长期可持续性。其次,劳动力成本的上升也对中国制造业构成了严重挑战。随着城镇非私营单位就业人员平均工资的不断增长,例如 2019 年,全国城镇非私营单位就业人员年平均工资为 90 501 元,比上年增长了 9.8%[①],扣除价格因素,实际增长 6.8%,制造企业面临的人工成本压力逐渐加大。这可能促使一些企业考虑转移生产基地至劳动力成本较低的地区,影响国内制造业的整体竞争力。同时,人工智能和自动化技术的发展也在一定程度上替代了一部分传统制造业的人力需求,例如在数字化转型中提高生产效率,对于那些仰赖大量劳动力的企业来说是一项额外的挑战。最后,环境污染问题是中国制造业发展中另一个亟须解决的关键因素。尽管政府在过去几年加强了环境保护力度,通过各种手段控制污染,例如推进去产能工作。但是,在一些领域,如水泥、钢铁和化工等,环境污染依然是一个存在的问题。

为了有效应对这些内部问题,中国制造业需要制定综合的产业政策,包括促进结构性调整,鼓励技术创新,提高企业环保意识,以及培育新兴产业。此外,政府与企业之间的密切合作也是解决这些问题的关键,以共同推动行业的可持续发展。综合来看,这些内部问题的解决需要系统性和协同的努力,结合各方的力量,才能推动中国制造业走向更加健康、可持续的发展道路。

2.2.2 外部环境

中国制造业不仅面临内部问题,还受到外部环境的多方面挑战。这些挑战

---

① 数据来源:国家统计局官网,https://www.stats.qov.cn/sj/zxfb/202302/t20230203_1900727.html。

不仅在单一维度上产生影响,而且相互交织,使得应对措施更为复杂而紧迫。

首先,全球经济的复苏放缓对中国制造业出口形成了明显的下行压力。全球经济的动荡,使得各国对于采购和消费需求的不确定性增加,这直接反映在中国制造业的出口数据上。例如,海关总署发布的 2023 年 1 月 13 日的进出口数据显示,12 月份的出口降幅继续扩大,而进口数据有所回升,反映了一种温和的对外贸易衰退趋势。疫情期间大幅增长的商品出口在 2022 年夏季达到顶峰后开始回落。以人民币计价的出口金额自 7 月份同比增长 23.9% 后持续下滑,12 月份终于由涨转跌 0.5%;以美元计价的商品出口金额也呈现下降趋势,从 10 月份开始下降 0.3%,11 月份降幅扩大到 8.7%,12 月份更进一步扩大到 9.9%。这是自 2020 年 5 月份以来商品出口首次出现下降。2022 年中国商品进口与出口同比增速见图 2.10。

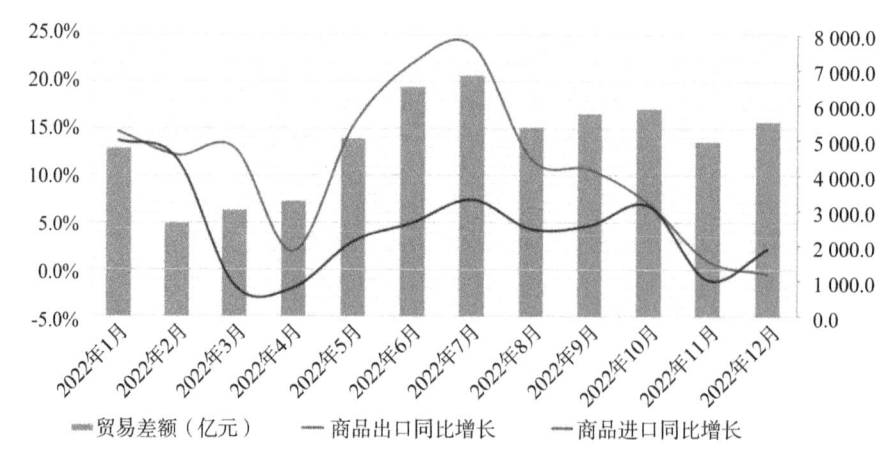

图 2.10 中国商品进口与出口同比增速

其次,国际贸易保护主义的抬头加剧了贸易摩擦和贸易壁垒,给中国制造业带来了更大的不确定性。中美贸易摩擦作为最为突出的例子,不仅使得中国制造业面临出口急剧下降的压力,还加剧了全球产业链的调整和重新配置。例如,数据显示,截至 2023 年 7 月,中美双边贸易额同比下降了 9.6%,具体而言,中国向美国的出口减少了 13%[1],显示了中美贸易紧张关系对中国制造业出口市场的直接冲击。

此外,科技创新的飞速发展也对中国制造业构成了严峻的挑战。中国在一

---

[1] 数据来源:https://view.inews.qq.com/k/20230828A08RMA00?no-redirect=1&web_channel=wap&openApp=false。

些高技术领域的自主研发能力相对滞后,导致了在半导体产业等领域的竞争力不足。这与国外先进技术的广泛应用形成了鲜明对比,凸显了中国制造业在科技创新方面的短板。这种技术壁垒对产业升级和结构调整提出了更高的要求。

最后,全球环境问题的日益严峻也对中国制造业提出了更高的要求。在全球环境问题凸显的背景下,中国制造业需要更加积极地推动绿色制造和可持续发展。能源消耗和碳排放等环境指标的考量,使得制造业转型升级不仅是为了适应市场需求,更是为了满足全球环保的潮流。因此,制造业在转型升级的过程中,需要将环境治理纳入战略考虑,加速向绿色、低碳的方向发展。

综合而言,中国制造业在外部环境中面临的挑战需要更为综合、灵活的应对策略。在全球经济不确定性、贸易摩擦、科技创新和环境保护等多方面的影响下,中国制造业必须审时度势,加强内外部协同,推动产业结构升级,提升自主创新能力,同时加强国际合作,以更好地适应并引领全球制造业的发展趋势。

2.3 中国制造业面临的机遇

2.3.1 国内机遇:政策支持和市场需求

2.3.1.1 政策支持

中国制造业正面临着政策和市场双重支持的机遇。政府在一系列文件中明确提出力推制造强国战略,推进制造业高质量发展,制定一系列政策举措来支持制造业创新发展,提高制造业竞争力。例如,《中国制造 2025》计划旨在提升中国制造业的创新能力和核心竞争力,到 2025 年将中国打造成为全球智能制造的重要基地。此外,中国政府还发布了《关于深入推进供给侧结构性改革的实施意见》,提出加快加大制造业技术改造、加强人才培养等政策措施,以促进制造业发展。政府推动制造业发展的政策和措施主要有:

(1)制造强国战略。《中国制造 2025》是中国政府推出的一项重大计划,旨在推动中国在全球制造业领导地位上向前迈进。该计划涵盖了十大重点领域和两个支持方向,旨在提高中国制造业的核心技术和品牌影响力,以及增强中国制造业全球竞争力。

《中国制造 2025》计划的核心目标是促进制造业的转型升级,从传统制造向智能制造、绿色制造等具有创新能力和竞争优势的高端制造领域发展。该计划强调了技术创新、智能化生产、绿色制造、质量提升等关键领域的重要性,并提出了一系列政策和举措来支持实现这些目标。该计划明确了十大重点领域，包括新一代信息技术、高端数控机床和机器人、航空航天装备、新能源汽车和智能交通、海洋工程装备与高技术船舶、先进轨道交通装备、新材料、生物医药与高性能医疗器械、农机装备、电力装备。这些领域被视为中国制造业发展的重要方向，具有技术含量高、市场潜力大的特点。此外，计划还提出了支持方向，即推动产业全链条创新和战略性新兴产业发展。支持方向的目标是提高产业链的整体创新能力和附加值，以及培育壮大战略性新兴产业，如人工智能、新能源、高性能计算机等。通过支持方向的发展，可以推动中国制造业向更加高端、高附加值领域迈进。

《中国制造2025》计划为中国制造业的转型升级提供了重要的指导和支持。政府在政策制定和资源配置方面给予了强力支持，着力推动技术创新、智能化生产、绿色环保等方面的发展。通过提高核心技术能力和品牌影响力，中国制造业能够在全球竞争中取得更加有竞争力的地位，实现制造强国的目标。

(2) 智能制造。智能制造已成为政府重点支持的领域之一，《中国制造2025》强调发展智能制造，并鼓励智能制造在包括工业机器人、3D打印、物联网和云计算等多个方面的运用。

智能制造是指通过信息技术、自动化技术和人工智能等先进技术手段，实现生产过程的智能化、灵活化和高效化。智能制造的发展可以提高生产效率、产品质量和企业竞争力，推动制造业向高端、智能方向转型。政府意识到智能制造的重要性，因此在《中国制造2025》计划中明确将智能制造列为重点领域之一，该计划鼓励制造企业加强智能化生产系统和设备的研发和推广应用。具体而言，计划推动在工业机器人、3D打印、物联网、云计算、大数据分析等技术上的创新和应用。其中，工业机器人在智能制造中的应用被广泛关注，政府鼓励制造企业使用工业机器人自动化生产线，提高生产效率和产品质量，支持工业机器人研发和应用示范项目，加强与相关产业链的协同发展。此外，3D打印技术在智能制造领域也具有巨大潜力。政府鼓励制造企业探索并应用3D打印技术，实现个性化定制和快速生产。3D打印技术有助于降低生产成本、提高设计灵活性，并能够支持小批量、多品种生产模式。物联网和云计算是智能制造的重要支撑技术，政府鼓励制造企业将其与生产和管理系统整合，实现设备之间的互联互通、数据的实时采集和分析，以提高生产效率和资源利用效率。

通过鼓励和支持智能制造的发展，希望提升中国制造业的技术水平和竞争力。智能制造的推进不仅能够满足市场多样化和个性化需求，还能够推动产业结构调整和创新能力提升，实现中国制造业的转型升级。

第 2 章
中国制造业发展现状、挑战及机遇

(3) 支持科技创新。

首先,科技型中小企业专项支持计划的具体实施方式和效果值得关注。政府通过提供资金支持、税收优惠和融资担保等多方面的措施,为中小企业创造了更为有利的创新环境。这些资金支持不仅包括直接的研发经费,还可能涉及科技成果的转化和市场推广,从而全面提升企业的创新能力和市场竞争力。政府税收优惠政策的具体细则、范围和执行情况也是关键因素,它们将直接影响企业在研发方面的实际成本和激励效果。

其次,国家重点研发计划的项目选择标准和资金分配机制是需要详细考察的方面。政府通过资金投入、项目引导和政策扶持等手段,推动企业在关键技术领域展开研发,促进产业升级和经济发展。这里需要关注政府在项目选择上的科学性和前瞻性,以及资金分配是否能够真正引导企业朝着科技创新的方向发展。此外,政府是否为项目的后续转化提供了足够的支持也是一个关键问题。

再次,科技创新基金和示范企业的设立对于制造企业的影响需要深入研究。这些基金是否能够吸引更多的私人投资,是否有助于解决企业创新过程中的融资问题,都是需要考察的问题。同时,科技创新示范企业的成功经验和经济效益,对其他企业是否具有借鉴意义也是值得关注的方面。

此外,政府鼓励企业与科研机构合作的政策是否得到了实际落实,合作的深度和广度如何,也是评估科技创新政策成效的一个方向。政府在促进科技创新时,是否建立了有效的机制来推动科研成果的转移和应用,以及企业是否能够充分受益于这一机制,都是需要关注的问题。

综合来看,政府对科技创新的支持政策在细节上的完善和执行上的落实将直接影响到中国制造业的创新能力和全球竞争力的提升。通过深入挖掘这些方面的内容,我们可以更全面地了解政府科技创新政策的具体影响,也能更好地评估中国制造业在全球经济中的发展前景。

(4) 供给侧结构性改革。在供给侧结构性改革的实施过程中,政府通过一系列有力的措施,全面推动产业升级,以适应不断变化的市场需求。这项改革旨在有力解决中国制造业面临的产能过剩、结构性矛盾和低效益等深层次问题,通过优化供给结构、提高供给质量,为经济实现转型升级创造良好条件。

政府着力推动去产能政策,特别关注于重点行业如钢铁、煤炭、水泥等,这些行业长期积累的产能过剩问题导致市场竞争激烈,价格下跌,资源浪费严重。通过去产能,政府希望削减不合理和过时的产能,提高行业的集中度和效率,实现供给与需求的平衡。这一政策不仅能够缓解行业竞争压力,提高企业的利润水平,同时也为高端制造业和新兴产业的蓬勃发展腾出了宝贵的空间和资源。

除了去产能政策,政府还采取了一系列其他措施,其中之一是加速高端制造业的发展。通过引导投资和提供政策支持,政府鼓励企业加大研发投入,提升技术水平和创新能力,从而培育和发展高端制造业。这一举措有助于提高中国制造业的附加值和国际竞争力,推动整体经济迈向高质量发展。

此外,政府还积极支持新兴产业的崛起。新兴产业,包括但不限于新能源、新材料、生物医药等,被认为具有较高的增长潜力和技术创新能力。通过制定产业政策、提供资金支持和引导市场方向,政府加快新兴产业的培育和发展,进一步推动中国经济结构向更富有活力和创新性的方向转变。

总体而言,供给侧结构性改革对中国经济的转型升级具有深远的影响。通过调整供给结构、促进高质量发展,政府旨在提升中国制造业的竞争力和创新能力,从而实现经济的可持续增长和高质量发展。这一改革也有助于市场供需的平衡,激发市场的活力和创造力,为经济的长期健康发展注入了新的动力。

2.3.1.2 市场需求

除了政策支持,中国市场的规模和消费需求是中国制造业的另一个重要机遇。

(1) 人口红利。中国拥有 14 亿多人口,其中庞大的中等收入群体正在迅速增长,这为消费需求提供了强劲的推动力。

例如,中国品牌日活动每年都会吸引大量消费者购买本土品牌的产品。中国市场规模庞大,消费需求不断增长,将为制造业提供更广阔的市场空间。据中国汽车工业协会数据,中国汽车市场的销售量每年都在稳步增长,2019 年全年汽车销售量超过了 2 100 万辆,是全球最大的汽车市场之一。这也促使汽车制造商和零部件生产商加快了产品升级和改进,以适应市场需求。

(2) 红利政策。政策红利在中国制造业中发挥了重要作用。政府推出了一系列的红利政策,旨在鼓励消费者购买家电和汽车等大型耐用品。其中,"以旧换新"政策鼓励消费者将旧产品以一定的补贴或折扣换购新品,从而促进了消费者对新产品的购买意愿。这种政策既有助于刺激消费市场,也带动了制造业的需求增长。消费者在享受到更新、更先进产品带来的便利和体验的同时,也为制造企业提供了更大的市场需求。此外,政府还推出了"节能环保"政策,鼓励消费者购买环保型产品。这种政策旨在增强消费者对能源节约和环境保护的意识,推动制造业向更加环保和可持续发展的方向发展。制造企业为了符合这一政策的要求,不得不提升产品的能源效率、减少污染排放等,从而推动了产品质量的提升,满足了研发创新需求。

红利政策的实施不仅直接刺激了消费需求,也对制造业带来了一定的市场竞争压力。为了适应政策要求和满足消费者需求,制造企业需要提高产品的质量、功能和性能,同时进行研发创新,以生产出更具竞争力的产品。这种竞争压力推动了制造业的技术升级和创新能力的提升,为行业的可持续发展奠定了基础。

(3)网络零售。中国的互联网零售市场规模正在逐年扩大,政府支持发展跨境电商和网络零售,也为制造企业提供了更多的销售渠道和市场机会。

跨境电商指的是通过互联网平台进行跨国交易的电子商务活动。中国政府积极推动跨境电商发展,设立了多个自贸试验区和跨境电商综合试验区,提供了一系列的政策和优惠措施,简化了跨境贸易流程和相关手续,降低了进出口成本,支持企业开展跨境电商业务。这为制造企业提供了更多的机会通过互联网销售其产品,扩大市场份额,进一步推动了中国的出口贸易。而网络零售指的是通过互联网进行商品销售的零售业务。中国互联网零售市场规模庞大,平台如天猫、京东等成为消费者购物的热门选择。其中,天猫"双11"购物狂欢节是中国最大的网络零售促销活动之一,吸引了众多品牌和商家参与,消费者可以在这个时间节点享受到各类商品的折扣和优惠。这些促销活动提供了便利的购物渠道,方便消费者购买各种产品,同时也为制造企业创造了更多的销售机会。

根据中国国家统计局的数据,中国的互联网零售市场规模在过去几年中持续增长。据2019年的数据,中国的在线零售额达到10.63万亿元人民币,同比增长16.5%。此外,中国互联网零售市场在2019年占据全球市场份额的33.3%,位居世界第一。天猫"双11"是中国最大的网络零售促销活动之一,也是一个展示中国网络零售市场繁荣的经典案例。天猫"双11"购物狂欢节每年在11月11日举行,它是由阿里巴巴旗下的天猫平台发起的,吸引了大量消费者和品牌商家参与。根据阿里巴巴的数据,2019年的天猫"双11"购物狂欢节销售额突破2 684亿元人民币(约合378亿美元),创下历史新高。

另一个案例是京东(JD.COM),它是中国的一家知名互联网零售平台。京东通过建立自己的物流体系,提供优质的商品和配送服务,赢得了消费者的信任。京东也在全球范围内推动了跨境电商业务,为海外品牌提供了销售渠道,同时也为中国消费者带来了更多的选择。例如,在2019年的"双11"购物狂欢节中,京东宣布实现了超过2 041亿元人民币(约合286亿美元)的销售额,2021年披露的"双11"总成交额为3 491亿元,同比增速28.58%。

中国制造：
从成本竞争优势到综合竞争优势

互联网零售的发展为制造企业带来了许多机遇和挑战。通过互联网零售平台，制造企业可以直接接触消费者，减少中间环节，提高销售效率。同时，互联网零售也促使制造企业更加关注产品的品质、服务和创新能力，以满足消费者对优质产品和个性化需求的追求。然而，互联网零售市场竞争激烈，制造企业必须具备良好的品牌形象、产品质量和供应链管理能力才能在市场中立于不败之地。

（4）国内市场需求扩大。中国政府扩大内需的政策已经在过去几年得到了实施，这使得国内市场需求对制造企业越来越重要。例如，政府已经推行的消费扶贫、促进农村电商等政策，为偏远地区和农村地区提供更多的消费机会，并促进了制造业和服务业的融合和发展[①]。

消费扶贫政策旨在促进贫困地区和农村地区的经济发展，提高当地居民的收入水平，并推动内需增长。根据中国国家统计局的数据，自2013年以来，中国贫困地区农村居民消费支出年均增长率为10.6%，高于城镇居民的增长率。这表明贫困地区消费需求的快速增长，使制造企业在这些地区享有更多的市场机会。比如，贵州茅台是中国一家著名的白酒生产企业，积极参与消费扶贫，并与贫困地区的农民合作种植高粱作为酿酒原料。这种扶贫模式既满足了公司需求，也帮助了当地农民增加收入，推动了消费扶贫政策落地。

此外，政府积极推动农村电商的发展，为偏远地区和农村地区提供更多的消费机会和更广阔的市场。根据中国电子商务研究中心的数据，2019年中国农村电商市场规模达到1.96万亿元人民币，连续多年保持高速增长。例如，阿里巴巴旗下的淘宝村和京东到农村等项目，通过电商平台为偏远地区的农产品提供推广和销售渠道，同时帮助制造企业扩大市场份额。这种模式促进了城乡之间的互通，提高了农产品的市场流通效率。

总体来说，中国市场的规模和消费需求为中国制造业提供了重要的机遇。人口红利是其中一个优势，庞大的中产阶级人口的增长推动了消费需求的提升。政府的红利政策也为制造业带来了增长机会。网络零售的崛起为制造企业提供了更多的销售渠道和市场机会，跨境电商和互联网零售的发展扩大了中国的出口贸易和国内消费市场。同时，中国政府扩大内需的政策也使得国内市场需求对制造企业变得更为重要。

---

① 参见：中国国家发展和改革委员会官网，https://www.ndrc.gov.cn/xxgk/zcfb/tz/202003/t20200313_1223046.html。

2.3.2 国际机遇:新兴市场和智能制造的机遇

中国在制造业领域的国际地位不断提升,与此同时,国际市场也为中国制造业提供了广阔的发展空间,中国制造业正面临着以下国际机遇:

2.3.2.1 全球供应链重组

随着全球化的发展和一些新兴国家市场的崛起,全球生产和供应链将面临重大变革。中国在制造业领域的领先地位,让它有可能在全球重组的过程中扮演重要角色。随着一些国际企业将业务转移或扩大到中国,中国制造业也将得到更多的国际机会。根据联合国贸易和发展会议(United Nations Conference on Trade and Development)的数据,2019年全球制造业产值为12.7万亿美元,其中中国的产值为4.6万亿美元,占据了全球制造业产值的36.2%。

随着新冠疫情的发生,一些国际企业开始重新考虑他们的全球供应链,把一些生产活动从某些高成本地区转移到更低成本的国家或地区,而中国则成了重要的选择。例如,苹果公司的主要代工厂在中国,苹果公司表示他们不会因为疫情而退出中国,并且他们认为中国在未来的数十年内将是一个重要的市场。一些国际企业也开始在中国增加投资,以扩大他们在中国的生产和供应业务。例如,英特尔公司在中国的投资已经超过了他们在美国的投资,并且公司表示他们计划在未来几年内在中国继续增加投资。此外,中国也在积极推动一些全球性的倡议,例如"一带一路"倡议,它旨在促进中国与一些发展中国家之间的合作和贸易,加强区域经济一体化。这些倡议将为中国本地制造业提供巨大的机遇,同时,中国的制造业也可以通过参与其中,进一步扩大他们在国际市场上的影响力。

2.3.2.2 新型基建投资

在新型基建投资领域,中国制造业展现出了广阔的市场和机遇:

(1)中国高铁技术的成功推广。目前,中国已经在40多个国家和地区建设了万余公里的高铁,中国高铁技术已经逐渐成为国际市场的主流技术之一。例如,中国援建的印度尼西亚雅加达至万隆高铁已经正式开工建设,于2023年9月7日开通运营,这条高铁将连接印度尼西亚首都雅加达和印度尼西亚第三大城市万隆,全长约150公里,极大地促进印尼的经济发展,缩短城市间的交通时间,提升物流效率,促进经济和人员的流动,为当地创造更多就业机会。中国高铁的成功推广得益于其先进的技术和成熟的运营模式,在速度、安全性、舒适度和可靠性方面都取得了显著的突破,中国高铁的快速发展和高质量运营为其他国家提供了可借鉴的经验和技术支持。

(2) 太阳能电池板的出口量持续增长。根据中国海关总署的数据,2021年前四个月,中国太阳能光伏组件出口量为36.6吉瓦,同比增长了33.8%。目前,中国已经成为全球太阳能电池板的主要生产和出口国,其在太阳能电池板技术和规模方面的优势已经得到了世界范围内的认可。中国太阳能电池板的成功得益于其技术优势和产业规模的扩大。中国的太阳能电池板制造商拥有先进的技术和高效的生产能力,使其能够提供高品质和具有竞争力的产品。这些产品在功率输出、效率、可靠性和成本效益等方面表现出色,赢得了全球范围内的认可。此外,全球对清洁能源的需求持续增长,同时对可持续发展的追求也日益加强,这导致太阳能电池板市场不断扩大。与此同时,中国制造业凭借其技术实力和规模经济优势,能够满足全球市场对太阳能电池板的需求,并使中国成为全球太阳能电池板的主要供应国。因此,中国太阳能电池板的成功不仅反映了其在技术和产业领域的领先地位,也为中国在可再生能源行业的发展和全球能源转型提供了重要机遇。这一成功的背后,既有中国制造业的实力,也有全球市场对清洁能源的迫切需求。

(3) 中国在5G领域的技术领先地位。中国在5G领域的技术领先地位已得到广泛认可。从实验室到商业应用阶段,中国的5G技术发展已经取得了巨大的进步,并在全球范围内处于领先地位。据中国工业和信息化部的数据显示,截至2021年4月份,中国5G移动终端的出货量约为4 052万台,占全球5G手机出货量的75%以上。这一数据表明了中国在5G制造实力和市场份额上的显著增长。

中国在5G技术方面的领先地位对国内外制造业产生了重要影响,中国的技术和经验在5G领域被广泛借鉴和采纳,推动了全球制造业的升级和转型,在5G技术快速发展和市场规模扩大中发挥了引领作用,为全球制造业的竞争力提供了新动力,为制造业的转型和创新提供了更多机遇和支持。

2.3.2.3 科技创新合作

随着全球科技的迅猛发展和数字化的普及,中国制造业在新技术和创新方面面临着前所未有的机遇和挑战,与国际企业和科技公司合作可以为中国制造业带来多种好处,包括技术创新、商业机会和市场拓展。其中,与国际企业和科技公司开展合作,无疑是加快中国制造业创新的重要途径之一。此外,由于国际企业和科技公司在技术研发、市场推广、资源整合等方面具有先进经验和优势,与之合作也可以让中国制造业得到更多新的灵感和发展模式。如中美科技合作联委会2021年4月发布了一份联合声明,重申两国科技合作的重要性,并提出了一系列具体的合作倡议。此举将促进两国企业之间的科技交流,加强创新合作,从而推动科技创新的共同发展①。此外,中国与以色列之间的科技创新合作也日益深入。例如,2019年12月,中国和以色列签署了10项科技合作协议,将涵盖新材料、人工智能和5G等领域②。

中国制造业最有可能在以下几个领域与国际企业和科技公司合作的过程中获得更多的技术创新、专利技术和商业机会:

(1) 5G和物联网技术。中国作为全球最大的移动互联网市场,对于在5G和物联网领域的合作具有高度吸引力。与国际企业和科技公司合作,中国制造业有机会获得更多的技术支持和专利技术,在5G和物联网应用方面能够更快地实现技术创新,并获得商业机会。此外,中国政府大力推进5G技术的应用发展,也为制造企业提供了更多的机遇。

根据中国工业和信息化部的数据,截至2021年6月,中国5G用户已超过3亿,超过全球其他国家和地区的总和。同时,中国运营商已建成超过96.1万个5G基站,预计到2021年底将新建5G基站60万个以上,建成全球最大规模的5G网络。这将为制造业提供更快速、更可靠、更低延迟的网络环境,有助于推动智能制造领域的技术革新和商用化。③

在物联网领域,中国已经成为全球最大的物联网市场之一,有着广阔的市场潜力。根据《中国互联网发展报告2021》的数据,2020年中国物联网市场规模达到1.76万亿元人民币,同比增长14.1%④。同时,中国政府也制定了一系列政策支持物联网的发展,包括推动智能制造、建立智慧城市等。例如,中国联通、华为和中车株洲电力机车研究所有限公司合作,利用5G、物联网等技术推出智慧铁路列车,可以自动驾驶、自动诊断和自动分配调度⑤。

(2) 人工智能(AI)和机器人技术。中国制造业正加快对人工智能和机器人

---

① 数据来源: https://china.usembassy-china.org.cn/joint-statement-of-the-us-china-joint-science-and-technology-cooperation-committee/。
② 数据来源: https://www.timesofisrael.com/israeli-chinese-teams-to-consort-on-10-tech-deals-including-ai-5g-and-agriculture/。
③ 数据来源:中国工业和信息化部官网, https://wap.miit.gov.cn/gxsj/tjfx/txy/art/2021/art_31a33539354543daa87325f089cfdb1f.html。
④ 数据来源:https://m.thepaper.cn/baijiahao_13590513。
⑤ 参见:中国国家发展和改革委员会官网, https://www.ndrc.gov.cn/fggz/cyfz/fwyfz/202010/t20201029_1249207_ext.html。

中国制造：
从成本竞争优势到综合竞争优势

技术的投资和创新，通过与国际企业和科技公司合作，中国制造业可以获得更多的专业技术支持，尤其是在 AI 芯片、自动驾驶和智能制造领域，与国际企业和科技公司合作还可以加快技术创新和商业化进程。根据机器人工业联盟的数据，2019 年中国机器人市场规模达到 164.2 亿元，同比增长 8.3%。中国已成为世界最大的机器人市场之一，而在机器人产业中，人工智能技术的应用和研发是当前的重点之一。

如智能制造领域的珞石机器人（ROKAE），是一家总部位于上海的创新型企业，在机器视觉、语音识别和人工智能等技术上有着独特的优势。2018 年，该公司与德国工控系统技术公司西门子签署战略合作协议，共同推动智能制造业的发展。通过与西门子的合作，珞石机器人成功应用机器视觉和机器人技术，实现了无人化、自动化的生产线，大大提高了生产效率和质量。AI 芯片领域的寒武纪（Cambricon），是一家从事 AI 芯片设计与开发的公司，2018 年推出第一款人工智能芯片 Cambricon-1A。2019 年，该公司与英特尔公司达成 AI 芯片合作，双方将在各自的 AI 芯片技术上开展研发与合作，旨在推动人工智能技术的发展。

此外，中国制造业和国际企业的合作也产生了不少成功案例，例如华为与德国机器人制造商 KUKA 合作，共同开发了 5G 时代的智能制造技术，实现了大规模物联网平台和工业自动化的结合[1]。通过与国际企业和科技公司的合作，中国制造业可以获得更丰富的技术资源和经验，加速技术创新和商业化进程，同时也带来更多的商业机会和市场拓展。

（3）新能源和环保技术。中国政府大力推动新能源和环保技术的发展，这为与国际企业和科技公司合作提供了机遇，通过与国际企业和科技公司合作，中国制造业可以获得更多的技术支持和专利技术，开发出具有市场竞争力的新产品和服务。中国政府推动新能源和环保技术发展的举措包括鼓励和支持新能源车、太阳能、风能等领域的科技研发和应用，执行环保政策，建立环保技术标准和认证等。据国家发展和改革委员会数据，2020 年，中国新能源汽车销售量达到 136.7 万辆，同比增长 10.9%。其中，纯电动汽车销量同比增长 11.6%，插电式混合动力汽车销量同比增长 8.4%。同时，中国在太阳能和风能开发利用方面也取得了显著的进展。根据国家能源局数据，截至 2020 年底，中国累计安装太

---

[1] 参见：美通社（PR Newswire），https://en.prnasia.com/release/apac/Huawei_and_KUKA_Partnership_to_Accelerate_New_Opportunities_in_Smart_Manufacturing_144694.shtml。

阳能发电装机容量已达253.4 GW,风电装机容量已达281.5 GW[①]。

与国际企业和科技公司合作是中国制造业获得新能源和环保技术的重要途径之一。例如,特斯拉和中国的合作就是中国制造业和国际企业合作获得新能源技术的典型案例。特斯拉将上海作为其全球第一个海外工厂的选址,采用中国本土化模式,在本地生产电动汽车。

此外,中国企业也积极借助国际合作推动新能源和环保技术的发展。例如,中国的光峰科技与日本东芝和韩国三星等公司合作,共同开发高效节能LED照明,获得了较好的市场表现。中国政府和企业还积极探索绿色供应链模式。例如,中国移动推出的"绿色行动计划",强调在供应链各个环节中应用环保技术,旨在推动供应链可持续发展。同时,中国的电力系统也在推动绿色供应链建设,例如,中国电力企业联合会联合多家企业开展了"绿电"项目,旨在建立新能源电力交易平台,推动绿色能源的交易和使用[②]。这些绿色供应链的建设有助于降低能源和资源的消耗,减少环境污染,同时也为制造企业开拓绿色市场提供了机遇。

由此可见,与国际企业和科技公司合作可以为中国制造业带来多种好处,包括技术创新、商业机会和市场拓展。中国制造业最有可能在5G和物联网技术、人工智能和机器人技术、以及新能源和环保技术方面与国际企业和科技公司合作,获得更多的技术创新、专利技术和商业机会。这些合作可以加快中国制造业的创新过程,同时中国政府也为这些领域的发展提供了充分的政策支持。

2.3.2.4 全球消费升级

在全球消费升级的趋势下,中国制造业正积极应对并受益于这一机遇。消费者越来越注重品质和个性化需求,这推动了中国制造业向高品质和高附加值产品方向发展。

消费升级是指随着收入水平提高,消费者开始更加注重产品的品质和个性化需求,同时也更加注重健康、环保等问题。中国消费升级势头强劲,根据国家统计局数据,2020年我国居民消费品零售额达到39.2万亿元人民币,同比增长4.6%。其中,高档消费品增速更快,家电、3C数码产品、家具装饰等行业增长迅速。

在数字和电子产品领域,中国制造业已经取得了显著成就。以智能手机为

---

① 数据来源:国家能源局,https://www.nea.gov.cn/2020-10/30/c_139478872.htm。
② 参见:中国电力网,http://www.Chinapower.com.cn/xw/zyxw/20211028/111146.html。

例,中国品牌华为、小米和OPPO在全球市场上取得了巨大成功。根据市场研究公司Counterpoint的数据,2021年第二季度,华为、小米和OPPO在全球智能手机市场的份额分别达到了第二、第三和第四名。这些品牌的产品不仅具有先进的技术,而且在性能和设计方面表现出色。

此外,在高新技术领域,中国制造业也处于领先地位。中国在人工智能、物联网和5G等领域取得了重要进展。例如,中国在5G技术的研发、部署和商业应用方面处于世界领先地位,中国企业如华为、中兴通讯等在5G设备和解决方案方面享有很高的声誉。

中国的消费升级还带动了高端家电、3C数码产品和家具装饰等行业的迅速发展。根据中国国家统计局的数据,2019年至2020年,中国家电市场零售额增长了8.9%。随着消费者对品质和智能化产品的需求增加,这些行业有望继续蓬勃发展。

同时,中国作为一个拥有庞大消费市场和新兴市场潜力的国家,为中国制造业的发展提供了广泛的机会。中国正在逐步开放市场,吸引来自世界各地的企业参与竞争和合作,与此同时,中国经济的转型也为跨国公司提供了技术创新与合作的机会。

2.4　本章小结

从本章分析可知,中国制造业在中国国民经济中占据重要地位,对国际贸易的贡献也很大。它是全球制造业的重要一部分,为全球经济增长做出了重要贡献。中国制造业在技术发展、推动创新和转型升级等方面也发挥了重要作用。

未来,中国制造业面临着提高技术含量,拓展高附加值领域,促进制造业与服务业、新兴产业的融合等重要问题。随着国际市场和经济全球化的深入发展,中国制造业面临新的挑战和机遇。电子商务、新能源汽车、人工智能领域和"一带一路"倡议为中国制造业带来了新的发展机遇,为提升竞争力提供了支持和帮助。

然而,中国制造业也面临诸多挑战,包括技术投入不足、人才培养机制不完善、资源短缺、环境污染等问题。为了应对这些挑战,中国政府正在推动资源节约型社会和循环经济模式,加大绿色生产方式的实施。同时,中国制造业需要加强技术创新和升级,提高产品质量和服务水平,实现可持续发展。

在数字化转型方面,工业互联网、工业物联网、5G、云计算、大数据等已在中国制造业各环节广泛运用,但与发达国家相比仍存在差距。政府的政策支持和技术进步将有助于数字化转型的进一步深化,促进制造业提高生产效率和降低成本。

中国制造业面临国内外的机遇和动力,如中国市场规模增长、政府政策支持、全球供应链重组和科技创新合作等,这些因素为中国制造业提供了更广阔的发展空间和市场优势,有助于提高竞争力和地位。

总而言之,中国制造业在过去几十年中取得了巨大发展,但仍面临诸多挑战。通过持续的技术创新、产业升级和政府支持,中国制造业有望实现可持续发展,提高国际竞争力和影响力。

第3章

中国制造业成本竞争优势变动趋势及国际比较

西方国家的高速经济发展带来了高生活水平,包括高工资、良好的福利和完善的社会保障体系。然而,这也使得企业承担了较高的劳动力成本,为发展中国家利用劳动比较优势参与国际贸易提供了机遇。长期以来,中国凭借劳动比较优势出口劳动密集型产品,在国际市场上以价格优势占据了一席之地。劳动力成本优势对中国制造业的发展和参与全球贸易发挥了重要作用,被视为中国经济快速发展的支撑因素。在中国的二元经济结构下,农村存在大规模的剩余劳动力,为这一优势提供了重要的来源和保障。曾经,这一来源被许多学者认为几乎是无限供应的状态。

然而,近年来,一系列的外部环境变化导致劳动力价格持续上升。与此同时,政府的报告数据显示劳动生产率呈现强劲增长势头。那么,中国制造业的劳动力成本和劳动生产率是如何变动的?在这两个因素的影响下,单位劳动成本又是如何演变的?在人民币走强的背景下,与世界其他国家相比,中国的成本竞争优势如何?中国制造业的未来发展路径将如何选择?这些问题正在成为当前经济学界争论的焦点。

本章旨在通过相关指标分析中国制造业劳动力成本和劳动生产率的变动情况,并进行国际比较分析,以揭示中国制造业在国际比较中成本竞争优势的变动趋势和地位,旨在回答上述问题,为中国制造业的未来发展提供有力参考。

第 3 章
中国制造业成本竞争优势变动趋势及国际比较

3.1 中国制造业单位劳动成本变动研究

3.1.1 劳动力成本增长与竞争优势维持之间的逻辑关系

由于劳动力价格所具有的收益与成本的双重性质,既是劳动者的收入来源,同时也是用人单位的成本支出,直接关系着劳动双方当事人的切身利益,反映着用人单位与劳动者之间的对立关系[47]。因此,它的变动效应是双重的:劳动力成本过高,直接削弱了企业的所得利润与成本优势;而过低则会损害劳动者的利益,严重挫伤劳动者的积极性。

劳动力成本的增长与制造业竞争优势的维持之间存在着一定的逻辑关系。在分析这种关系之前,我们首先需要理解单位劳动成本的概念。单位劳动成本是指单位产品所需的劳动力成本,通常以货币的形式衡量,例如每小时工资或每个产品所需的人力资源投入。

当劳动力成本增长时,制造企业所支出的人力成本相应增加。这可能是由多种因素引起的,如工资水平上涨、社会保障费用增加、劳动力供应减少等等。劳动力成本的增长对制造业竞争优势有着直接和间接的影响。直接影响方面,劳动力成本增加会导致产品成本上升。当制造企业的单位生产成本增加时,其产品在国际市场上的价格竞争力可能受到损害。如果劳动力成本的增长速度高于竞争对手国家,中国制造业在国际市场上的价格优势将逐渐减弱,这可能导致对外贸易的下滑和市场份额的减少。间接影响方面,劳动力成本的增长可能催生技术创新和产业升级。面对成本上升的压力,制造企业通常会寻求提高生产效率和降低人力成本的方法。这可能促使企业加大对自动化、机器人技术和智能制造等先进技术的应用,提高生产力和产品质量。通过技术创新和产业升级,制造企业可以在一定程度上缓解劳动力成本增长对竞争优势的冲击。然而,劳动力成本增长与竞争优势维持之间的关系并非单一,而是会受到各种因素的影响。例如,产业的特征、市场需求、技术发展水平等都会对成本优势的持续性产生影响。同时,政府的政策支持和引导也可以对制造业竞争优势的维持起到重要的作用。

3.1.1.1 劳动力成本增长的迫切需求

(1) 劳动力成本变动趋势分析:纵观我国制造业劳动力成本变动过程(见图3.1),发现对于整个制造业而言,无论是以人民币计价还是以美元计价,中国制造业劳动力成本在过去 40 年间呈现逐年增长的趋势。在 20 世纪 80 年代至 20 世纪 90 年代初期,劳动力成本相对较低,保持在 0.36 元至 2.95 元的水平。然而,从 1997 年开始,劳动力成本开始显著增长,单位小时劳动报酬从 2.26 元增加到 5.09 元,这可能与中国经济快速发展和劳动力供需关系的变化有关。在 21 世纪初,劳动力成本继续增长,单位小时劳动报酬从 5.09 元上升至 21.82 元。最近几年,劳动力成本的增长速度趋于稳定,单位小时劳动报酬在略有波动中保持增长,达到 21.82 元。这一趋势可能受到国内经济结构调整、劳动力市场供需关系演变以及宏观经济政策对工资水平的调控等多种因素的影响。总体而言,中国制造业劳动力成本的增长反映了经济发展和生产效率提升的结果。

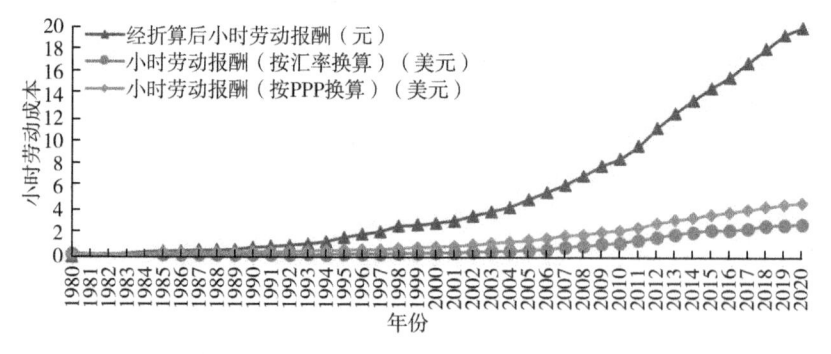

图 3.1　中国制造业小时劳动成本变化趋势图[①]

(2) 劳动力成本增长性验证之一:与经济发展的同步性比较。从绝对量上看,似乎整个制造业的劳动力成本发生了很大幅度增长,但是进一步研究便会发现,劳动力成本的增长处于一种虚假的繁荣状态之中,并衍生了以下问题:这种增长有没有跟上经济增长的步伐度? 在整个国民收入分配中其所占比重是否合理? 这种增长是否有效提高了劳动者的生活水准,是否促进了人力资本积累? 劳动报酬占 GDP、工资占 GDP 的比重与上述数据的比较将会验证以上增长的真实性。

统计资料显示,我国居民劳动者报酬占 GDP 比重,在 1983 年达到最高值 56.5% 后,开始下降,且下降速度在加快,1998 年比重为 52.1%,到 2005 年该比

[①] 人年均劳动报酬数据、年均工作小时数据、PPP 和人民币汇率(年平均价)数据来源于作者博士论文《基于单位劳动成本的中国制造业成本竞争优势实证研究》,根据估算得到的年均劳动报酬和年工作时数等相关数据可以计算出中国制造业单位小时劳动成本,并根据当年官方汇率与 PPP 转换成美元计价,消费价格指数来源于《中国统计年鉴》(1998—2021),其他数据经计算整理而得。

例已经下降到 36.7%[①],22 年间下降了大约 20 个百分点,且进一步研究表明,这种比重下跌并非来自劳动力数额的减少,数据显示同期劳动力增长了大约 30%;表 3.1 分产业数据显示,第二产业劳动者报酬占该产业 GDP 比重最低,且一直呈现出下降趋势,不仅如此,第二产业劳动者报酬份额降低是伴随着劳动生产率提高而出现,说明了劳动要素对产业发展的贡献并没有充分体现在分配过程中;再者,从劳动者报酬占 GDP 比重来看,20 世纪 90 年代至今该比重下降趋势明显,由 1980 年的历史峰值 17% 降至 2007 年的 11%,27 年间,劳动收入的增幅极其缓慢,同期,我国 GDP 以年均 10% 左右速度增长,国家财政收入由 2000 年的 1.3 万亿元上升到 2004 年的 2.6 万亿元,四年间,翻了一番。由此可见,经济增长成果分配更多地倾向了政府和企业。劳动者报酬虽然在上升,但与其付出的劳动价值并不吻合,没有跟上 GDP 增长,相对于经济发展水平而言是落后的。从微观层面看,严重挫伤了劳动者积极性,阻碍了人力资本的积累进度,降低了企业可持续性发展效率。从宏观层面看,抑制了消费者需求从而降低了整个内需的增长,加剧收入分配差距,影响社会和谐发展等,历史教训告诉我们,过高的剩余价值率,无论在哪个时代,对社会都将不利。

表 3.1 三大产业劳动者报酬占 GDP 比重[②]　　　　（单位:%）

年份	第一产业	第二产业	第三产业	全部产业
1995	0.861	0.415	0.438	0.514
1996	0.865	0.414	0.434	0.512
1997	0.864	0.420	0.437	0.510
1998	0.866	0.424	0.437	0.508
1999	0.865	0.419	0.437	0.500
2000	0.857	0.406	0.439	0.487
2001	0.854	0.403	0.439	0.482
2002	0.845	0.399	0.443	0.478
2003	0.834	0.388	0.434	0.462
2004	0.906	0.333	0.363	0.416

① 数据来源:刘盾、林玳玳:《提高我国劳动报酬初次分配比重》,《上海市经济管理干部学院学报》2008 年第 5 期,第 11 页。

② 数据来源:《中国国内生产总值核算历史资料(1952—2004)》,中国统计出版社,2007。由于资料所限,分产业劳动者报酬占本产业生产总值的比重数据只能呈现到 2004 年。

(3) 劳动力成本增长性验证之二：来自城镇私营单位人年均工资的校正。劳动力成本在上升，但以上数据分析表明，劳动者收入在国民分配中的比例是下降的，这是一个不争的事实。而在以往统计数据中并没有将私营单位包括在内，从 2006 年开始，国家统计局已经开始在全国对城镇私营单位人年均工资进行了试点调查①，据统计局调查，2008 年底全国城镇私营单位就业人员约有 6 676 万人，相当于原有统计数据的 54.75%，人年均工资为 17 071 元，明显低于当年全国城镇非私营单位就业人员的年均工资 29 229 元②。而当年在城镇私营单位制造业的从业人员就达到了 3 617.97 万人，相当于整个私营单位从业人员的 54.2%，如果不将这部分纳入统计范围，很明显，真实工资已经处于"被增长"的状态。在此利用统计局 2010 年公布的制造业城镇私营单位就业人员工资数据来对曾经"被增长"的工资进行校正。

在校正之前，我们先估计一个关键数据，就是制造业城镇私营单位就业人员占制造业总就业人员的比重，从现有统计数据可知，城镇私营单位总就业人员占非私营单位总就业人员的 54.75%，即占总就业人数的 35.38%，不难得出，制造业城镇私营单位就业人员占制造业就业总人数的比例要远大于 35.38%，由于缺乏相关数据，因此将该数据作为制造业私营单位占制造业总就业人数的比重，根据以下关系来校正制造业"被增长"的工资水平：

校正后的人年均工资＝（城镇私营单位人年均工资×城镇私营单位就业人员数占总就业人数的比重＋城镇非私营单位人年均工资×城镇非私营单位就业人员数占总就业人数的比重）

制造业 2008—2009 年城镇私营单位人年均工资的年增长率为 4.97%，在此通过两者之间的增长关系来推算 2004—2007 年的数据，由于越往前，其增长率会越低，为保证数据的准确性，只推算了 4 年，即使如此，估算出来的人年均工资还是偏高的③。

从表 3.2 的校正结果来看，我国制造业人年均工资确实存在着高估成分，研究期间分别"被增长"了 1.25%、3.58%、6.37%、9.70%、12.78%以及 14.18%。从 2008 年到 2009 年，在非私营单位的统计口径下，制造业人年均工资增长率在 19 个行业中排名 13，增长率为 9.9%，而在私营单位的统计口径中，排到了第

---

① 由于缺乏制造业私营单位的劳动者报酬数据，在此只分析与校正"被增长"的工资，并且，由于工资在劳动成本中占了较大比重，能够反映劳动成本的变动情况。
② 为了与"城镇私营单位就业人员"统计范围相区别，原来的"城镇单位"称为"城镇非私营单位"。
③ 本部分推算只是为了说明人年均工资被高估，所以只推算 4 年，没有做长区间的估算。

16名,增长率仅为5.0%,且两者的增长率均没有超过行业的平均增长率12%和6.6%,由此可见,制造业整个行业的人均收入水平仍非常低,更不用说超过劳动生产率的增长以及经济的发展速度了。

表3.2 经校正后的制造业就业人员年均工资[①]

年份	城镇非私营单位人年均工资(元)	城镇私营单位人年均工资(元)	校正后的人年均工资(元)	"被增长"比率(%)
2004	14 033	13 544	13 860	1.25
2005	15 757	14 217	15 212	3.58
2006	17 966	14 923	16 889	6.37
2007	20 884	15 665	19 037	9.70
2008	24 192	16 443	21 450	12.78
2009	26 599	17 260	23 295	14.18

从上述分析可知,一方面我国制造业劳动者工资存在高估现象,平均化的计算方法掩盖了人均工资低速增长,甚至是不涨的真相,广大劳动者工资由于统计口径的缺陷"被增长"。另一方面,劳动者报酬增长追不上经济发展的步伐。在过去的几十年里,工资的增长很大程度上被用于抵消物价上涨,远低于劳动生产率的提高,存在着严重的历史欠账。这个巨大的差距需要不断被填补,即使劳动生产率没有增长,劳动者的工资也应该增长,以保持制造业的稳定持续发展。

因此,与大部分研究学者的结论不同,本书认为目前制造业劳动者工资应随着劳动生产率的增长而增长,并不仅仅为了抵消通货膨胀。经济发展的最终目的是提高劳动者的生活水平,制造业依靠低成本竞争优势发展绝不能损害劳动者权益。从这个角度来看,当前情况下,即使工资增长高于劳动生产率增长也是合理的,这些增长实际上是在填补过去的历史欠账。如果不引导制造业劳动者工资的正确增长,很容易导致劳动者生活水平下降,并导致内需萎缩。考虑到国内庞大的消费群体、国外市场有限性以及竞争的激烈性,释放国内市场的潜力成为制造业未来发展的重要方向之一。因此,适当引导制造业工资增长是当前不可忽视的任务之一,来自内外的因素都对工资增长提出了要求。

3.1.1.2 劳动力成本上升与成本竞争优势的维持

保罗·克鲁格曼曾指出:"亚洲国家的高速经济增长并非奇迹,只是传统社会向工业社会转型的初期现象,是靠低廉的劳动力成本和资源投入取得的。"因

---

① 城镇非私营单位人年均工资来源于《中国统计年鉴》,其他数据根据相关数据计算而得。

此,关于劳动力成本上升会延缓经济发展速度以及削弱成本竞争优势的担忧并不是没有道理的。比较优势理论认为,一个国家在技术、自然资源、劳动力、资本等方面的比较优势在竞争过程中起着决定性作用。在劳动成本上升下,担心我国比较优势会减弱也不是没有道理的,在现实中,消极效应总是更容易引起人们关注。从单位劳动成本指标上直观地看,低劳动力成本的确有利于成本竞争优势的维持与巩固,这一点毋庸置疑,但由以上分析可知,从经济可持续性发展角度来看,劳动力成本并非越低越好。

发展经济学古典主义理论强调,劳动力成本压力是对人力资本积累的致命威胁,而新古典主义却认为,市场机制长期的自我调节效力可以使人力资本积累摆脱工资上涨的阴霾,经济发展照常加速推进,尽管两方之间的分歧让我们有些无所适从,但是由于劳动力成本(工资率)包含了生产效率和人力资本积累的投资成本,对于成本竞争优势而言并非是越低越好。竞争优势评价的权威机构洛桑国际管理发展学院发现:竞争优势是一个国家在原有资源与后来生产活动中相互配合创造出来的能力,包括了劳动力成本、金融服务、基础设施、企业管理水平、科技水平、国民素质、国内经济实力、国际化程度和政府行为等因素的综合水平,而德国经济学家更注重反映当地人力资源质量、土地和能源等无法移动的生产要素在价格、产品市场容量、相关产业分布、对新技术的接受程度等诸多因素当中的优势。因此,从另一个角度来看,劳动力成本所具有的成本与报酬双重性质,决定了劳动力成本上升还将具有激励效应,如果劳动力成本(价格)上升能引起以上所涉及的因素往有利于竞争优势提升方向发展,那么劳动力成本上升就并不一定是坏事,反而,能促进成本竞争优势的维持与巩固。

从企业生产效率角度来看,即使在短期内劳动力成本上升无法通过价格转嫁,但是劳动力成本的双重性质决定了劳动者报酬增长与企业成本竞争优势之间并不仅仅简单地表现为此消彼长的互斥关系。劳动力成本上升使企业无法凭借过低的人工资本来维持粗放增长条件下非劳动生产要素的高回报率,从而产生转变经济增长方式的内部动力,对雇佣效率产生一定激励机制,有助于企业节约交易成本性质的非劳动成本支出,直接形成利润贡献;同时,刺激企业替代性地进行资本投资和加强创新以提高生产效率,比如推动技术进步,增加人力资本投资,进而促进效率提升,使得企业得以在单位产品利润率减少的情况下借助于产出增长来保持总利润水平不变甚至上升,而补偿动机的出现、生产效率的提升将会促进成本竞争优势的巩固。

从人力资本积累角度来看,劳动者收入低下,小时劳动报酬过低,一方面意味着劳动时间的拉长,劳动强度的加大;另一方面也意味着劳动者的生活质量缺乏保障,只能维持简单再生产,没有足够的资本去接受培训和再教育,劳动者后代的正常生活费用,尤其是教育费用的严重缺乏,不利于劳动者素质提升,以及会导致贫穷的代际转移。反过来,由于教育、培训等投入不足,劳动力自身价值不能得到有效提升,又形成新一轮的低价格、低效率、低素质的劳动力,如此一来陷入"……低价格竞争—低成本支撑(低劳动成本/低收入)—低消费(低劳动力素质)—产品滞销—价格进一步降低……"的恶性循环之中,对人力资本积累非常不利,而个体素质低下则会导致效率下跌,竞争优势又从何谈起？相反,劳动报酬增加将激励工人提高努力程度以及增强公平感和组织认同感,从而提高劳动生产率,而劳动生产率的提高能进一步增加个人劳动报酬,为再生产积累原始资本,从而也为代际教育提供基础,维持人力资本可持续性积累,为竞争优势巩固提供人力资源基础。如今"人们日益达成这样一种共识,那就是长期问题的解决需要更富技术的劳动力产生并具有持久性,并与更高的技术变化率联系在一起"[①],无论是新增长理论还是日本等国的经济增长实践也都说明了人力资本投资在竞争优势中的根本性意义。

3.1.2 劳动力成本上升背景下劳动生产率与单位劳动成本的演化

由以上分析可知,自1980年以后,中国制造业劳动力成本一直呈现出不断上升趋势,但是并不意味着制造业的成本竞争优势也处于下滑状态,评价制造业国际竞争优势,需要对劳动成本与劳动生产率进行综合考虑。那么劳动者参与经济分享与保持成本竞争优势的双赢模式是否存在呢？劳动生产率对劳动力成本增长是否具有一定的消化能力？其间的矛盾又如何得到解决？接下来,我们通过围绕劳动生产率与单位劳动成本的变动分析对上述问题做出回答。

3.1.2.1 劳动生产率与单位劳动成本的变动分析

在国际贸易中,价格优势成为打开市场并快速占领市场份额的开启器,而决定价格优势的核心因素除了劳动力成本外,效率也扮演了重要角色。目前,产业以及贸易增长已不能再依靠劳动力单一因素,需要通过技术资本以及知识要素的有效结合,衡量这一组合的标准是劳动生产率指标,它集中反映了一个国家、地区、产业经济运行的效率、质量和竞争优势现状。

从图3.2可知,中国制造业劳动生产率,无论是经工业品出厂价格指数折算

[①] 德里克·博斯沃思、彼得·道金斯、索尔斯坦·斯特龙巴克:《劳动市场经济学》,何璋、张晓丽译,中国经济出版社,2003,第558页。

中国制造：
从成本竞争优势到综合竞争优势

前后的,还是由美元计价的数值,在研究期间,均呈现出上升趋势。没经工业品出厂价格折算前的劳动生产率出现较大幅度上升,主要是包含了物价因素在内,剔除物价上涨影响,可呈现较为平缓的发展趋势。从1985年初到90年代中期,中国经济的高速发展主要由需求带动,此时的中国仍处于一个短缺经济时代,广阔的市场需求扩大了中国制造业潜在的产值,其间,劳动生产率由1985年的1 683元/人增加到1992年的3 811元/人(剔除价格因素后),年均增长速度达到了12.38%。1995年后,中国开始进行工业整合调整,从短缺经济向饱和经济再逐渐向过剩经济过渡,特别是1997年后,亚洲金融危机以及随之而来的通货紧缩,导致经济结构调整和相关领域改革步伐加快,部分劳动力发生就业转移,建筑、园艺、通信和其他服务行业等吸收了制造业释放出来的部分劳动力,制造业劳动生产率再度得到提升。从整个样本区间来看,经价格指数折算、按汇率换算和按PPP换算后的劳动生产率,2007年较1985年分别增长了962.23%、977.51%和1 388.86%,年均增长速度分别为6.68%、6.73%和7.8%,相对同期制造业增加值年均24.7%的增长率来讲,劳动生产率的贡献率并不算高,制造业增长仍主要依靠要素投入。

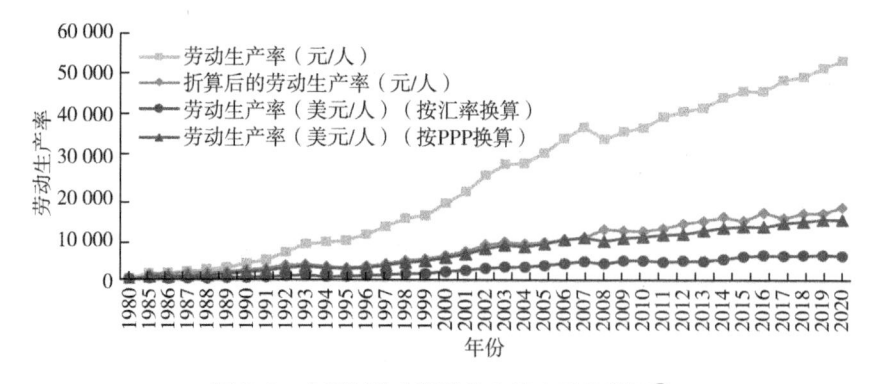

图3.2 中国制造业劳动生产率变动趋势图①

图3.2显示从20世纪90年代中后期(约1995年以后),中国制造业劳动生产率有了大幅度提高,然而这种快速增长是否能抵消劳动力成本上升的消极影响,还需要对两者进行比较。为了便于比较,本书以五年为一个时期,逐步将区

---

① 制造业增加值、制造业人年均劳动报酬、年均就业人员数来自作者博士论文《基于单位劳动成本的中国制造业成本竞争优势实证研究》。在已得到人年均劳动报酬数据基础上,根据制造业增加值数据和已估算出的制造业年均就业人员数可得到制造业劳动生产率,并分别根据居民消费价格指数与工业品出厂价格指数进行折算,剔除物价变动影响,然后两者相除即可得到ULC,同时将劳动生产率经当年汇率与PPP转换成美元计价。

间延长,计算了劳动生产率与劳动力成本的年均增长速度,从表3.3和图3.3可以直观看出,在研究阶段里,劳动生产率年均增长速度都超过了劳动力成本增长速度,再次验证了前文分析所述:中国制造业劳动力成本虽然处于持续上升阶段,但是远落后于劳动生产率增长速度,从而落后于经济发展速度也就不足为奇了。这一现状同时也解释了在2006—2020年间,人民币不断被要求升值的原因,工资增长落后于劳动生产率增长,在浮动汇率制度下,将会通过国际收支平衡条件导致名义汇率升值从而实现汇率升值要求,也就是著名的巴拉萨-萨缪尔森效应。同时,也可以看到劳动力成本的增长速度在逐步上升,劳动生产率的增长速度与劳动力成本的增长速度差距在不断缩小。

表3.3 制造业劳动生产率与劳动力成本的年均增长速度[①]

区间	劳动生产率年均增长速度	劳动力成本年均增长速度
1985—1990	9.87%	−0.64%
1985—1995	6.62%	2.12%
1985—2000	9.10%	3.49%
1985—2005	8.69%	4.47%
1985—2010	12.96%	6.81%
1985—2015	11.52%	8.30%
1985—2020	10.29%	9.75%

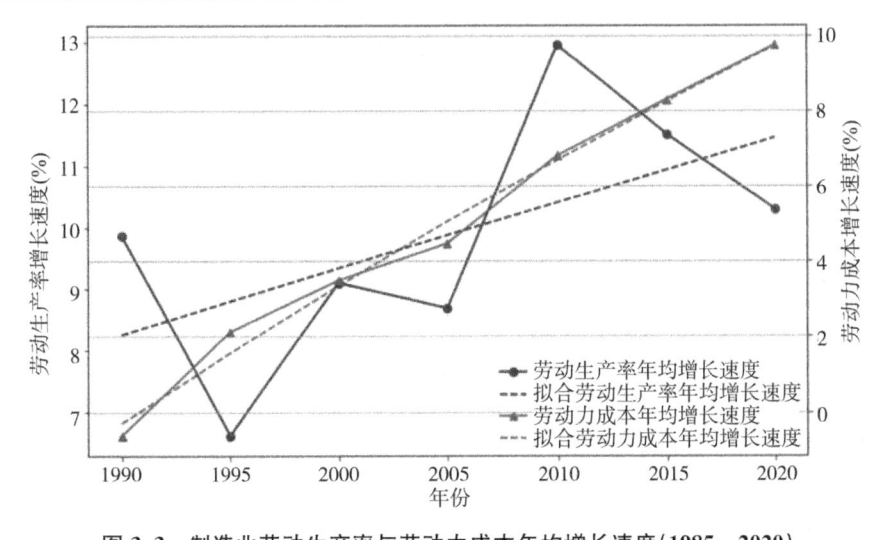

图3.3 制造业劳动生产率与劳动力成本年均增长速度(1985—2020)

---

① 劳动生产率与劳动力成本年均增长速度数据来源同图3.2,并经相关数据计算而得。

实际上,劳动生产率与劳动力成本相对关系的这一变化可以通过 ULC 指标数据得到更为直观的认识。由 ULC 定义可知,ULC 与劳动力成本成正比,与劳动生产率呈反比关系,劳动生产率的提高可以在一定程度上抵消由于劳动力成本上升带来的消极影响。

从图 3.4 可看出,中国制造业 ULC 在研究区间整体上呈现出下降趋势:在 1993 年以前,ULC 一直处于下降状态,并且下降幅度在整个研究区间里是较大的,结合图 3.1 和图 3.2 可知,由于该时期劳动生产率出现了大幅度提高,年均增长速度为 6.62%,劳动力成本也呈现出上升状态,年均增长速度为 2.12%,相对而言,劳动生产率上升幅度比劳动力成本上升幅度高 4.5%,从而 ULC 表现出大幅度下降态势;1995—2002 年期间,ULC 保持了不断下降趋势,但是下降幅度相对小,趋势较为平缓,直到 2008 年出现了相对大幅度的上升,主要原因是新劳动法的出台,此后一直保持着温和的上升态势。

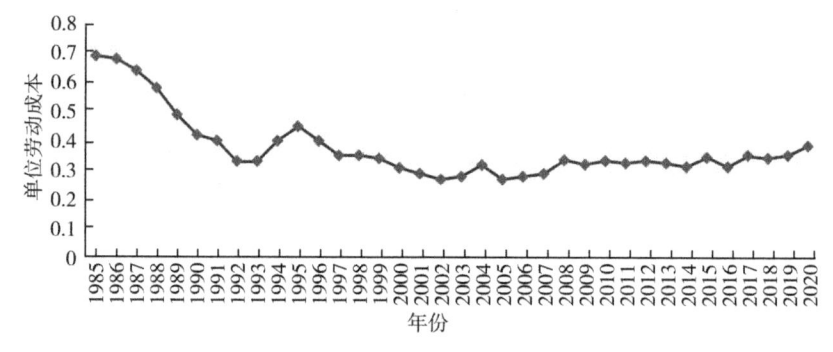

图 3.4　中国制造业 ULC 变动趋势图(单位:元/元)[1]

从以上简要分析来看,在研究区间内,中国制造业劳动力成本与劳动生产率年均增长速度分别为 10.29% 和 9.75%,劳动生产率增长速度比劳动力成本增长速度高 0.54%。劳动力成本水平上升对于成本竞争优势的影响关键还在于当期劳动生产率水平的相对变动,成本竞争优势的关键在于形成相对成本优势,因此,从经济指标实际运行情况看,虽然在考察期内我国制造业劳动力成本水平显著上升,但是单位劳动成本水平却没有出现大幅上升。这其中,劳动生产率增长有效抵偿了劳动力成本增长对于竞争优势产生的不利影响,基于单位劳动成本指标测试的竞争优势因此表现出了较为平稳的发展态势,从图 3.5 可以直观看出三者变动趋势之间的关系。

---

[1]　数据来源同图 3.2。

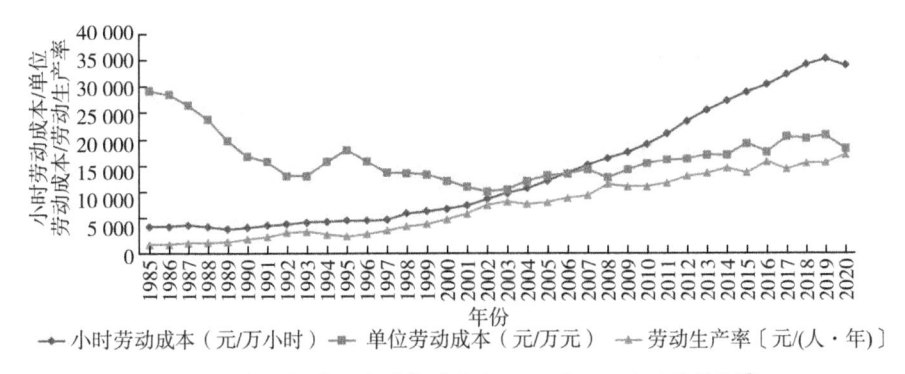

图 3.5　中国制造业小时劳动成本、ULC 与 LP 变动趋势图①

3.1.2.2　劳动力成本、劳动生产率与成本竞争优势

通过分析当前中国制造业劳动力成本变动可知,劳动力成本处于持续上升状态,虽然这种上升幅度与经济增速有着一定差距,且经济发展的内生性需求与制度等外生性因素也决定了劳动力成本在未来较长时期内的增长诉求,但是,劳动生产率与单位劳动成本指标的变动分析让我们看到了劳动力成本上升条件下成本竞争优势的可持续性。弗里德曼曾指出,资金在全世界的流动并不只是寻找最便宜的劳动力,而是寻找强生产力同时价格也最便宜的劳动。这种低廉的劳动力价格只是形成比较优势的基础,而其是否能拥有高效生产力则是能否形成竞争优势的关键。Abowd 和 Lemieux 也认为,国际贸易的发生取决于投入效率的生产可能性曲线而非实际工资率,劳动力成本的高低并不一定成为贸易发生的必然理由,如非洲的大部分国家劳动力成本比中国更低,但是却没能像中国一样成为"世界工厂",一些发达国家,如美国,其工资水平远高于中国等发展中国家,但是却保持着世界制造业大国地位。这些事实都提醒我们,成本竞争优势并不仅仅局限于成本之中,效率或许更能解释促使贸易和投资行为发生的原因。因此,在劳动力成本不可避免上升的背景下,要维持原有竞争优势甚至形成新的或更为稳定持久的竞争优势,根本途径在于提高不断"涨价"的劳动力的生产效率,转变经济增长方式。

成本竞争优势最终取决于多个因素的综合作用,而中国现在已经开始在一些中等技能密集型制造业方面占据优势,同时由于许多其他有利因素,中国在全

---

① 为了便于比较三者的变动趋势,将小时劳动成本与单位劳动成本数值乘以一万,得到的数值表示的是每小时的劳动成本以及每万元的劳动成本,数据来源同图 3.2。

球仍然具有很强的竞争优势。劳动生产率虽然是从劳动者的角度测量效率,但其蕴含了影响竞争优势变动的多个因素,如增加投资和改良管理经验从而促进的技术进步,由于规模经济与分工所带来的专业化程度提高,劳动组合从低效率转向高效率运作的重新配置,来自企业文化制度以及劳动报酬的激励机制,还有社会环境、公共政策等方面的促进,等等。尤其是在劳动力成本上升不可逆转的背景下,劳动生产率对竞争优势的提升意义就更为重大。刘易斯曾指出:"如果对于工资水平无法有所作为,意味着你必须准备着尽一切努力去更好地改善技术进步和提供资本资源。无论工资水平如何,如果劳动者更有效率的话,那么就业和产出水平也将会是比较高的。"可见,企业追求效率的行为可促使产业升级,进一步依靠市场力量而自发实现,因为物质资本投资、技术进步等微观主体的积累行为效应通常会导致产业结构的调整与优化。

实际上,我们应该一分为二地看待劳动力成本上升这一现象。如果是人为干预结果,如西方某些国家曾由于工会力量以及最低工资立法作用,出现劳动者报酬超出劳动力要素的稀缺性,从而影响成本竞争优势。但是如果劳动力成本上升是劳动力稀缺性的预警信号,则是资源禀赋运作的效应,不仅不会削弱竞争优势,反而会进一步促进增长方式转变,提升竞争优势。在我国,由于工资刚性以及其他因素影响,劳动力成本将不断上升也必须要上升,依靠拉长劳动时间的运作已经走到了尽头,并且压低劳动力成本来发展外向型经济,在经济全球化背景下,只是权宜之计,静态的比较优势并不能帮助中国劳动密集型产业在国际市场上赢得竞争优势,长此以往,甚至可能成为中国参与国际分工的障碍。

在劳动力成本上升的转折点上,如何协调劳动者报酬、劳动效率与竞争优势的关系显得尤为重要。劳动者报酬的增长,可以为人力资本积累打下物质基础,激发劳动者积极性,为后代教育和培养提供物质基础,同时可以改善结构性劳动力短缺困境,这些都可在不同程度上促进劳动生产率的提升以及产业结构升级,当然,这并非一蹴而就的事情,中间将有着较长时间的滞后。不可否认,在劳动生产率相同或不变的条件下,劳动力成本上升的不利影响将会更为显著,但是这也恰恰成为驱动产业和贸易结构调整以及发生转移的动力。要把劳动力比较优势转化为竞争优势,要以劳动力价格充分反映劳动力要素稀缺性为前提,充分发挥经济市场化作用,而不是以扭曲劳动力成本、忽略劳动者经济分享为代价。以史为鉴,新兴国家韩国在经济发展过程中也经历了劳动力成本快速上升阶段,并且顺利实现了产业结构的调整和升级,在转折点上实现了经济平稳过渡与发展,这些都可以为我国正确处理劳动者参与经济分享与保持竞争优势提供借鉴。

3.2 中国制造业成本竞争优势国际比较研究

改革开放以来,我国劳动力成本和劳动生产率均上升很快,效率提升在一定程度上抑制了成本上升的不利影响,那么,到底中国制造业在国际竞争中的优势地位如何,还应跟其他国家进行比较才能下定论。在国际比较中,本书分别从劳动力成本、劳动生产率以及单位劳动成本三个方面进行分析。本书选取了美洲、亚洲和欧洲的主要国家作为比较对象,包括美洲的美国、加拿大和墨西哥,亚洲的中国、日本、韩国、新加坡、以色列、印度、斯里兰卡和菲律宾,欧洲的英国、法国、意大利、德国等 15 个国家。一方面主要是考虑到数据的可获得性,另一方面,这 15 个国家中包含了中国的主要贸易伙伴,如美国、日本、德国、韩国和新加坡等,既包括了一些发达国家也包含了一部分发展中国家。在具体比较分析时,参与比较国家个数会根据数据可获得性进行适当增减。

3.2.1 劳动力成本国际比较分析

由于目前劳动力在国际中流动受到各种条件限制,因此,比较不同国家的劳动力成本有助于了解其在国际贸易中的成本竞争优势。实际上,由于新兴市场经济国家和第三世界国家的劳动力资源较为丰富且成本低廉,往往在国际上更具优势。在整个研究时期,欧美一些主要发达国家的小时劳动报酬是较高的,并且处于不断波动之中,其中欧洲的三个国家:英国、法国和意大利的小时劳动报酬在 2004 年以后超过美国,而美洲的加拿大和亚洲地区的日本其小时劳动报酬也处于较高的位置,仅次于美国,具体见图 3.6。

从 1985 年到 2020 年,中国的相对小时劳动报酬逐渐上升,从 2.5% 增长到 12.2%。这代表了中国劳动力成本的明显上升。与中国相比,日本、英国、法国、意大利和加拿大的相对小时劳动报酬都保持在较高水平,但也有上升趋势,尤其是日本。中国的相对小时劳动报酬在 2000 年左右达到低点,之后开始迅速上升,而其他国家的上升速度相对较慢。

从相对小时劳动报酬年增长率来看,各国制造业人均劳动成本都呈现出不同程度的增长趋势,1980—2007 年间,年均增长速度最快的是韩国,其次是中国,分别达到 106.76% 和 103.85%。中国的年均增长率高于大部分国家,这表明在此期间,我国的劳动力成本不但一直在上升,而且相对于其他国家而言,劳动力价格优势在不断缩小,但是这种较大幅度的上升与我国近年来经济的快速增长是相适应的:中国的小时劳动报酬虽然一直处于不断上升之中,但从没超

中国制造：
从成本竞争优势到综合竞争优势

过美国的8%,2007年仅为美国的7.6%,因此,劳动力成本的上升空间还很大,且由于我国劳动力成本基数较低,其上升幅度将会高于同水平发展中国家。

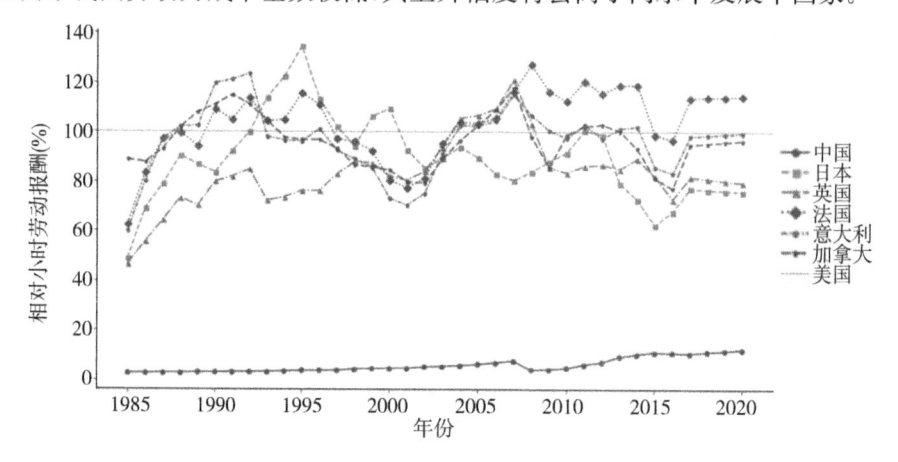

图3.6 主要国家制造业相对小时劳动报酬[①]

从以上分析可知,就小时劳动报酬这一指标而言,中国制造业在国际竞争中具有很大优势。制造业低劳动力成本实际上与中国的基本国情以及劳动力资源丰裕程度密切相关,在20世纪90年代以前,中国长期低工资、广就业,加上中国人口众多,劳动力资源丰富,从而出现了世界上罕有的廉价制造大军。中国制造业劳动力成本无论是从绝对数还是从相对数看,增长幅度都较大,与其他国家相比,劳动力价格优势在不断缩小,但是应该认识到,这与中国的经济增长速度是相适应的,没有超越经济发展的许可范围,并且劳动力价格上升的速度仍慢于同期经济增长速度。另外,中国相对于其他发展中国家而言,具有较低的劳动力相对成本,即相同成本的劳动力素质更高,包括专业技能、熟练程度等方面优势。从上述比较也可知道,由于中国制造业劳动力成本绝对优势非常明显,中国低劳动成本优势在短期内也不会消失。但是,在国际竞争中,劳动力成本优势只是一方面,如美国2004年的小时劳动报酬大约为中国的20倍,但是如果考虑到生产率因素,创造同样的制造业增加值,美国的劳动力成本仅是中国的1.96倍,中国的成本竞争优势变得不十分明显。因此对中国制造业成本优势的衡量,还要纳入劳动生产率来衡量。

[①] 各个国家的小时劳动报酬均用美元计价(按汇率换算),并将其折算成美国的比例(美国的小时劳动报酬为100%)。

3.2.2 劳动生产率的国际比较分析

在分析各国制造业人均劳动力成本水平基础上，有必要对各国劳动生产率水平进行比较。因为劳动力需要与其他生产要素相结合，劳动力素质在很大程度上影响生产效率、资源耗费、产品质量等。由于资料所限，在中国劳动生产率的国际比较中，比较的国家范围也略有缩小，包括了美国、英国、德国、日本、韩国、印度尼西亚和印度等七个国家，并以这七个国家为基准，将中国的劳动生产率转化成该国的比例，以此来分析中国制造业劳动生产率相对于其他国家的变动趋势。

从图3.7可知，从1980年到2020年，中国的相对劳动生产率逐渐增加，呈现出持续的增长趋势。中国的相对劳动生产率在20世纪80年代末和90年代初迅速提高，然后在2000年后进一步加速增长，并在2010年后继续增加。与美国、英国、德国和日本相比，中国的相对劳动生产率在20世纪80年代初期较低，但逐渐迎头赶上。中国的相对劳动生产率在与这些国家的比较中呈现出显著的增长，尤其是在20世纪90年代末和21世纪初。与韩国和印度尼西亚相比，中国在相对劳动生产率上一直相对较高，但增长速度逐渐减缓。尽管韩国在20世纪80年代初期的相对劳动生产率低于中国，但韩国在20世纪90年代末和21世纪初超越了中国，成为相对劳动生产率较高的国家之一。与印度相比，中国的相对劳动生产率始终明显高于印度。中国的相对劳动生产率与印度之间的差距在20世纪80年代初期就开始拉大，之后继续扩大。

总体来说，图3.7反映了中国制造业相对劳动生产率的长期趋势，显示了中国在这一领域的快速增长和与其他国家的比较。这些数据突显了中国在全球制造业中的重要地位，以及其在劳动生产率方面的不断改善，这对中国的经济和全球经济产生了重要影响。

中国制造业劳动生产率的快速增长来自多方面原因：一方面来自生产方式的逐步转变，竞争环境的变化，低效率行业不断被淘汰，行业间劳动力流动带动了生产率提高；另一方面，政府投资增加、基础设施完善、劳动者素质提升等也尤为重要，且不可忽略的是劳动者的勤奋质朴精神以及拉长的劳动时间。有数据表明，中国制造业劳动者年均工作时间超过2 200小时。因此，若将劳动时间考虑在内，劳动生产率的增长要大打折扣，竞争优势的巩固还是一个漫长持久的过程。

在劳动生产率绝对值比较中，中国几乎排在了最末的位置，和印度、印尼两国较为相近，所以，中国制造业劳动生产率在国际比较中并不具备竞争优势，情况不容乐观，低劳动生产率在一定程度上阻碍了劳动成本优势的发挥。与欧美

中国制造：
从成本竞争优势到综合竞争优势

许多国家相比，中国由于科技整体水平不高以及劳动者素质有待进一步提升等国情，劳动生产率在国际比较中仍处于较低层次上，从其变动趋势看，有着巨大的提高空间。

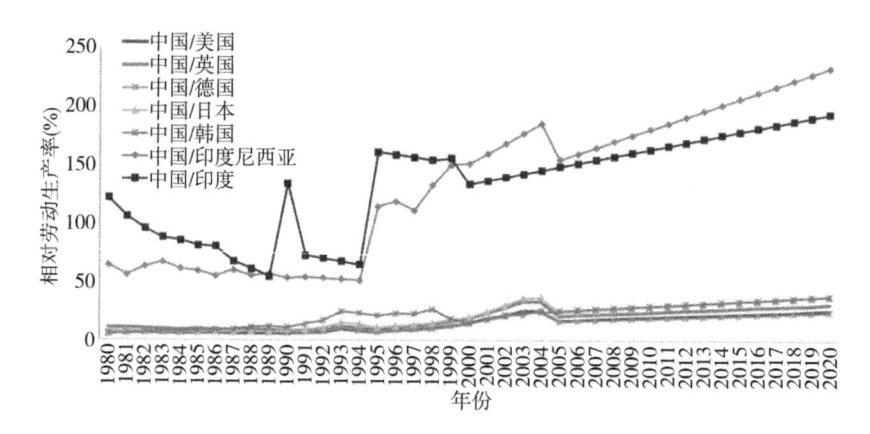

图 3.7 中国制造业的相对劳动生产率[①]

单位劳动成本指标表明，劳动力成本低、劳动生产率高的国家或产业，其竞争优势是绝对领先的。但是经过劳动力成本与劳动生产率的国际比较，我们似乎可以发现这样一个规律：劳动力成本高的国家，劳动生产率相对也较高，反之，亦然。如美国、日本、德国等，尤其是美国，其同行业劳动者报酬一直走在世界前列，但却也一直坐拥着位居世界最前沿的劳动生产率，从其提高源泉看，主要来自以下几方面：信息和通信技术为核心的制造技术革命，结合公司运作的模式，激烈的商业竞争环境以及不断扩张的海外贸易和投资。这几个因素在很大程度上促进了行业技术进步以及技术创新的发生，成为美国制造业劳动生产率增长的制胜法宝。另外，从发达国家经验来看，劳动生产率的提高来自物质资本、人力资本以及技术进步的投资，而人力资本是技术进步、技术扩散的基础，因此用于学习、教育、提高技能和对劳动者进行培训和再培训的投资，也就是用于改善劳动力素质的投资，对劳动生产率增长具有重大意义。国内外专家一致认为，劳动力素质决定劳动生产率 10% 至 15% 的增长水平，仅次于科技进步因素，处于第二的地位，且这一因素的影响力在不断增长，而用于提高劳动力素质的投资与

[①] 以美国、英国、德国、日本、韩国、印度尼西亚和印度为基准，计算中国劳动生产率相对于这些国家的百分比。1990 年前印度和印度尼西亚的数据根据《关于中国制造业国际竞争力的进一步研究》中相关数据计算整理而得；1990 年后数据来自国际劳工组织网站；2007 年前其他数据来源于《多边比较下的中国制造业国际竞争力研究：1980—2004》；2007 年之后为估计数据。

用于新设备的投资相比是更为有利可图的,这些对于我们制定提高劳动生产率、促进劳动力成本增长以及维持竞争优势的政策有着启迪意义。此外也说明了"适度增长"的劳动力成本对于成本竞争优势的巩固利大于弊,优化资源配置保持成本竞争优势与提高劳动者报酬这两个课题其实并不矛盾。

前面本书已经分析过,劳动力成本上涨是不可避免且必须的,相应的也将逐步促进劳动生产率提高。在低劳动力成本、低劳动生产率形成的竞争优势难以为继,且劳动力成本又上升的情况下,想要维持竞争优势,那么关键就在于保证劳动生产率增幅大于劳动力成本上涨幅度。俄罗斯曾在2007年度出现了工资增长高于劳动生产率增长的情况:2007年1至3月,工资同比增长15.5%,劳动生产率增长只有7.8%。工资支出在其生产成本中约占10%~12%,该国相关政府官员认为,工资增长与劳动生产率增长之间"差距加大是不好的趋势,但还不是致命的"[①]。如果这种现象是暂时的,对经济发展和竞争优势影响不大,但是这种情况一旦出现,再想扭转则实属不易。因此也给我们提了醒,中国的劳动力成本变动对于总成本有着不可忽视的影响,在劳动力成本上升背景下,既不能压制,也不能无所作为任由其发展,保持劳动力成本的"适度上升"与劳动生产率的快速增长对于竞争优势的长久维持是关键,因此,两者之间关系的比较对于分析一国在国际贸易中的竞争优势就显得尤为必要。

3.2.3 单位劳动成本国际比较分析

在关于劳动成本竞争优势的分析中,要考虑两个方面的影响:一个是制造业劳动力成本水平,另一个是劳动生产率。在前面已分析了中国制造业小时劳动报酬发展趋势以及与世界主要国家的比较状况,在劳动力成本水平这一因素上,中国制造业具有非常明显的竞争优势;随后的劳动生产率状况却表明,就劳动产出效率而言,中国制造业在世界竞争中并不具备优势,那么到底中国制造业在国际竞争中的成本优势如何,需要考虑这两个因素的综合影响。接下来,主要分析中国以及比较国家的单位劳动成本,该指标综合了劳动力成本水平和生产效率的效应,是反映一个国家的某个行业在国际竞争中是否具有成本优势的综合指标。

本部分数据来源主要有两个,一是美国劳工统计局官方网站,二是任若恩等人的研究成果,并对相应数据进行计算和处理:将世界主要国家的ULC(分本币

---

① 中国经济网:《俄罗斯工资增长速度大大高于劳动生产率增长》,http://intl.ce.cn/sjjj/sj/200705/30/t20070530_11541661.shtml。

计价与美元计价)以及市场汇率折算成该国定期指数,以此分析世界各国 ULC 与汇率的变动态势,并分析汇率对于各国制造业国际竞争优势的影响。再将中国制造业 ULC 与其他国家的 ULC 相比,得到中国的相对 ULC,以此比较中国制造业的国际竞争优势。

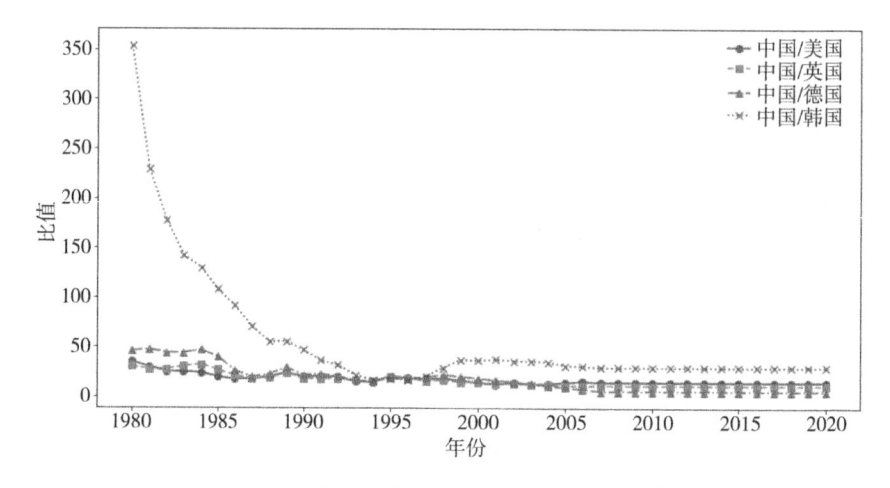

图 3.8 中国制造业相对 ULC 变动趋势图[①]

从趋势角度来看,自 1980 年至 2020 年,中国制造业的单位劳动成本相对于美国、英国、德国、韩国都呈下降趋势。这一趋势表明中国的劳动力成本在这个时段内相对下降,可能与中国相对较低的工资水平有关。这也显示出中国在劳动力成本方面的竞争力逐渐增强。

从美元计价来看,由于经过了官方汇率换算,中国制造业 ULC 呈现出了更为明显的下降趋势,但是这一趋势在 1994 年后趋于平缓,2004 年后出现小幅度上升。1994—2004 年我国官方汇率一直保持不变,此后人民币出现了升值态势,相应的 ULC 也有小幅度上升。而其他国家的相对 ULC 在经过该国官方汇率折算后,也呈现出不规律波动,但是各国的相对 ULC 发展趋势都较该国本币计价的要更为平缓些。可见,各国之间 ULC 的变动趋势不但取决于劳动力成本本身,还与汇率变动密切相关。由于这一段时期中国劳动力成本快速上升,而汇率虽然上升迹象不明显,人民币进一步大幅贬值的可能性并不大[②],因而,要保

[①] 各国的单位劳动成本以该国 1990 年作为基期进行折算,由于涉及的国家较多,在作图时只选取了部分代表性国家,数据来源为作者博士论文,2008 以后数据采用指数平滑方法获得。

[②] 21 世纪经济报道:《评论|人民币进一步大幅贬值的概率不大》,https://m.21jingji.com/article/20230906/8e72e85060c519817e6fc85e79569973_zaker.html。

持和提高中国制造业在国际竞争中的优势,只有进一步提高劳动生产率。

可看到,中国相对于其他各国的 ULC 呈现出逐年下降的趋势。相对于韩国的 ULC 而言,在 1986 年前,中国制造业的 ULC 远超过韩国,此后,出现了大幅度下降,更主要的原因在于该时期中国制造业快速提高的劳动生产率,以及基数较低的劳动力成本。1995 年以后,中美的 ULC 差距开始拉大,主要因为中国制造业不断上升的劳动生产率水平,并且人民币没有升值。在 2001 年中国制造业相对于美国的 ULC 达到最低点,此后虽稍有上升,但仍保持了很低的水平,一直没有超过美国的 15%。中国相对其他国家的 ULC 还是较低的,从未超过英国的 35%,德国的 50%,且在 1990 年后一直保持在 20% 以下的水平。

从以上分析可知,在研究期间,中国制造业的 ULC 由于受到劳动力成本与劳动生产率的变动制约,经历了剧烈波动,相对于比较国而言,除了个别年份外,一直处于最低位置,劳动力成本和生产效率的综合效应说明了中国制造业在国际比较中具有竞争力。此外,单位劳动成本的下降趋势可能受到中国工资水平相对较低的影响,但还需要考虑其他因素,如技术水平、市场需求和制度环境等。

3.3 本章小结

通过本章研究得到以下结论和启示:

第一,中国制造业的单位小时劳动成本呈上升趋势,尽管劳动力成本在升,但劳动者工资未能与经济同步增长,存在"被增长"现象。内生性增长因素如"刘易斯转折点"和人口红利效应递减将导致劳动力成本长期上升,但这也可能形成激励效应,通过提高效率和人力资本积累促进成本竞争优势。第二,劳动生产率在研究期间持续上升,显示出竞争优势稳步增强的趋势。第三,尽管中国劳动力成本一直在上升,但相对于其他国家仍具明显优势,虽然与发达国家的差距在缩小,但由于基数小,仍有上升空间。第四,中国制造业的相对劳动生产率虽然位于国际比较末位,但增幅高于大多数国家,表现出逐渐迎头赶上的势头。总体而言,未来中国制造业发展需从强调劳动力成本向注重提高劳动生产率的发展模式转变,实现"适度增长"劳动力成本与"高速增长"劳动生产率的平衡,这是维持和巩固竞争优势的最优选择。

第 4 章

中国制造业成本竞争优势到综合竞争优势的演变

中国制造业在过去几十年里以其成本竞争优势在全球市场中占据了重要地位,成为全球制造业的重要参与者和竞争者。然而,随着国际竞争的加剧和全球经济环境的变化,仅仅依靠成本优势已经不再足够,制造业需要实现从成本竞争优势到综合竞争优势的转变和升级。本章通过探讨中国制造业成本竞争优势的现状、来源,从 SWOT 框架角度分析低成本之路带来的影响和面临的机会和挑战,进一步探讨制造业综合竞争优势的来源,包括成本效益和规模经济、供应链集成和物流效率、人力资源和人才培养、创新与智能制造,以及数字经济和信息技术的应用。同时,我们将讨论从成本竞争优势到综合竞争优势的转型过程中所面临的挑战和机遇,以及实现转型与升级的逻辑和关键要素。

4.1 中国制造业成本竞争优势现状和挑战

4.1.1 中国制造业成本竞争优势现状

成本竞争优势是指一个国家或地区在生产某种商品时,相对于其他国家或地区可以以更低的成本生产该商品。这通常是源于该国家或地区在某个生产环节上拥有更高的效率或更廉价的生产要素,如劳动力、原材料、能源等。

举例:如果国家 A 可以以每小时 10 美元的成本生产一件衣服,而国家 B 可以每小时 5 美元的成本生产相同数量的衣服,则国家 B 相对于国家 A 拥有成本竞争优势。在这种情况下,国家 B 可能会将更多的衣服出口到国家 A 和其他国家,而国家 A 可能会专注于生产自己拥有成本优势的产品。

第 4 章
中国制造业成本竞争优势到综合竞争优势的演变

S 优势
- 低成本劳动力
- 低廉的原材料
- 税收与政策优惠
- 规模经济效应
- 供应链集聚效应
- 技术进步和工艺创新
- 产业集聚效应

W 劣势
- 劳动力成本上升
- 技术升级和自动化
- 新兴制造业市场的竞争
- 贸易政策和成本结构调整
- 人口出生率下降

O 机会
- 全球制造业格局的重塑
- 可持续发展趋势
- 技术创新和数字化转型
- 成本效益和规模经济
- 供应链集成和物流效率
- 人力资源和人才培养
- 创新与智能制造
- 数字经济和信息技术的应用

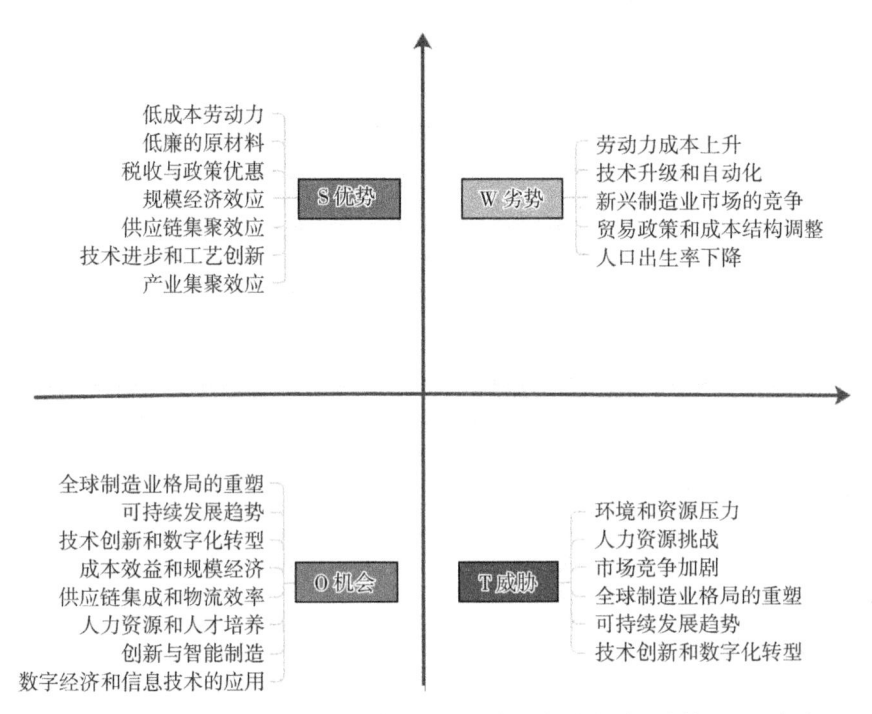

T 威胁
- 环境和资源压力
- 人力资源挑战
- 市场竞争加剧
- 全球制造业格局的重塑
- 可持续发展趋势
- 技术创新和数字化转型

图 4.1 中国制造业成本竞争优势到综合竞争优势演变过程中的 SWOT 框架

成本竞争优势是一个重要的国际经济学概念,它提供了一个框架,使得不同的国家可以通过贸易互利互惠地合作。通过开放贸易和利用成本竞争优势,国家之间可以实现更高效的资源配置,从而能够带来更多的发展机会,促进经济持续增长。

目前,中国制造业在成本竞争优势方面的现状如下:

制造业成本竞争优势
- 规模经济效应
- 劳动力成本优势
- 供应链集聚效应
- 技术进步和工艺创新
- 产业集聚效应

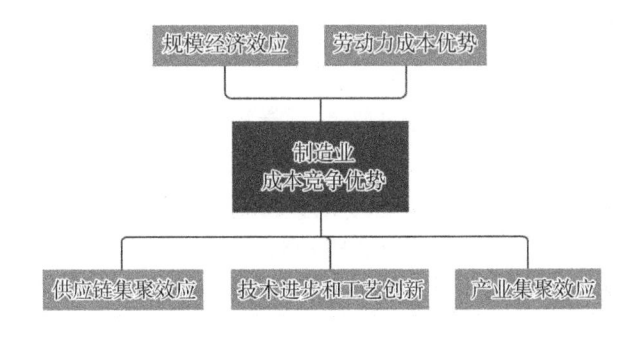

图 4.2 中国制造业成本竞争优势要素

中国制造：
从成本竞争优势到综合竞争优势

（1）劳动力成本优势。中国拥有庞大而廉价的劳动力资源，这是中国制造业成本竞争优势的主要来源之一。相对于许多发达国家，中国的劳动力成本较低，这使得中国能够以更低的成本生产各种商品。根据国际劳工组织（ILO）的数据，目前，中国的平均工资水平在制造业领域较低，特别是与一些发达国家相比：根据 ILO 发布的《2020—2021 年全球工资报告》，中国的制造业工人平均小时工资相对较低。根据该报告，2019 年中国的制造业平均实际工资为每小时 4.75 美元。相比之下，美国的制造业平均实际工资为每小时 22.32 美元。根据英国全球经济论坛发布的《竞争力报告 2019》中的数据，中国的劳动力成本相对低廉。该报告指出，中国的劳动力成本在全球范围内位居中等水平，远低于德国、美国等发达国家。深圳是中国制造业的重要基地之一，其中的劳动力成本优势得到广泛认可。据《深圳特区报》报道，深圳制造业劳动力成本相对较低，吸引了大量国内外企业前来设厂。例如，某些高科技产品的制造成本在深圳只需原来的 10% 左右。中国拥有低劳动力成本的优势，使得中国制造业能够在全球市场上以较低的成本生产商品。

（2）规模经济效应。中国制造业由于庞大的市场规模，能够实现规模经济效应。规模经济效应指的是随着产量增加，单位成本逐渐降低的现象。中国的巨大市场需求为制造商提供了更大的潜在销售额，使得他们可以以较低的成本购买原材料和生产设备，并通过批量生产获得更低的单位成本。这使得中国制造业在全球范围内具有竞争力。

（3）供应链集聚效应。中国在许多领域拥有全球最大的供应链网络，这使得原材料、零部件和组装厂能够集聚在一起，形成高效的供应链体系。这种供应链集聚的优势使得生产商能够更方便地获取所需的物品和服务，并快速响应市场需求，从而实现成本节约和生产效率的提高。

（4）技术进步和工艺创新。中国制造业在过去几十年中取得了显著的技术进步和工艺创新。这些技术进步包括自动化生产线、智能制造、数字化技术等，这些技术的应用使得生产过程更加高效、智能和灵活化，有助于降低制造成本和提高产品质量。

（5）产业集聚效应。中国的一些地区形成了产业集聚效应，例如珠三角地区的电子制造业、长三角地区的纺织和服装产业等。这种产业聚集使得相关的供应链和配套产业能够集中在一起，形成更高效的生产体系，进一步降低成本。

这些因素的综合作用使得中国制造业在全球范围内具有竞争力，并使中国成为全球最大的制造业出口国。这为中国的经济发展和就业提供了重要支持。需要注意的是，随着中国劳动力成本的上升、环保压力的增加以及人民币汇率的升值等因素，中国的成本优势也在逐渐减弱。同时，其他新兴经济体如印度、越南等也在逐渐崛起，提供了更低成本的制造业选项。

中国制造业仍然具有一定的成本竞争优势，但已逐渐弱化，这种趋势在未来将进一步加剧。以下是一些需要考虑的因素：

图 4.3　中国制造业成本竞争优势弱化要点

（1）劳动力成本上升。中国近年来劳动力成本逐渐上升。随着中国经济的发展和劳动力市场的变化，工资水平也有相应提高。这意味着中国的劳动力成本优势在某些方面可能不再那么明显。

（2）技术升级和自动化。中国制造业正在积极推动技术升级和自动化。随着技术的进步和机器人技术的广泛应用，劳动力的需求可能减少，从而降低了成本优势的部分影响。

（3）新兴制造业市场的竞争。其他国家的制造业也在不断发展和提升竞争力。一些亚洲国家如越南、印度等成了新兴的制造业基地，因其拥有较低的劳动力成本和市场规模。这可能对中国制造业的成本优势构成一定的挑战。

（4）贸易政策和成本结构调整。贸易政策的变化以及全球供应链的重新调整也将对中国制造业的成本优势产生影响。例如，对于涉及关键零部件的产业，若供应链中的其他环节成本占比较高，中国的劳动力成本优势可能相对较小。

可见，尽管中国制造业仍然具备一定的成本竞争优势，但随着时代和经济的发展，该优势可能有所减弱。然而，中国制造业仍具有较强的国际竞争力，其庞大的市场规模、供应链的完善性，以及技术、质量和专业化的能力仍然是其重要优势。

4.1.2　中国制造业成本竞争优势来源

中国制造业低成本之路始于 20 世纪 80 年代，当时以劳动力成本低、资源丰富为优势吸引外资。改革开放政策、低廉的劳动力成本、大规模生产能力和政府支持共同推动了中国制造业的快速发展。这一时期，中国制定了一系列支持制造业的政策，包括财政支持、税收优惠等，为企业提供了发展环境和经济支持。中国制造业初期以出口为导向，通过规模化生产满足国际市场需求。随着时间的推移，中国不仅在成本上具有优势，还在技术、创新等方面不断进步，由低成本起步逐渐向高附加值、高技术含量方向发展，取得了在全球市场上的长足发展。在此过程中，低成本策略贯穿了整个发展历程。中国制造业低成本之路的成功实现主要基于以下多方面因素的综合影响。

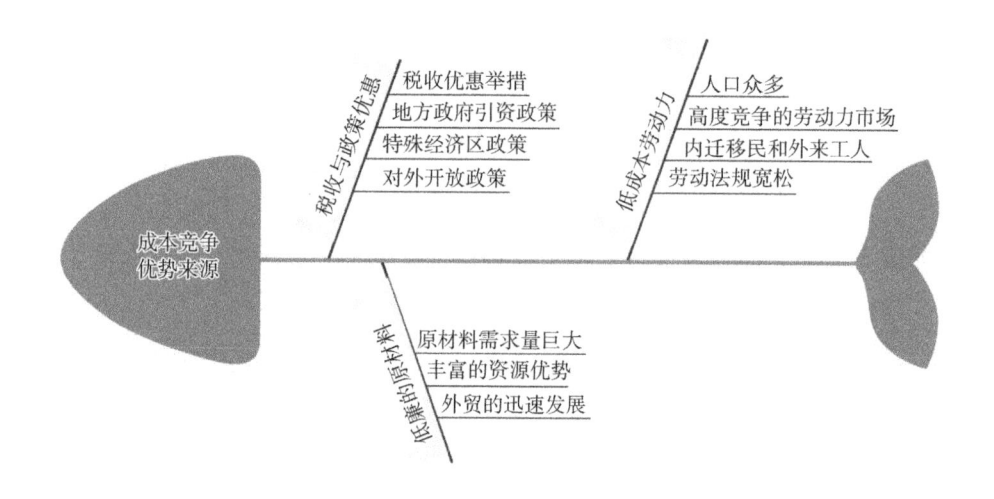

图 4.4　中国制造业成本竞争优势主要来源

4.1.2.1　低成本劳动力

中国人口多、工人数量众多，劳动力成本非常低廉，这使得中国在劳动密集型制造业中拥有明显的成本优势。中国在二十世纪五六十年代拥有当时世界上最多的人口，从 1955 年的 6.15 亿增长到了 1979 年的 9.75 亿。这意味着中国有更多的劳动力资源，能够为制造业提供更多的劳动力。根据国际劳工组织的数据，当时中国的劳动力成本明显低于其他制造业国家，如日本、德国和美国等。中国的廉价劳动力一直被认为是其制造业快速发展的核心因素之一，主要原因在于中国人口众多，劳动力市场竞争激烈，导致劳动力成本相对较低。

（1）人口众多。作为全球人口第一大国，中国的人口数量巨大。这为中国提供了丰富的人力资源，尤其是农村劳动力的大量供应，使得制造业可以得到更廉价的劳动力。

（2）高度竞争的劳动力市场。中国的城市化进程和工业化进程在过去几十年中的快速发展，导致劳动力市场出现激烈的竞争。由于工作机会有限，许多劳动者被迫接受相对较低的工资，从而进一步压低了劳动力成本。

（3）内迁移民和外来工人。内迁农民工和外来工人为中国的制造业提供了大量的低成本劳动力。在经济改革开放以后，人民开始自由流动。内迁农民工和外来工人在城市中安家落户、开展工作，他们往往能接受较低的薪资，他们将就业和生计优先考虑，这使得他们成了中国制造业的又一廉价劳动力源泉。

（4）劳动法规宽松。随着中国的经济和社会发展，劳动力成本也在逐渐上升，但是与其他发达国家相比，过去中国的劳动法规相对宽松。

为了实现从低成本向高质量的转型，中国政府已经开始加强技术创新和产业升级，同时出台了更加严格的劳动保护法规，为劳动者创造更好的工作条件，并提高其工资水平。

4.1.2.2 低廉的原材料

中国是世界上最大的原材料进口国之一，通过大量进口原物料并在国内加工以降低制造业成本。

（1）原材料需求量巨大。中国是世界人口最多的国家，同时也是世界第二大经济体，因此，中国对原材料的需求量非常大。中国需要大量的铁矿石、煤炭、石油和天然气等原材料来支撑其制造业的发展。

图 4.5 中数据表明，中国对原材料的需求量一直保持着增长势头。其中，作为钢铁、建筑等行业的重要原料，铁矿石进口量持续较大，而煤炭是中国最主要的能源，由此可以看出中国对能源和原材料的需求量之大。石油需求增长与国际油价波动也导致中国石油进口总量也在持续增加。而天然气则被认为是未来中国能源供应中重要的替代能源，因此进口量也在不断攀升。这些数据都反映了中国对原材料巨大的需求量。另外，中国虽然是世界上最大的煤炭生产国，但由于经济增长和城市化进程的需求，中国自身的煤炭供给短缺，需要大量进口来弥补缺口，这也是进口量不断增加的原因之一。

（2）丰富的资源优势。中国拥有丰富的矿产资源、耕地资源和水资源等自

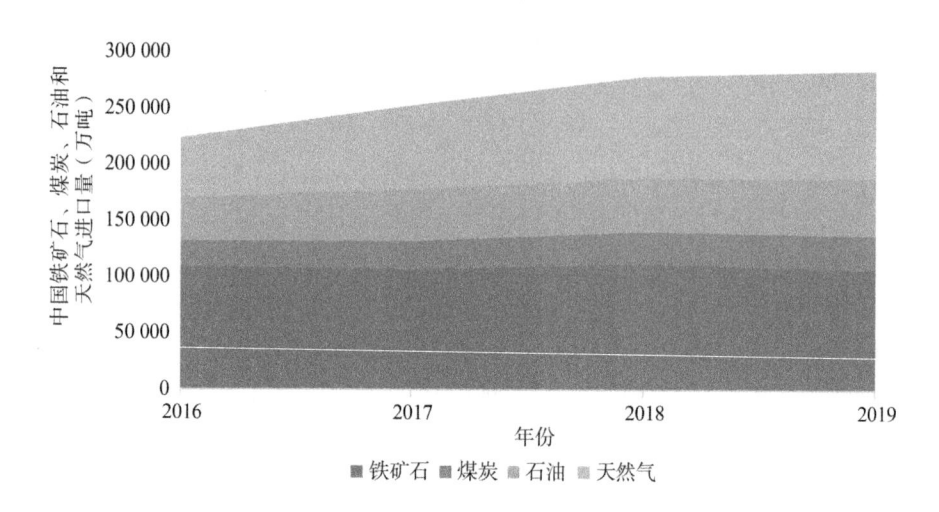

中国制造：
从成本竞争优势到综合竞争优势

图 4.5　中国铁矿石、煤炭、石油和天然气进口情况[①]

然资源，为中国制造业提供了重要的原材料支持。例如，中国是全球最大的稀土资源输出国，拥有世界上50%以上的稀土储量。同时，中国也是世界上最大的铜、铝和铁矿石进口国。

（3）廉价的劳动力成本。受较低的劳动力成本和政府税收优惠政策的影响，中国采购来自国内和国外的原材料、零部件和半成品等进行加工制造。相比其他发达国家，在人工成本上能够获得更大优势，这也成了中国制造业获得原材料成本优势的一个重要原因。

（4）外贸的迅速发展。随着中国开放经济的快速发展，外贸迅猛增长，制造业的出口量显著增加。作为世界制造业的重要出口国和进口国，中国采用大量的进口原材料进行加工，同时这也促进了中国的原材料贸易发展。

4.1.2.3　税收与政策优惠

中国政府为鼓励外国企业在中国投资，采取了一系列税收和政策优惠措施，鼓励外商与中国合作发展。

（1）税收优惠举措。为增加外商投资和促进中国经济发展，中国政府出台了一系列税收优惠政策。例如，对新设立的外商投资企业和符合条件的外资企业给予企业所得税优惠、优惠税率等税收优惠政策。此外，对以技术或设备入股

---

① 数据来源：2017—2020年《中国统计年鉴》。

的外资企业和外国人直接投资的高新技术企业等也实行了税收优惠。

(2) 地方政府引资政策。为了吸引更多的外商投资,除了中央政府推出的税收优惠政策,一些地方政府也采取了比较灵活的措施,例如减免企业土地使用权出让金、房产税等。此外,在外资企业入驻时,一些地方政府还会提供其他优惠政策和配套服务,例如提供土地、资本等,以提高投资吸引力。

(3) 特殊经济区政策。中国设立了一些特殊经济区,如广东深圳特区、上海浦东新区等,采取了更加宽松的经济政策和外资政策,包括关税、税收、投资等方面的优惠政策,营造了更好的投资和营商环境。这些特殊经济区在一定程度上发挥了引领中国经济发展的先锋作用。

(4) 对外开放政策。中国一直致力于对外开放,在生产资料、服务业、商品贸易等领域建立了更加完善的外商投资体系。中国政府还特别注重知识产权保护和技术转让等问题,并加强与其他国家的合作交流,提高与世界的互联互通。

4.1.3 制造业低成本之路带来的主要影响

制造业低成本之路是指通过降低生产成本来提高竞争力的策略,这在当今全球化的经济环境中变得越来越重要。这种策略已经产生了广泛而深远的影响,不仅对国内经济有积极的推动作用,还对全球供应链产生了重要影响。本书将讨论制造业低成本之路带来的主要影响,包括促进经济增长、改善人民生活水平、促进工业升级以及对全球供应链的影响。

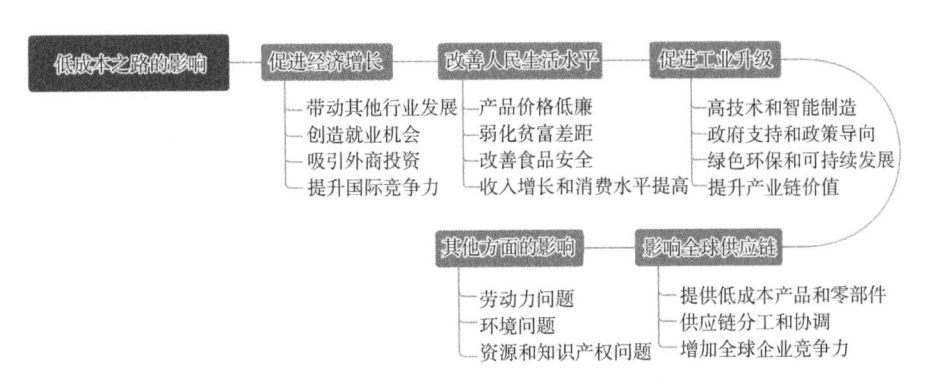

图 4.6 制造业低成本之路带来的主要影响

4.1.3.1 促进经济增长

中国的低成本制造业在促进经济增长方面带来了多重影响:

第一,中国的低成本制造业成为推动经济增长的重要力量,带动了国内其他行业的发展,创造了大量就业机会,吸引了大量外商投资。

第二,中国的低成本制造业对国内经济增长起到至关重要的推动作用,除了直接为经济增长作出贡献外,还通过经济多元化的发展方式,推动了其他行业的发展和创新,间接地对经济增长产生了积极的作用。

第三,低成本制造业的快速发展创造了大量就业机会。低成本制造业的发展,不仅解决了城乡劳动力过剩和失业问题,还让劳动力得到了实质性的利益。与此同时,制造业对就业的拉动也在不断加强,由于技术的不断升级和转型,制造业对高素质专业人才的需求也在不断提高,这也促进了中国产业结构的优化与升级。

第四,中国的低成本制造业还吸引了大量的外商投资。许多跨国公司都将自己的生产基地设立在中国,利用中国的低成本制造优势。中国的优势已经逐步转化为境外投资者的优势,尤其是在国内市场的政策支持下,外资企业在中国的发展一度十分迅猛。统计数据显示,截至2020年底,外商投资制造业企业达到了40万家,总投资额达到了2.2万亿元人民币。外商投资不仅为中国的制造业带来了财务资源和技术资源,还为中国的企业和劳动者带来了更多的机遇和利益。

低成本制造业已成为推动中国经济增长的重要力量,也是中国经济发展的重要支柱。随着中国制造业转型升级、高科技产业的不断崛起,低成本制造业的地位将逐渐得到提高,并为中国的经济发展带来更多的动力和机遇。

4.1.3.2 改善人民生活水平

低成本制造业在改善中国人民的生活水平方面具有以下影响:

(1) 产品价格低廉。低成本制造业使得价格低廉的产品进入市场,包括各个领域的商品和产品。手机是一个典型的例子,中国已成为全球手机制造业的顶级中心之一。中国制造的手机在市场上占有较大比例,如2018年中国制造的iPhone手机的占比接近50%。低成本制造业的发展使得更多人能够购买到价格实惠的产品,提高了人民的生活水平。

(2) 弱化贫富差距。低成本制造业的普及和价格优势使得贫富之间的差距得到一定程度上的弱化。人们可以以较低的成本购买到各类商品和服务,享受到更多的福利和便利。这有助于提高整体社会的经济平等性,改善人民的生活质量。

(3) 改善食品安全。低成本制造业对食品安全也有积极的影响。在制造过程中,中国的低成本制造业往往借助国外顶尖公司的执行力,提高了产品的品质控制和物流管理。这在一定程度上改善了中国人民的食品安全问题,为人们提供了更可靠和安全的食品选择。

(4) 收入增长和消费水平提高。低成本制造业的发展促进了人民收入的增长,制造业的扩大和发展还创造了更多的就业机会和收入来源。根据世界银行的调查数据,从2000年到2011年,中国的消费价格指数平均每年增长3.7%,说明人们的收入水平在这段时间内有了显著提高。人民的消费能力得到了增强,居民的消费水平也得到了明显提升。

低成本制造业在改善人民生活水平方面起到了重要作用。通过提供价格低廉的产品、降低贫富差距、改善食品安全以及促进收入增长和消费水平提高,低成本制造业为中国人民提供了更多的选择和福利,提高了整体社会的生活水平。

4.1.3.3 促进工业升级

在中国低成本制造业的发展过程中,促进工业升级是一个重要的方向和目标。以下是促进工业升级的一些主要方面:

(1) 高技术和智能制造。随着科技水平的提高,中国制造业正朝着高技术和智能化方向发展。通过引入先进的制造技术、自动化和机器人技术等,中国制造业正在提高生产效率、降低成本,并提供更高质量的产品和服务。2018年,中国制造业智能化水平指数达到52.9%,标志着进入了高级智能化阶段。

(2) 政府支持和政策导向。中国政府一直致力于推动工业升级和创新。《中华人民共和国国民经济和社会发展第十四个五年规划和2035年远景目标纲要》是一个重要的战略规划,旨在推动制造业向高端制造转型。该计划鼓励加强制造业的核心技术研究与创新,培育和支持具有竞争力的制造企业。政府还出台了一系列支持政策,如减税减费、科技研发资金支持和知识产权保护等,以促进工业升级和创新发展。

(3) 绿色环保和可持续发展。中国正在逐步将制造业转型为绿色环保的现代化制造业。政府鼓励企业采用清洁生产技术,提倡资源的节约利用和废弃物的减少。同时,中国还加大了环境保护力度,推动制造业向绿色和可持续发展方向转变。绿色制造和环保技术的应用将有助于降低环境污染和生态破坏,提高中国制造业的可持续性。

(4) 提升产业链价值。中国在低成本制造业的基础上,逐渐向高附加值的制造业转型。通过加强技术创新、设计与研发能力,提高产品质量与品牌价值,中国制造业能够提供更高端、高品质的产品和服务,获得更高的利润和市场份额。这将进一步提升整个产业链的价值,推动中国制造业在全球竞争中获得更有竞争力的地位。

通过高技术和智能制造、政府支持和政策导向、绿色环保和可持续发展以及提升产业链价值等方面的努力,中国正逐渐实现工业升级。这促使中国制造业向更高端、更具竞争力的方向发展,提高整体的核心竞争力,为经济增长和可持续发展做出贡献。

4.1.3.4 影响全球供应链

中国的低成本制造业对全球市场的供应链产生了深远的影响,在为国内需求服务的同时,中国也通过成为全球价值链上的一个重要节点,使得全球各地都可以获得低成本的产品和零部件。例如,中国的厂家占据了部分国际品牌的智能手机重要的制造环节,中国还成了全球玩具、家居装饰品等消费品制造业的主要生产地。全球企业看中的不仅是中国的低成本劳动力和物流,还有其稳定的政治和法律环境。这些都促成了全球供应链的进一步分工和协调,形成了以中国为基础的全球制造产业链。

尽管低成本制造业为中国的经济发展做出了重要的贡献,但是它也带来了一些负面影响,其中之一就是可能对劳动力造成负面影响。

首先,低成本制造业通常以廉价劳动力为基础,以降低成本和提高生产效率为目的。这可能导致工人的工资较低,不足以满足其基本生活需求。同时,低成本制造业通常需要更多的工作时间和劳动强度,可能会对工人的身体健康和生活质量造成负面影响。此外,低成本制造业可能会导致一些不安全的劳动条件,对工人的安全健康构成威胁。

因此,应该采取措施来缓解低成本制造业对劳动力的负面影响,例如实施最低工资标准、保护工人权益、提高工作条件等,以确保工人的基本权益得到保障。同时,政府和企业应该加大对技能培训和职业教育的投入,以提高工人的技能水平和就业竞争力。

其次,低成本制造业也对环境产生了一些负面影响。一些低成本制造企业为了降低成本,使用了比较廉价的原料和低效的生产过程,导致环境污染和资源浪费。例如,中国的钢铁行业在新兴市场制造业中扮演了重要角色,但也伴随着严重空气污染。环保问题也引发了民众的关注,政府对环境问题采取了一系列解决措施,如限制行业生产和推行绿色制造工艺。

其他问题包括资源耗竭、缺乏知识产权保护,以及工人权益难以充分保障等。同时,低技术、低附加值、低环保行业的"三低"问题也成为社会关注的焦点。

4.1.4 制造业低成本之路面临的挑战和风险

低成本制造业在中国的崛起为经济发展带来了繁荣和机遇,使中国成为全球制造业的重要基地和供应链节点。然而,随着时间的推移,这条低成本之路也开始面临一系列挑战和风险。在追求成本效益的同时,中国的制造业需要应对劳动力问题、环境污染、资源耗竭和知识产权等多重挑战。这些问题的解决将决定中国制造业的可持续发展和在全球供应链中的竞争地位。因此,理解和应对这些挑战和风险至关重要,以确保制造业能够健康、可持续地发展,并为中国经济带来长期稳定的增长。

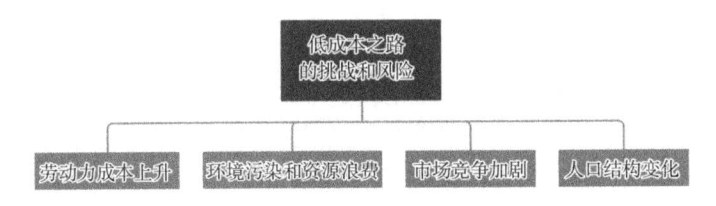

图 4.7 制造业低成本之路面临的挑战和风险

首先,中国的劳动力成本已经在过去几十年中上升了很多。这意味着低成本制造将不再像以前那样具有明显的成本优势,特别是对于劳动密集型产业而言。而且,对劳动力的过度依赖也不利于中国推进制造业升级和技术创新。数据显示,2012 年,中国制造业每小时劳动力成本为 3.60 美元,而到了 2019 年,这一数字上升至 6.50 美元[①]。这显示出中国的劳动力成本已经上升了 80% 以上。此外,劳动力成本的上涨也导致中国劳动力密集型制造业的企业面临成本上涨的压力,不得不提高产品价值或在其他方面控制成本。

其次,低成本制造过程中存在环境污染和资源浪费等问题,这直接威胁到了中国未来可持续发展的基础。据报道,中国每年因为空气污染和水资源匮乏等因素导致的经济损失约为 8% GDP 水平。另外,环境问题也导致了政策调整,例如 2018 年,中国宣布限制废物进口,这意味着许多企业必须重新部署其生产线,采用新技术和更可持续的材料来保持其生产。中国政府已经采取了一系列的环境保护措施,但要在廉价的条件下保持对环境的要求,可能会对企业的盈利和成本产生负面影响。

再次,国内市场和国际市场上的竞争也愈发激烈。在国内市场上,随着人们

---

① 数据来源:2020 年《中国统计年鉴》。

中国制造：
从成本竞争优势到综合竞争优势

对高品质和个性化产品的需求增加，仅仅通过低成本产生大量低质量产品的策略已经不再有效。此外，随着全球化进程的深入，在国际市场中，其他国家和地区也在积极利用其自身的优势，提高生产效率和质量，与中国形成了竞争。国内市场的竞争也变得越来越激烈，企业需要寻找差异化、创新性的市场定位，以保持其竞争力。

根据中国国家统计局的数据，中国制造业的利润率逐渐下降。截至2021年，中国制造业的利润率为6.26%，较2015年的8.16%有所下降。这表明制造业的利润空间在缩小，其仅依靠低成本模式已不足以保持盈利能力。

在国内市场上，消费者对产品品质和创新的追求不断增加。例如，在电子消费品领域，国内消费者对高品质、高性能和创新功能的需求日益增长。这促使公司如小米、华为等不断提升产品质量和技术创新，以满足市场需求。

在国际市场上，其他国家和地区的制造业竞争力不断提升。例如，亚洲国家如韩国、日本等有着先进的制造技术和高品质产品，它们不仅在传统制造领域与中国竞争，还在高端制造领域展现出强大的竞争力。同时，如越南、印度尼西亚等也吸引了大量外资并致力于发展制造业，形成了新一轮的竞争。

以汽车行业为例，中国曾经是全球最大的汽车零部件生产和出口国。然而，随着全球汽车市场竞争的加剧，其他国家和地区也逐渐提升了其制造和供应链能力，挑战了中国的领导地位。中国的汽车制造企业面临来自德国、日本、韩国和美国等国家的竞争。为了保持竞争优势，中国的汽车制造商不得不注重提高技术创新水平、产品质量和品牌形象。

这表明，中国制造业在低成本模式下面临着国内外激烈的竞争，为了应对这些挑战，中国制造业需要寻找新的发展路径，从成本竞争优势向综合竞争优势转型，注重创新、提高产品质量和提升品牌形象。

最后，人口结构的变化也对制造业的发展造成一定的影响。随着人口结构变化和劳动力素质提高，劳动力成本不断上升，导致制造业企业不得不面对更高的成本和寻找替代方案，例如自动化和机器人技术，根据国际机器人联合会（IFR）的数据，2019年中国是世界上最大的工业机器人市场，销量达到14.7万台。此外，低成本制造也面临着劳动力短缺、劳动力素质不高、人口结构老龄化等问题。这些因素将会增加企业的成本和风险，对企业的长期发展产生不利影响。

根据中国国家统计局数据，中国人口结构呈现老龄化趋势。截至2020年，中国60岁及以上的人口占比达到18.7%，预计未来还将继续增加。老龄化人口增多会使劳动力供给减少，引发劳动力市场的竞争加剧，从而推高劳动力成本。根据汇丰银行的数据，2018年中国的工资总额占GDP比重为45%，较

2006年的30%有明显增长。劳动力成本的上升是由于人口红利的逐渐减弱以及劳动力素质的提高。

这些数字突出了人口结构变化对制造业的影响,包括劳动力成本上升、劳动力素质不高和劳动力短缺等问题。制造业企业在应对这些挑战时,需要加大自动化和机器人技术的应用,提高劳动力素质,并与教育机构建立合作关系,以提供培训和发展机会,从而保持竞争力和实现长期发展。

4.2 制造业综合竞争优势的来源

尽管中国制造业面临着一系列挑战,但它也积累了相当丰富的经验和优势,使其在全球竞争中仍然具备一定的优势。为了实现从低成本向高质量的转型,中国政府采取了一系列措施,包括加强技术创新、促进产业升级以及关注环境可持续发展等方面。在这一背景下,本书将接着探讨中国制造业综合竞争优势的来源,以了解其在全球制造业格局中的地位和前景。中国制造业综合竞争优势的主要来源包括以下几个方面:

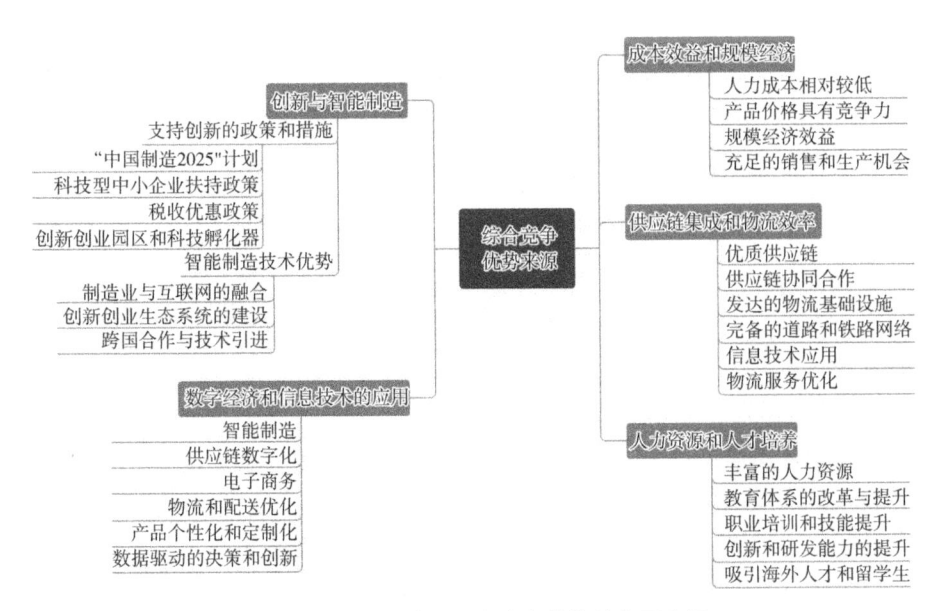

图4.8 中国制造业综合竞争优势的主要来源

4.2.1 成本效益和规模经济

中国制造业的成本效益和规模经济构成了其在全球市场上的综合竞争优势的主要来源。中国人口众多和相对较低的劳动力成本使得中国制造业能够以较低成本生产产品,并且中国庞大的市场规模为企业带来了规模经济的好处。这些因素使得中国成为全球制造业的重要参与者。

首先,中国人口众多、劳动力成本相对较低,这使得中国制造业能够以相对较低的人力成本来实现生产。这降低了制造成本,并使中国的产品价格具有竞争力。根据国际劳工组织的数据,中国的平均工资水平远低于许多发达国家和地区,如欧美国家。这使得中国的制造业企业能够减少人力成本,同时保持竞争力。例如,中国制造业在纺织、服装、电子产品等领域的生产成本往往比其他国家更低,这使得中国能够成为全球供应链中关键的制造基地。

其次,中国庞大的市场规模为企业带来了规模经济的好处。大规模生产可以降低单位产品的成本,并提高生产效率。中国的制造业企业可以利用国内庞大的市场需求,实现规模经济效益。例如,中国汽车制造业在过去几十年中实现了快速发展,其中一部分原因是中国汽车市场的快速增长,这为企业提供了充足的销售和生产机会。

总体来说,中国制造业的成本效益和规模经济使中国成为全球制造业的重要参与者。然而,需要注意的是,随着中国经济的发展和人力成本的上升,中国制造业也面临着转型和升级的压力。

4.2.2 供应链集成和物流效率

中国制造业的综合竞争优势在很大程度上源于其供应链集成和物流效率的提升。这两个方面的发展对于中国制造业的持续增长和保持在全球市场的竞争优势至关重要。

首先,供应链管理和协同合作能力对于取得竞争优势至关重要。中国制造业通过构建优质供应链,实现了原材料的稳定供应、准时交付和优惠成本。这种优质供应链有助于提高生产效率和产品质量,从而增强了中国制造业的竞争力。在供应链集成方面,中国制造业通过与供应商、合作伙伴和客户之间的紧密合作关系实现了信息共享、协同创新和共同发展。通过建立战略合作伙伴关系,中国制造商能够与供应商共同发展,实现资源和技术的互补。这种合作模式使得整个供应链更加高效灵活,能够更好地满足市场需求。

第4章
中国制造业成本竞争优势到综合竞争优势的演变

案例：华为

作为全球领先的通信设备制造商，华为通过与全球供应商的合作，建立了一个强大的供应链网络。华为与供应商共享信息，共同开发新产品和解决方案，从而提高了供应链的效率和灵活性。这种供应链集成和协同合作的模式帮助华为占据了全球领先的地位。

供应链集成：华为在全球范围内与众多供应商建立了紧密合作关系。它与供应商共享信息，进行战略性的供应链规划，并与供应商共同制定生产计划。这种供应链集成使得华为能够更好地控制供应链中的各个环节，包括原材料采购、生产制造、物流配送等，从而提高生产效率和优化成本管理。

协同创新：华为与供应商进行协同创新，共同开发新产品和解决方案。华为积极与供应商合作，共同研发技术和产品，实现技术的互补和协同创新。这种协同创新模式使得华为能够快速引入新技术、推出创新产品，并满足市场需求。

高度整合的供应链网络：华为通过建立高度整合的供应链网络，将供应商纳入其全球价值链的不同环节。这种供应链网络的建立使得华为能够更好地管理和协调全球供应链，在各个地区快速响应市场需求，实现灵活的供应链运作。

物流效率优化：华为注重物流效率的提升，通过技术创新和合理的物流管理，实现快速、准时的产品交付。华为借助现代化的物流基础设施和信息技术应用，能够实时监控货物运输和仓储状态，提高物流的可视化管理水平和运作效率。

国际市场覆盖：华为通过构建高效的供应链和物流网络，能够迅速响应全球市场需求，将产品迅速推向国际市场。华为在世界各地建立了分支机构、研发中心和生产基地，以实现全球化布局和市场覆盖，进一步加强了其全球竞争力。

综上所述，华为作为中国制造业的典型案例，通过供应链集成和协同合作实现了全球领先的地位。其成功源于与供应商之间的紧密合作关系、物流效率的提升和国际市场覆盖的能力。这一案例进一步表明，供应链集成和物流效率的提升对中国制造业的持续增长和保持在全球市场的竞争优势至关重要。

其次，中国拥有全球最大的货物运输网络和先进的物流基础设施，中国的物流基础设施包括发达的港口、公路、铁路和航空运输系统，以及现代化的物流设施。中国发展了一系列大型货运港口，如上海港、宁波港等，这些港口在世界货物吞吐量排名中位居前列。同时，中国还建设了庞大的高速公路网络和铁路线路，根据世界银行的数据，中国拥有世界上最大的高速公路网络和最多的铁路线路，这使得货物能够快速、高效地运输到各地。此外，中国的航空运输体系也在不断发展,提供了快速的国际货运服务。这些优秀的物流基础设施为中国制造业提供了便捷、高效的货物运输条件。在完备的物流基础上,中国的物流服务效率也得到了显著提升:通过信息技术的应用,中国物流企业能够实现更加精确的货物追踪和实时监控,提高了交付的可靠性。此外,中国一直致力于优化物流流程和提升物流服务质量,以满足客户日益增长的需求。根据物流绩效指数(Logistics Performance Index),中国的物流综合能力在过去几年中不断提高。中国在物流效率、运输时间、货物追踪能力和客户满意度等方面表现出色。

例如,顺丰速运是中国知名的物流巨头,其通过建立覆盖全国的物流网络,引进先进的信息技术和物流管理系统,提供高效、可靠的物流服务。其强大的快递配送网络和高效管理系统使其成为中国及全球企业的首选物流合作伙伴。

4.2.3 人力资源和人才培养

优秀的人力资源和人才是制造业综合竞争优势的重要支撑。制造业需要技术熟练、经验丰富的操作人员和工程师,以确保生产过程的高效运行和质量控制。此外,具备创新能力、团队合作和问题解决能力的管理和研发人才也是推动制造业创新和竞争力的重要因素。因此,制造业需要注重人才培养、教育培训和人才引进政策,以提高全员素质和技能水平。

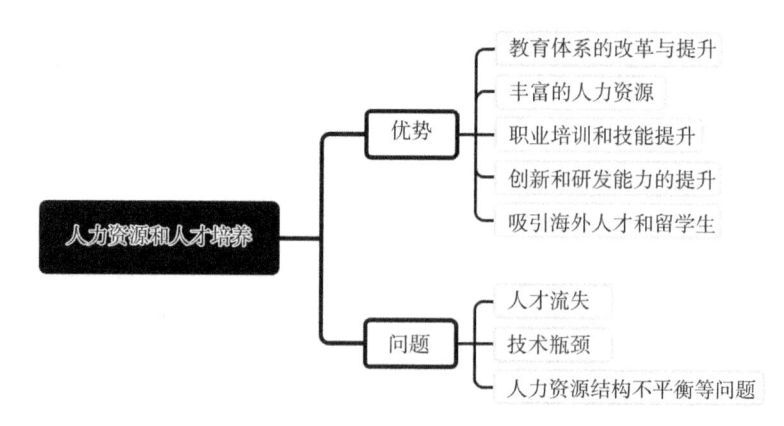

图 4.9 中国制造业人力资源和人才培养优势来源与问题

(1) 中国人口众多,拥有丰富的人力资源:这为中国制造业提供了足够的劳动力基础。这种人力资源的充裕使得中国制造业能够满足大规模生产和劳动密集型的需求。

(2) 教育体系的改革与提升:中国政府一直致力于提高教育的质量和扩大

教育的覆盖范围。近年来,大量资源被投入到教育领域,包括基础教育、职业教育和高等教育的发展。这促使中国培养出了大量技术熟练、具有相关专业知识和技能的人才。

（3）职业培训和技能提升:中国政府和企业也高度重视职业培训和技能提升。通过培训机构和企业自身的培训计划,中国努力提高工人和员工的技术水平和专业素养。这有助于提高劳动者的生产效率和创新能力,为制造业的发展提供有竞争力的人力资源。

（4）创新和研发能力的提升:中国也在努力提升创新和研发能力,以培养具备创新精神和技术专长的人才。政府推动创新创业教育和科研项目,支持企业加大研发投入,并鼓励科技成果转化和知识产权保护。这些举措有助于培养出高水平的技术人才,提升中国制造业的技术水平和竞争力。

（5）吸引海外人才和留学生:中国积极吸引海外人才和留学生回国发展,为制造业提供更多的高水平人才资源。政府对海归人才的支持和鼓励,以及为他们提供良好的工作和创业环境,有助于激发他们的创新潜力和贡献技术知识。这样的跨国人才交流和合作能够促进中国制造业的国际化和全球竞争力的提升。

尽管我们在人力资源和人才培养方面取得了显著进展,但仍面临一些挑战,其中包括人才流失、技术瓶颈、人力资源结构不平衡等问题。为了应对这些挑战,政府应进一步加大人才培养的投入,并注重教育质量的提高和结构调整。此外,还需要加强产学研结合,培养更多具有实践能力和创新精神的人才,以推动中国制造业的创新驱动发展。

4.2.4　创新与智能制造

中国促进创新和智能制造能力的发展,成为提升制造业竞争力的重要驱动力。

首先,中国注重技术创新、研发投入和人才培养,取得了一系列重大科技突破。政府一直以创新驱动发展作为战略核心。通过推动科技创新和技术进步,中国制造业得以不断提升产品质量、降低成本,并推动产业升级和结构调整。政府出台了一系列支持创新的政策和措施,有力地促进了科技创新与研发投入。

（1）"中国制造2025"计划。这个国家战略旨在推动制造业向高端、智能化、绿色和服务化方向发展。该计划明确了一系列重点领域,包括信息技术、高端装备、生物医药等,并设立了相关专项资金,用于支持技术研发、项目孵化和产业升级。这促使中国制造业加大在创新和智能制造方面的投资和努力。

（2）科技型中小企业扶持政策。政府实施了一系列扶持科技型中小企业的政策和措施。例如，设立了专项资金，用于支持科技型中小企业的研发活动和创新项目。此外，政府还鼓励加强科技成果转化和技术转移，为中小企业提供技术和知识产权保护等方面的支持。

（3）税收优惠政策。政府通过制定税收优惠政策来鼓励企业增加研发投入并提高创新能力。例如，推出了研发费用加计扣除政策，允许企业在计算应纳税所得额时将研发费用加计扣除一定比例。这降低了企业的税负，刺激了企业加大在科技创新和研发领域的投入。

（4）创新创业园区和科技孵化器。中国政府投资建设了一系列创新创业园区和科技孵化器，提供场地、设施和服务等支持，吸引和孵化创新创业项目和高新技术企业。这些园区和孵化器为创新企业提供了创业环境和资源，促进了科技成果的转化和商业化。

其次，随着人工智能、物联网、大数据分析等技术的快速发展，智能制造成为全球制造业的重要趋势。中国制造业积极拥抱智能制造，加大在自动化、机器人技术、智能工厂等领域的投资和研发。通过智能制造技术的应用，中国制造业能够提高生产效率、降低成本、提升产品质量和灵活性，从而赢得竞争优势。

（1）制造业与互联网的融合。中国制造业积极推动制造业与互联网的融合发展。通过互联网技术，中国制造业实现了产品的互联互通和智能化。例如，物联网技术使得设备和产品能够实现互联，数据可以实时收集和分析，提供了更好的生产调度和优化。电子商务和在线销售平台的发展也促进了中国制造业的网络销售和市场拓展。

（2）创新创业生态系统的建设。中国政府注重建设创新创业生态系统，为创新型企业提供支持和便利。政府设立了创新创业园区、科技产业孵化器、风险投资基金等机构，为创新企业提供资金、技术和市场支持。这种创新创业生态系统的建设促进了创新活动的蓬勃发展，为中国制造业的技术创新和发展提供了有力支持。

（3）跨国合作与技术引进。中国积极加强国际合作，引进先进的制造技术和设备。通过与国际合作伙伴共享技术和知识，中国制造业能够更快地掌握先进的制造技术和管理经验，加速技术升级和创新能力的提升。

4.2.5　数字经济和信息技术的应用

中国制造业正积极推动数字化转型和信息技术应用，大数据分析、云计算、物联网和人工智能等技术的广泛应用,提供了生产管理、供应链协同和客户关系管理等方面的优势,并推动了制造业的创新发展。数字经济和信息技术的应用为制造业带来了新的机遇和优势,并促使中国制造业从成本竞争优势逐渐向综合竞争优势演化和升级。以下是关于数字经济和信息技术在中国制造业发展中的一些应用:

(1) 智能制造。数字技术和物联网的快速发展使得智能制造成为可能。中国制造业积极探索应用人工智能、大数据、云计算和物联网等技术,实现设备互连、数据共享和智能决策,并通过数字化的生产流程和智能化的工厂来提高生产效率和产品质量。

(2) 供应链数字化。中国制造业通过应用信息技术改进供应链管理。数字化的供应链管理可以实现实时跟踪和监控物料流动、减少库存和运输成本、优化供应链协作,进一步提高供应链的灵活性和效率。

(3) 电子商务。中国是全球最大的电子商务市场,电子商务的发展为制造业提供了新的销售渠道和商业模式。制造商可以通过电子商务平台直接与消费者进行交互和销售,提高产品的可见性和市场覆盖范围。

(4) 物流和配送优化。信息技术在制造业的物流和配送环节发挥着重要作用。利用物流大数据分析和智能调度系统,可以优化物流运输路线和配送计划,提高物流效率和降低成本。

(5) 产品个性化和定制化。数字技术的应用使得制造业能够更好地满足消费者个性化的需求。通过数字化的生产流程和灵活的生产系统,制造商可以根据消费者的需求进行定制化生产,提供更多样化的产品选择。

(6) 数据驱动的决策和创新。信息技术的应用使得企业能够收集、分析和利用大量的数据进行决策和创新。通过数据分析和预测模型,制造企业可以深入了解市场需求、产品性能和生产效率,从而进行战略规划和优化。

4.3 从成本竞争优势到综合竞争优势的挑战和机遇

4.3.1 中国制造业成本竞争优势的要素挑战

中国制造业长期以来一直以其成本竞争优势著称,这主要归因于两个重要因素:廉价劳动力和低成本原材料。中国人口众多,劳动力资源相对充足,劳动力成本相对较低,这使得中国制造业在全球市场上具有竞争力。此外,中国拥有丰富的自然资源和低成本的原材料供应链,这使得制造业在采购原材料时能够

享受到较低的成本。然而,中国制造业的成本竞争优势面临着一系列的要素挑战,其中包括:

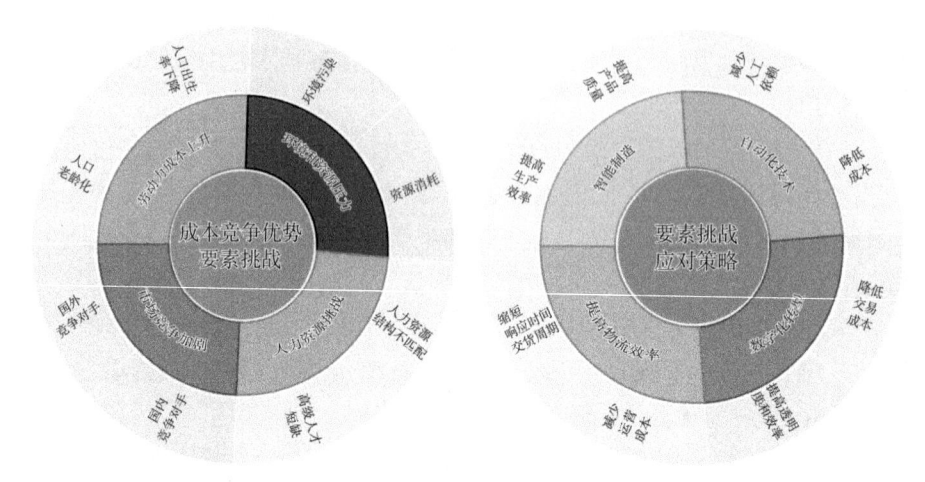

图 4.10 中国制造业成本竞争优势的要素挑战及应对策略

(1) 劳动力成本上升。随着劳动力市场的发展和人口红利的逐渐消失,中国的劳动力成本逐渐上升。工人薪资的增加和劳动力成本的提高使得中国的劳动力成本优势逐渐减弱,给制造业带来了压力。

(2) 环境和资源压力。中国面临着环境污染和资源消耗问题。为了应对环境保护的需求,中国政府加大了对环境保护的力度,推出了一系列的环境法规和政策。这些环境保护措施增加了制造业的成本,包括治理污染、采用清洁生产技术和节能减排等方面的投入。

(3) 人力资源挑战。随着中国经济的快速发展和产业结构的升级,制造业对高技能和高素质的人才需求增加。然而,中国的人力资源结构还存在着与制造业需求不匹配的问题,缺乏技术工人和高级管理人才等人力资源短缺问题限制了制造业的发展。

(4) 市场竞争加剧。中国制造业的快速发展吸引了众多国内外的竞争对手。其他国家如印度、越南等逐渐崛起,成为低成本制造的竞争对手。这种市场竞争的加剧也给中国制造业的成本竞争优势带来压力。

在这些要素挑战中,劳动力成本上升是其中很关键的一个要素,从人口老龄化和人口出生率下降的角度来看,这些因素对中国制造业的成本竞争优势将产生重要的影响。首先,随着人口老龄化趋势的加剧,劳动力市场将面临更大的挑战。老年人口比例的增加可能导致劳动力供应减少,劳动力成本可能进一步上

第 4 章
中国制造业成本竞争优势到综合竞争优势的演变

升。这会削弱中国制造业的成本优势,因为劳动力成本是中国制造业长期以来的一个关键优势。其次,中国也出现人口出生率下降的情况,具体变动过程见图 4.11。

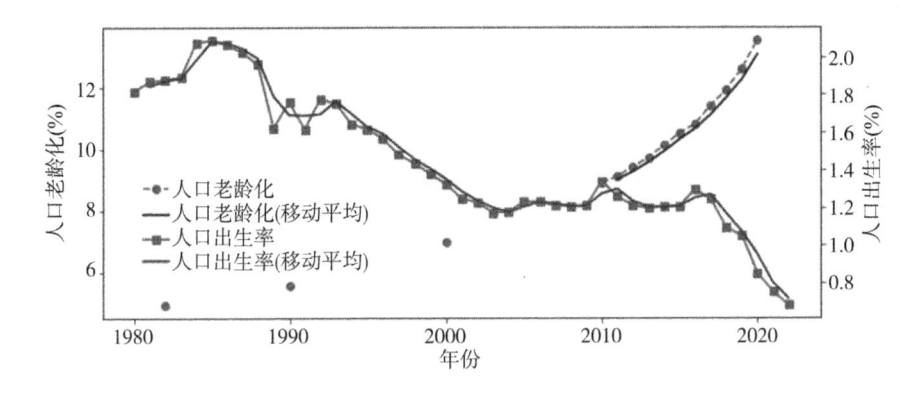

图 4.11 中国人口老龄化与人口出生率变动趋势图①

人口出生率下降将进一步缩小劳动力资源的供应,可能导致劳动力成本的上升。此外,年轻一代的数量减少也可能导致技术工人和高级管理人才的供应不足,限制制造业的发展。然而,中国制造业也可以通过智能智造、数字经济和提高物流效率等方式来应对这些挑战,以在保持其成本竞争优势的基础上逐步向综合竞争优势转变和升级。

首先,中国制造业可以通过推动智能制造和自动化技术的应用,提高生产效率和产品质量,减少对人工劳动力的依赖,从而降低成本。智能制造可以提高生产线的灵活性和适应性,提高制造业的整体竞争力。

其次,数字技术的快速发展为中国制造业提供了机遇。通过数字化转型,制造业可以提高生产效率、创新产品和服务,并开拓新的商业模式。数字经济的发展可以降低交易成本、提高供应链的透明度和效率,从而降低整体成本。

最后,物流是制造业中不可忽视的一环。通过优化供应链管理、提高物流效率和降低运输成本,可以减少制造业的运营成本。物流技术的创新和发展可以提高物流效率,缩短供应链的响应时间和交货周期。

尽管中国制造业面临着人口老龄化和人口出生率下降等挑战,但通过发展智能制造、数字经济和提高物流效率等方面的努力,中国制造业仍然可以寻找新的竞争优势,从而在原有成本竞争优势的基础上形成综合竞争优势,以保持其在

---

① 数据来源:1980—2020 年《中国统计年鉴》。

全球市场上的竞争力。

4.3.1.1 人口老龄化和制造业成本竞争优势的关系分析

人口老龄化将对制造业成本竞争优势在劳动力成本、技能短缺和市场需求等方面产生一定程度的影响。首先,会导致劳动力成本上升。人口老龄化意味着劳动力供给减少,这可能导致制造业劳动力成本上升。随着老年人口比例增加,劳动力市场供需关系发生改变,劳动力稀缺可能会推高工资水平,从而提高制造业成本。其次,老龄化人口结构可能导致技能短缺的问题。随着年龄增长,劳动力的技能水平和适应能力可能会下降。这可能给制造业带来挑战,因为技术密集型制造业需要高素质的工人,技能短缺可能导致生产效率下降和成本增加。再次,人口老龄化也促使制造业加快自动化和机器人技术的应用。随着劳动力变得稀缺和昂贵,制造业倾向于借助自动化和机器人技术来替代部分人工劳动力。这在某种程度上可以缓解劳动力成本上升的压力,提高生产效率和降低制造成本。最后,人口老龄化也带来了市场需求的变化。老年人口的增加意味着对特定产品和服务的需求增加,如医疗设备、辅助设备等。制造业可以调整生产结构,专注于满足老年人口的需求,从而找到新的市场机会和竞争优势。

综上,人口老龄化对制造业成本竞争优势产生了影响,如劳动力成本上升、技能短缺和市场需求变化。为了解决这些挑战,制造业可以采取加快自动化技术的应用。自动化技术可以替代部分人工劳动力,提高生产效率,降低人力成本。通过自动化技术的应用,制造业可以实现成本降低和效率提高。自动化的生产线和机器人系统可以进行高效、精确的生产,减少人为因素引起的误差和损耗,从而提高生产效率。另外,制造业可以调整市场定位,专注于满足老年人口的需求。随着人口老龄化,对特定产品和服务的需求增加,制造业可以通过研发和生产相关产品,找到新的市场机会和竞争优势。

4.3.1.2 人口出生率下降和制造业成本竞争优势的关系分析

人口出生率的下降与制造业成本竞争优势之间存在一定的关系,人口出生率的下降意味着每年新增的劳动力数量减少。这对制造业的成本竞争优势产生了一系列影响。

首先是劳动力成本上升:劳动力市场供需关系发生了变化,劳动力的稀缺性增加,导致劳动力成本上升。在过去几十年里,中国一直以其低廉的劳动力成本享有制造业成本竞争优势。然而,近年来,中国的人口出生率下降,导致劳动力供给减少,这导致了劳动力市场的竞争加剧。劳动力成本上升是人口出生率下降的直接结果:当劳动力供给减少时,劳动力的稀缺性增加,雇主为了吸引有限的劳动力资源愿意支付更高的工资。制造业通常是劳动密集型产业,高劳动力成本会直接增加制造业的生产成本,从而削弱了中国制造业的成本竞争优势,许多制造业公司开始转向劳动力成本较低的国家,如越南、印度和孟加拉国。

其次会导致技能短缺:由于出生率下降,劳动力的供给减少,导致人才市场的竞争加剧。制造业需要具备特定技能和专业知识的工人,但技能短缺成为制约制造业发展的一个因素。为了满足生产需求,制造业需要加大培训和教育投入,提高工人的技能水平,但这会增加额外的成本,从而将导致竞争力的削弱:制造业的成本竞争优势通常是基于人力资源的充足和低廉,但如果人口出生率下降导致劳动力供给减少,制造业的成本竞争优势可能受到威胁,从而削弱其竞争力。例如,一些制造业公司可能会考虑将生产转移到劳动力成本较低的地区或国家。又比如日本技能短缺问题:日本是一个人口老龄化和人口出生率下降的国家,这导致劳动力供给减少和人才市场的竞争加剧,使日本的制造业面临技能短缺的问题,特别是在高技能领域,如机械制造和电子制造。为了弥补技能短缺,制造业公司不得不付出更多的培训和教育投入,提高工人的技能水平,这增加了额外的成本,并可能削弱了其成本竞争优势。

4.3.2 挑战

中国制造业正在经历从成本竞争优势到综合竞争优势的转变,这一转变带来了许多挑战。过去几十年,中国以其相对低廉的劳动力成本和规模优势在全球制造业中占据了显著地位。然而,随着全球经济的发展和竞争的加剧,中国制造业正面临着新的形势和要求。

首先,全球制造业格局的重塑对中国制造业构成了挑战。其他发展中国家的崛起和发展,以及技术进步的推动,使得全球制造业更加多元化和竞争激烈。中国不再是唯一的低成本制造基地,其他国家也具备相似的条件,并希望通过提供更具竞争力的产品和服务来吸引国际客户。中国制造业面对来自新兴市场和发达国家的竞争压力,需要不断提升自身的技术水平、创新能力和品质标准。

其次,可持续发展的需求对中国制造业构成了挑战。随着人们对环境和社会责任的关注增加,国际市场对于环保、能源效率和社会可持续性的要求也日益提高。中国制造业需要符合更加严格的环保标准,减少对资源的过度依赖,推动绿色制造和循环经济的发展。同时,社会责任和劳工权益问题也需要得到更多重视,以确保劳动条件的改善和员工福利的提升。

再次,技术创新和数字化转型对中国制造业带来了重大挑战。新兴技术如人工智能、物联网、大数据等正在改变制造业的运作方式和商业模式，要求企业进行数字化转型，并在技术创新和升级上保持领先地位。中国制造业需要积极投资研发和创新，加强与科研机构和高等院校的合作，培养高素质的人才，以应对技术变革和市场需求的挑战。

4.3.3 机遇

中国制造业正在经历从成本竞争优势到综合竞争优势的转变，这个转变不仅仅带来了挑战，也为中国制造业带来了许多机遇。

首先，全球制造业格局的重塑为中国制造业创造了机会。随着其他发展中国家的崛起和技术进步的推动，全球制造业正变得更加多样化和竞争激烈。中国制造业可以通过提升技术水平、加强创新和提高产品质量来脱颖而出，赢得全球市场份额。中国的大规模制造基础和丰富的人力资源也为企业提供了快速生产和规模效应的机会。

其次，可持续发展的趋势为中国制造业带来了新的机遇。全球市场对环保、能源效率和社会可持续性的要求越来越高，这为中国制造业转向绿色和可持续的发展路径提供了机会。通过采用清洁技术、优化资源利用、推动可循环经济，中国制造业可以提供更环保、可持续的产品和解决方案，满足国内外市场的需求。

再次，技术创新和数字化转型为中国制造业带来了巨大机遇。新兴技术如人工智能、物联网、大数据等正深刻改变着制造业的生产方式和商业模式。中国制造业可以利用数字技术和先进的制造技术来提高效率、降低成本，并通过数据分析和智能制造来提升产品质量和精确度。此外，数字化转型还为企业开拓新的业务领域和市场提供了新的机遇。

以下三个案例很好地诠释了中国制造业在从成本竞争优势向综合竞争优势转变的机遇。

（1）通过加大技术投入和创新来提升产品质量和技术含量，从而获取更大的市场份额和利润空间。

典型案例： 蔚来汽车在智能化创新方面的成功

中国电动汽车制造商蔚来汽车在电动汽车技术和智能化创新方面取得了很大的成功。蔚来汽车是中国知名的电动汽车制造商，成立于2014年。该公司致力于推动电动汽车技术的发展，并在智能化创新方面取得了显著的成功。

蔚来汽车在电动汽车技术方面实现了重要的突破。他们的车型配备了先进的电池技术和电动驱动系统,从而实现了较长的续航里程和更高的充电效率。例如,他们的旗舰车型 ES8 拥有一次充电可行驶超过 580 公里的续航里程,满足了消费者对长途驾驶的需求。此外,蔚来汽车还专注于充电技术的创新,推出了包括换电站在内的多种充电解决方案,以提供更加便捷和快速的充电体验。

除了电动汽车技术,蔚来汽车还在智能化创新方面取得了重要进展。他们开发了一套智能驾驶系统,可以提供自动驾驶辅助功能和人机交互体验。该系统采用了激光雷达、摄像头、超声波传感器等多种传感器,实现了环境感知和智能决策。此外,蔚来汽车还开发了自己的智能语音助手"Nomi",可以与驾驶员进行自然语言交互,提供导航、娱乐和车辆控制等功能。

这些技术的创新使蔚来汽车能够提供高质量、高性能的电动汽车产品,与传统燃油车竞争,赢得越来越多的市场份额。蔚来汽车的销量逐年增长,并且在中国市场上占据了一定的地位。他们的成功也为中国制造业展示了以技术投入和创新为主导的发展路径,从依赖成本优势转向综合竞争优势。

蔚来汽车的例子展示了中国制造业通过技术升级和创新能够提升产品质量和技术含量,从而在竞争激烈的电动汽车市场获得成功。这也进一步支撑了中国制造业正在经历从成本竞争优势到综合竞争优势的转变,并为其他行业的企业提供了启示和借鉴。

通过这种技术升级和创新,中国制造业能够脱离仅仅依赖成本优势,从而获得更全面综合的竞争优势。这不仅符合中国制造业转型升级的趋势,也能够满足市场的需求和消费者的追求,这一转变为中国制造业带来了新的机遇。

(2) 随着中国经济的快速发展和人民生活水平的提高,消费者对高品质、高附加值产品的需求不断增加。中国制造业可以借助自身的设计、制造和供应链能力,满足不断增长的中高端市场需求。

典型案例: **华为在智能手机领域的发展满足了中高端市场的需求**

华为技术有限公司是一家全球领先的信息通信技术解决方案供应商,也是中国最大的电信设备制造商之一。该公司不仅在电信设备领域取得了巨大成功,还在智能手机市场上展现出了强大的竞争实力。华为通过自身的设计、制造和供应链能力,推出了一系列高品质、高附加值的智能手机产品,赢得了全球消费者的青睐。

首先,华为不断加大对研发和创新的投入。他们积极推动技术的前沿研究,在智能手机领域实现了多项突破。例如,华为成为全球首家在智能手机上引入人工智能芯片的厂商,这使得华为的智能手机能够提供更快速、更智能的用户体验。此外,华为还在摄影技术、屏幕显示等方面进行了持续的创新,为消费者提供卓越的手机使用体验。

其次,华为注重产品设计和制造质量。他们致力于打造高端、精致的外观,并采用先进的生产工艺和质量管理系统确保产品的高品质和可靠性。华为的智能手机在外观设计、材质选择和手感上都展现出了一定水平,吸引了越来越多注重品味和品质的消费者。

最后,华为拥有强大的供应链能力。他们与一系列优秀的供应商建立了合作关系,通过高效的采购和供应链管理,确保了原材料供应的稳定和产品生产的高效。这种供应链的整合为华为保证了产品的交付能力和快速市场响应能力。

华为在推出高端智能手机方面取得了显著的成就。他们通过不断的技术创新、优质的产品设计和制造质量、强大的供应链能力,成功满足了消费者对高品质、高附加值产品的需求。华为的智能手机在全球范围内获得了广泛的认可和市场份额的提升。

这个案例充分说明了中国制造业借助自身的设计、制造和供应链能力,能够满足中高端市场需求,并在国际市场取得竞争优势。随着中国经济的持续发展和人民生活水平的提高,这种趋势有望进一步加强,并为中国制造业的转型升级提供了重要的借鉴和启示。

(3)中国积极推进"一带一路"倡议,加强与沿线国家的经贸合作。这为中国制造业提供了拓展海外市场、建立全球价值链的机会。

典型案例: 中国的高铁技术和设备被广泛应用于"一带一路"沿线国家高铁建设项目

中国的高铁技术和设备在"一带一路"沿线国家的高铁建设项目中得到了广泛应用,这是一个典型的案例,可以支持前面提到的中国制造业在"一带一路"倡议中拓展海外市场和建立全球价值链的观点。

举例来说,中国的高铁技术和设备在巴基斯坦的卡拉奇至拉合尔(KCR)高铁项目中得到了应用。该项目是"中巴经济走廊"的重要组成部分,旨在促进巴基斯坦的基础设施建设和经济发展。中国供应的高铁技术和设备被用于建设新的高铁线路,使得巴基斯坦能够拥有现代化、高效的铁路交通系统,提高了交通运输的效率和便捷性。

另一个例子是中国高铁技术和设备在东南亚国家的高铁项目中的应用。中国与泰国合作建设的中泰高铁项目是"一带一路"倡议的重要合作项目之一,连接了中国云南的昆明和泰国的曼谷,通过柬埔寨等国家。中国提供的高铁技术和设备被广泛应用于该项目中,促进了沿线国家之间的经贸合作和区域互联互通。

案例表明中国高铁技术和设备在"一带一路"沿线国家的高铁建设项目中发挥了重要作用,并取得了显著成效。中国制造业通过技术输出和设备供应,为沿线国家的基础设施建设提供了支持,并帮助这些国家建立起了现代化、高效的交通体系。同时,中国的参与还推动了沿线国家之间的经济合作,促进了贸易往来和人员流动,为中国制造业拓展海外市场和建立全球价值链提供了重要机会。这充分体现了中国制造业在"一带一路"倡议中的全球影响力和竞争力。

4.4 制造业从成本竞争优势到综合竞争优势转型与升级的逻辑

4.4.1 转型与升级的逻辑

制造业从仅仅依靠成本竞争优势转型升级为追求综合竞争优势是必要的,因为仅仅依靠低成本无法保持长期竞争优势和可持续发展。

首先,全球市场需求日益多样化和个性化,消费者对产品质量、功能、创新和服务的要求不断提高。仅仅追求低成本无法满足这些需求,制造企业需要提供高品质、高附加值的产品和服务,以获取更高的市场份额和竞争优势。其次,科技的不断发展和创新为制造业带来了新的机遇和挑战。数字化、自动化、物联网、人工智能等新技术的应用使制造业能够提高生产效率、灵活性和质量控制水平。通过引入先进的生产技术和工艺,企业可以降低生产成本、提高产品创新和交付速度,形成综合竞争优势。再次,全球制造业竞争愈发激烈。许多发展中国家加大了对制造业的支持和投资,提升了自身的制造能力和水平。传统制造强国也在进行产业转型和升级,以保持竞争力。在这样的背景下,仅仅依赖低成本无法获得持续竞争优势,制造企业需要通过提升产品质量、创新能力、服务水平等方面来增加竞争力。最后,全球越来越关注可持续发展,环境保护和社会责任意识不断增强。制造企业需要借助可持续生产方式和环保技术来减少资源消耗、降低环境污染,并积极履行社会责任。这种转型和升级不仅能够提升企业形象和市场竞争力,还可以满足消费者对可持续产品和品牌的需求。

4.4.2 制造业从成本竞争优势到综合竞争优势转型与升级的关键要素

当制造业从成本竞争优势向综合竞争优势转型和升级的时候,可以从产品质量、技术创新、产品质量、定制化能力、供应链管理、客户服务、品牌价值和声誉等多方面获得竞争优势,而物流效率、智能制造和数字经济与制造业获得竞争优势的主要来源存在密切的关系。

首先,物流管理涉及从供应链到产品交付的物流过程。优化物流管理可以降低成本、提高交付速度和准确性,从而提高企业的竞争力。高效的物流操作可以确保原材料和组件的及时供应,促进生产流程的顺畅进行,减少库存积压和运输延误。这对于产品质量、客户满意度和交货时间等方面都非常重要。从物流效率的角度来看,优质供应链和协同合作对制造业综合竞争优势具有直接影响。高效的物流系统可以确保原材料和组件的准时交付,避免生产中断和库存积压,从而提高生产效率和产品质量。通过优化物流网络、采用先进的信息技术和物流管理系统,制造业企业可以实现快速、准确的供应链运作,提高供应链整体效率,降低物流成本,并满足客户的及时交付需求。

其次,智能制造是制造业追求综合竞争优势的一个重要方面,它利用先进的信息技术和自动化技术来提高生产过程的效率、质量和灵活性。通过应用物联网、人工智能和大数据分析等技术,智能制造实现了生产线的自动化及实时数据监控和预测性维护等方面的改进。

第一,智能制造可以提高制造过程的精确度和一致性。通过自动化技术,包括机器人、自动导向车辆和自动化生产线,生产过程可以更加精确地执行,减少人为操作的误差,并确保产品在不同批次之间的一致性。

第二,智能制造可以减少错误和浪费。通过实时数据监控和分析,生产过程中的异常情况可以及时被检测和纠正,避免不良品的产生。智能制造还可以优化资源利用,比如通过智能调度系统合理安排设备和人力资源,避免资源的浪费和闲置。

第三,智能制造强调灵活性和适应性。通过数字化技术和智能设备,生产线可以快速调整和适应不同产品的需求,并实现快速交付。智能制造还能够进行预测性维护,通过监测设备状态和使用数据,提前检测并解决潜在问题,降低生产线停机时间和维修成本。

第四,对于物流管理来说,智能制造与物流系统的紧密协作可以进一步提升物流效率。智能制造提供实时数据和准确的信息,通过与物流管理系统的集成,可以实现物流过程的实时监控、自动化配送和库存管理的优化,从而提高整个供应链的效率和响应能力。

最后,数字经济在制造业中的应用也对综合竞争优势具有重要影响。数字化技术和互联网的快速发展使得制造业企业能够更好地获取、分析和利用数据。通过收集和分析与生产相关的大数据,企业可以深入了解生产过程中的瓶颈和问题,并进行实时监控和反馈,以迅速进行调整和优化。数字化技术还能够提供更准确的需求预测和生产计划,减少库存和生产成本。数字经济提供了许多机会来改进运营和提高竞争力。例如,通过使用数字化的供应链管理系统,企业可以实时跟踪和管理供应商、库存和订单,从而提高供应链的可见性和协调性。此外,数字经济还促进了个性化定制、在线销售的发展和客户体验的增强,这些因素在提高产品质量、客户满意度和市场份额方面都具有关键作用。数字化技术还可以支持企业与供应商、合作伙伴和客户之间的协同合作,实现高效的信息共享和协同创新,进一步提升制造业综合竞争优势。

4.5 本章小结

本章分析了中国制造业的发展路径,从过去的成本竞争优势逐渐演变为综合竞争优势。介绍了成本竞争优势的现状,包括低成本劳动力、廉价原材料以及税收和政策优惠等因素推动了中国制造业的迅速发展,带来了多方面的影响。然而,低成本路径也面临着人口老龄化、劳动力成本上升和环境可持续性等挑战,因此需要进行转型升级以构建综合竞争优势。

综合竞争优势的构建涉及多个关键因素,包括成本效益与规模经济、供应链集成与物流效率、人力资源与人才培养、创新与智能制造,以及数字经济和信息技术的应用。通过优化这些要素,中国制造业可以通过提升产品质量、改进供应链管理和提升客户服务等方面,形成更全面的竞争优势。

转型升级带来了一系列挑战,如劳动力成本上升、人口老龄化和环境可持续性问题,但同时也带来了机遇,包括全球市场需求变化、技术创新和数字化转型。在应对这些挑战时,制造业需要不断创新和升级,充分利用技术进步和数字化转型。

在转型升级的过程中,提升物流效率、实施智能制造和应用数字经济技术是至关重要的。通过这些关键要素的优化,制造业企业可以提高效率、提升质量和灵活性,获得竞争优势,实现可持续发展。

中国制造业需要从过去依赖成本竞争优势的模式转向基于规模效应的综合竞争优势,以更好地应对挑战并实现可持续发展。在这一过程中,政府在建立公平竞争环境、强化知识产权保护和促进合作与协同创新方面发挥着关键作用。通过综合考虑多个因素,中国制造业有望在全球市场中保持竞争优势并取得更大的发展。

综合而言,物流效率、智能制造和数字经济是制造业追求综合竞争优势的关键战略手段。通过优化物流管理、采用智能制造技术和充分利用数字化经济的机遇,企业可以提高产品质量、增强生产效率、满足个性化需求,并与竞争对手区别开来,从而在市场上获得竞争优势。接下来将从物流效率、智能制造和数字经济三个视角深入研究中国制造业的综合竞争优势。

第5章

基于物流效率视角的制造业综合竞争优势研究

5.1 物流产业与制造业规模效应综合竞争优势的联动机制分析

随着中国制造业的快速发展,物流产业作为其重要的配套产业,也得到了快速发展和壮大。物流和制造业之间存在紧密的联系,二者之间的协同发展、联动作用极大,可以为中国制造业打造规模效应和综合竞争优势提供支持。

5.1.1 物流产业对制造业规模效应和竞争优势的促进作用

首先,物流产业的现代化发展,推动了制造业的规模化并推广了标准化生产模式。随着物流业的快速发展,物流企业可以通过强大的物流网点和信息技术手段,对供应链、储存管理、运输等重要步骤进行优化和精细化管理,进一步提高整个供应链的效率和协同性,从而促进制造业的规模经济效应的提升。在物流企业的支持下,制造企业可以不断优化和升级其生产和销售模式,实现规模效应和协同效应的再次提升。

其次,物流企业的优化和提升,进一步推动了制造业转型升级和市场份额的提升。随着物流企业服务水平的不断提升、物流成本和运营成本的不断降低,制造企业可以更好地支持其产品和服务的销售,促进市场份额的不断扩大。物流企业优化后的物流流程、运力规划、配车作业、配送服务等,也有助于制造企业实现规模效应的进一步放大,从而在市场竞争中获得更大的优势。

最后,物流企业通过技术创新和提高服务质量,进一步提高了制造企业的生产效率和质量水平。随着物流企业对信息技术、物流网络的投入不断加大、物流设施和设备的不断升级,物流企业可以更好地满足制造企业生产和配送的需求,降低生产成本和物流成本,提高生产效率和质量水平,从而实现更高效的生产和配送,提升制造企业的市场竞争力。

```
                            ┌─ 产业规模化和标准化
物流产业 ── 制造业 ─────┼─ 产业转型升级和市场份额扩大
                            └─ 生产效率和质量水平提升
```

图 5.1　物流产业对制造业规模效应和竞争优势的促进作用关系图

案例：顺丰速运

顺丰速运作为中国领先的物流企业,提供完整的物流解决方案,打造了十分强大的物流服务网络。顺丰速运以提升整体效率和服务质量为目标,便于制造企业进行全国范围内的供应链管理,通过不断优化物流流程和服务模式,进一步提高了制造企业的效率和利润,提升了其在市场上的竞争力。

国家统计局数据显示,2019年工业增加值达到了31.71万亿元,占国内生产总值的28%左右,制造业的快速发展带动了相应的物流服务需求。顺丰速运在2019年的净收入为1871亿元,占中国市场物流企业净收入的13.3%。顺丰速运自身日均派件能力超过1.82亿件,快递业务的渗透率在25%左右,同时其供应链管理业务占据初步市场份额,在整个物流产业中具有相对优势。从服务质量方面来看,顺丰速运积极加强服务质量管理和标准化,其在2019年的客户满意度中排名靠前,其中客户满意度最高的服务项为"服务态度",满意度达到93.2%,这充分说明了其优质的服务水平能够获得客户的认可。从环保方面来看,顺丰速运积极倡导绿色物流,通过利用新能源车辆、智能化物流设施等方式降低物流过程中的碳排放。2019年统计数据显示,顺丰速运取得了减排量达到4.3万吨的成效,在环保方面也赢得了更多的用户认可和赞誉。

物流产业和制造业是紧密相连、相互依存的行业,物流产业为制造业提供了及时的物流服务,而制造业为物流产业提供了源源不断的市场需求。因此,物流产业与制造业之间的协同发展是非常重要的,二者的规模效应和竞争优势也互相促进。

案例： 中通快递

以中国物流龙头企业中通快递为例,探讨物流产业在提升制造业规模效应和竞争优势方面的作用。随着中国电商市场的快速发展,中通在扮演物流服务商的角色过程中,不断为制造企业提供着必要的服务支持。中通在供应链管理方面下了很大的功夫,加快了供应链的化繁为简,为制造企业带来了更高的效率和盈利增长。

一方面,中通不断推进自动化技术的应用,通过智能化装备和信息化系统优化供应链环节,从收件、拣件到派件都实现了自动化处理。中通的分拣中心有世界一流的自动化设备,让包裹在自动传送带上自动分拣,可以提高包裹的处理效率和减少人工成本,而这样的操作优势也提高了制造企业的物流配送效率,从而促进规模效应和成本节约。

另一方面,中通快递的 VIP 服务专为高级客户提供更高效的物流服务。全程顾问服务、仓储储备、专人看车、灵活派遣、急速优配、特权售后等六大核心服务,为制造企业提供了专业的物流服务解决方案,特别是对于规模大、物流需求大的企业,能够为其提供更加专业有效且令人放心的物流支持和服务。

同时,中通一直坚持"准时送达,重任必达"的服务理念,实现恰好递、准时达,这为快递用户和制造企业提供了方便,节约了成本、时间和精力。这种服务的及时性和准确性,也增强了客户对企业的信心,从而提升了中通在物流行业的市场竞争优势。

可见,物流产业对制造业规模效应和竞争优势的提升作用是至关重要的,中通快递作为中国物流行业中的佼佼者,通过自身的努力和不断优化,让物流产业和制造业之间的协作更加高效,促进了行业的发展。

5.1.2 制造业规模效应和竞争优势对物流产业的促进作用

首先,制造业规模效应和协同效应的提升,有助于物流企业降低成本和优化运营管理。随着制造业的规模不断扩大,尤其是规模效应的进一步提高,物流企业也可以更好地利用规模经济,实现物流网络的优化和降本增效。制造业的规模效应在生产过程中会形成批量生产和标准化的特点,这也意味着物流企业在配送过程中可以更容易地从物流规划、运输方式和物流技术等方面降低运输成本。制造企业在需求规模和物流配送等方面的需求也会进一步增加,从而为物流企业的优化提供更加坚实的基础。

其次,制造业技术不断升级,提高了物流企业的服务和增值服务的质量。随着制造业不断推出高品质和高附加值的产品,物流企业也需要对其服务进行升级和更新,以满足制造企业和消费者日益复杂的物流需求。因此,随着制造业技术的升级,其物流需求也会越来越多元化和复杂,需要更高品质和可靠的供应链配送服务来支持其日益增长的经营业务。因此,物流企业将被迫提升跨区域配送能力和快速反馈、追踪及问题解决的能力,以保证物流供应链的可靠性和高效性。

再次,制造业市场竞争的不断加剧,为物流企业提供了更多的商机和发展空间。随着制造业市场竞争的不断加剧,对市场上企业的需求和物流服务的分析有助于物流企业在市场竞争中发掘出其自身的商机。同时,物流企业也借此机会,通过提升服务质量、优化物流流程等方式,赢得更多的制造企业客户,并进一步提高其市场份额和竞争力。

最后,制造业的快速发展,将推动物流产业转型升级。制造业规模化、精细化的发展趋势,意味着物流企业需要不断地进行转型升级才能适应制造业给物流行业带来的新挑战。因此,物流企业必须不断提高物流服务的技术含量,实现"智"化、节能化、信息化,以适应制造企业的不断变化和市场竞争压力。

制造业 —— 物流产业
- 降低成本和优化运营管理
- 提高服务和增值服务的质量
- 带来更多商机和发展空间
- 推动产业转型和升级

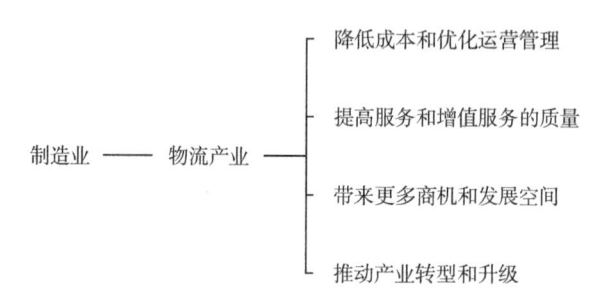

图 5.2　制造业规模效应和竞争优势对物流产业的促进作用关系图

综上所述,制造业规模效应和协同效应对物流产业影响显著,物流企业应当紧跟市场趋势,持续创新,不断提高运营管理能力和物流服务质量,促进物流产业的快速发展。

案例: **阿里巴巴**

阿里巴巴是中国领先的互联网巨头,拥有全球最大的电子商务平台。阿里巴巴通过数字化供应链平台,促进制造业和物流产业相互协作,形成全球化的供应链体系。其全球化的供应链网络,将物流企业和制造企业的资源充分整合,实现低成本、高效率、绿色低碳的物流服务,进一步提升了中国制造业的规模效应和竞争优势。

阿里巴巴通过数字化供应链平台和物流技术的升级,打通了制造业和物流产业的壁垒,形成了一个全球化的供应链体系。其数字化平台将制造企业、物流企业和消费者紧密连接在一起,使得物流产业实现了更好的规模效应和协同效应,同时促进了中国制造业和物流产业的转型升级。具体来说,通过数字化供应链平台,阿里巴巴不仅可以实现物流企业的优化管理,还可以提供更加贴近消费者需求的物流服务,从而实现更高效的运营、更快的交付时间和更低的成本。此外,阿里巴巴还通过物流平台推动物流技术的革新和普及,如无人机、机器人及人工智能等技术有力助推物流企业实现智能化、节能化、信息化、协同化等多方面的升级。通过这种方式,阿里巴巴为制造企业和物流企业提供协同合作的机会。例如,阿里巴巴在全球范围内与物流企业合作,通过利用数据分析、智能算法预测和优化仓储需求、配送路线、运输模式等,进一步降低了物流成本,提升了物流服务的质量。同时,制造企业可以通过数字化平台更好地控制运行成本,进一步优化产品供应链,提高生产率,降低产品成本,从而获得更加稳健的竞争优势。

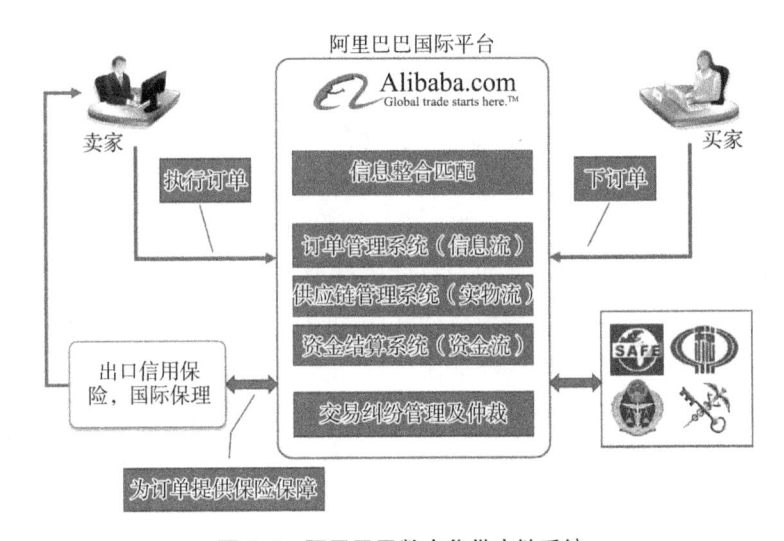

图 5.3 阿里巴巴数字化供应链系统

可见,阿里巴巴通过数字化平台和物流技术的升级,提升了制造业的规模效应和竞争优势,并通过物流企业的规模扩大和服务升级,推进了物流产业的转型升级和生态共建。制造业规模效应和协同效应对物流产业竞争力提升的促进作用,同时也为其他产业的转型和升级提供了重要启示。

5.2 物流效率对制造业竞争优势的影响逻辑分析

5.2.1 物流效率的提高可以降低制造业供应链成本

在现代制造业中,各种物流技术和工具的应用不断推进,物流效率的提高已经成为制造业竞争的重要因素。物流效率的提高不仅可以降低运输、仓储和库存等方面的费用,还可以增加供应链的效率和准确性。制造企业可以通过合理的物流管理和优化物流体系来实现成本控制,提高竞争优势。

(1) 物流效率的提高可以降低运输成本,企业可以通过优化运输路线、选择合适的运输工具、加强运输管理等方式来提高物流效率,从而降低运输成本。

假设一家制造企业需要从工厂运输产品到若干个销售点,每个销售点的订货数量不同,需要考虑如何最大限度地降低每个销售点的运输成本。如果按照常规的方式,不加以优化,则可能会产生冗余的运输成本。

为了优化运输路线,可以采用智能物流系统。该系统可以根据实时的交通信息和订单量等因素,自动规划运输路线,选择最优的运输路径和工具。通过智能的调度和预测,可以有效降低运输成本和时间成本。

同时,合理的运输和配送管理也是降低运输成本的关键。制造企业可以对运输过程进行精细化管理,包括配送计划、货物捆绑和堆放、车辆调度等。通过优化配送计划,安排合理的运输周期和频次,可以保证运输效率和服务质量。通过优化捆绑和堆放货物的方式,可以最大限度地利用每一辆运输工具的运载能力,降低运输成本。通过对车辆调度的管理,可以避免因为物流配送过程中的失误产生的额外的运输成本。

综上可得,通过优化运输路线、选择合适的运输工具、实施智能配送计划和上述方面的精细化管理等方式,可以降低运输成本,提高物流效率,并提高制造企业的竞争优势。

(2) 物流效率的提高还可以降低仓储成本。通过精细化的仓储管理、优化库存、提高仓储利用率等方式可以降低仓储成本。

假设一家制造企业需要将产品存储在仓库中,并根据销售情况将产品送到各个销售点,需要考虑如何最小化仓储成本。如果按照传统方式管理仓库,不加以优化,则可能会存在库存积压、流通不畅等问题,增加了仓储成本。为了优化仓储管理,可以采用智能仓储系统。该系统可以通过智能的库存调度、分拣和管理,提高仓库利用率,降低仓储成本。通过货架管理、扫码识别等技术手段,可以提高货物仓储的效率和精度,减少因为人为失误产生的成本。同时,制造企业可以通过优化库存策略来降低仓储成本。优化库存策略包括按需采购、快速预测销售趋势、合理规划库存水平等。通过精确的销售预测和订单管理,可以避免因为库存积压造成的成本浪费。通过提高仓储利用率,可以进一步降低仓储成本。制造企业可以通过定期盘点、运用合理的仓储空间规划等方式,最大限度地利用每一寸仓储场地,降低仓储成本和资产成本。

综上可得,通过运用智能仓储系统、优化库存策略、提高仓储利用率等方式可以降低仓储成本,提高物流效率,并提高制造企业的竞争优势。

(3) 物流效率的提高还可以降低库存成本。通过优化供应链管理、提高生产计划准确性、降低生产周期等方式可以降低库存成本。

库存是生产和销售过程中必需的一环,但是库存过多会增加资金的占用成本,带来库存积压、过期以及存货损耗等问题。因此,制造企业可以通过提高物流效率降低库存成本,以提高企业竞争优势。

为了优化供应链管理,借助已经普及与成熟的现代信息技术,制造企业可以提升生产计划的精确性与动态性,提高企业的生产效率,降低制造成本。采用信息化手段与改进生产调度会降低传统生产计划标准制作过程中的不精确性并减少浪费,让供应链中的各生产环节更加制度化。同时,通过有效运用现代物流技术、实施精细化物流管理,可以为企业提供更加准确的销售预测,以便企业进行生产计划。通过降低生产周期、减少库存积压、提高资金周转率,企业可以降低库存成本。

案例: 富士康

中国电子制造服务企业——富士康科技集团,其在生产中耗时最长的是物流环节,为了提高物流效率和降低物流成本,他们采用了智能物流系统,以便更加高效地完成产品的制造和交付。具体做法包括提高运输效率、对大件产品进行定制化包装等。通过智能物流系统提高运输效率,富士康可以更快地将产品运送到消费者手中,减少了产品积压的风险,提高了物流服务质量和效率。通过更加精细化的仓储管理,他们可以减少物流环节的时间和成本,提高库存周转率,降低了运营成本。定制化包装中标准化设计的采用降低了物流包装的成本、优化了物流环节,使整个流程更加高效。据统计,富士康物流成本占比原材料成本的 8.5% 和生产成本的 3.7%,而采用智能物流系统之后可以大大降低物流成本,有效提高制造业的竞争力。这说明提高物流效率可以帮助企业降低供应链成本,提高生产效率和服务质量,从而提高制造业的竞争优势。

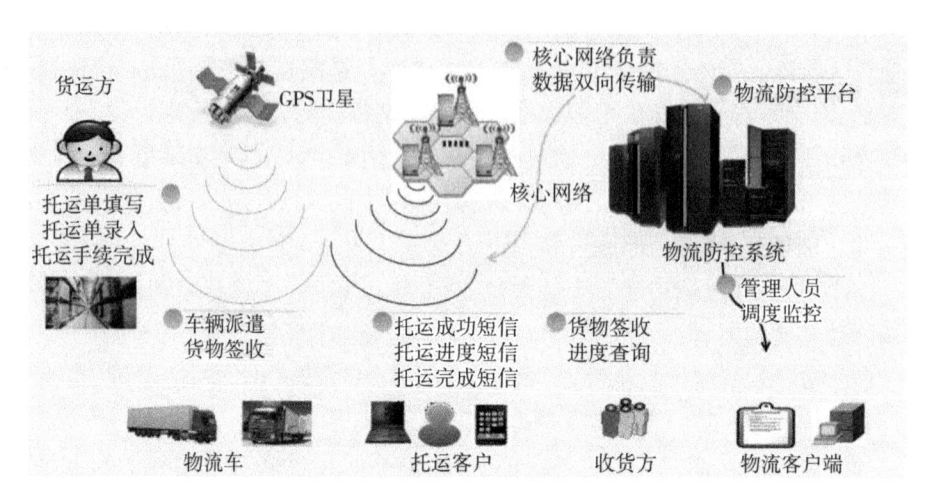

图 5.4　智能物流系统规划图

5.2.2　物流效率的提高可以提高制造业供应链服务水平

供应链服务是指企业在供应链中向客户提供的各种服务。物流效率的提高可以提高供应链服务水平，增强制造企业的竞争优势，这是因为物流服务是供应链服务的重要组成部分，物流效率的提高可以将更多的资源用于提供服务，从而提高服务质量，降低服务成本，进一步增强企业的竞争优势。首先，物流效率的提高不仅可以缩短交货时间和提高交货准确率，还可以提高售后服务水平等方面的服务质量，从而增强制造企业的竞争优势。制造企业可以通过优化物流体系、加强运输管理、提高生产计划准确性等方式来优化交货时间和准确率。其次，物流效率的提高还可以提高售后服务水平。制造企业通过优化售后服务流程、提高服务效率等方式可以提高售后服务水平。最后，提供高质量的售后服务可以增强客户对企业的信任和忠诚度，从而提高市场竞争力。

案例：欧莱雅公司

欧莱雅公司是全球著名的化妆品制造企业，其产品销售范围遍及全球，并且生产产品的原材料来自不同的地区。欧莱雅公司如何通过提高物流效率和供应链服务水平来增强企业竞争优势呢？

欧莱雅公司采用先进的物流技术及管理方式优化供应链，并且建立全球化物流平台，实现生产流程全程可视化。在物流管理上，欧莱雅公司建立了专业的物流组织团队进行管理，通过智能物流调度系统，实现全球范围内物流资源的协调配置,使得服务水平不断提升。同时,欧莱雅公司还投入大量的资金加强了物流设施的建设,提高了物流效率,进一步降低了供应链服务成本。

数据显示,欧莱雅公司的物流效率得到提高之后,其仓储、物流和供应链成本均有所降低,且其提供的产品服务水平不断提升。举例来说,在欧盟地区,50%的订单在发货后的48小时内就能被送达;在美洲,订单在发货后的72小时内就能被送达。同时,欧莱雅公司实现了全球范围内供应链的卓越发展,缩短了生产周期和库存周转周期,进一步提高了企业的生产效率和供应链服务水平。

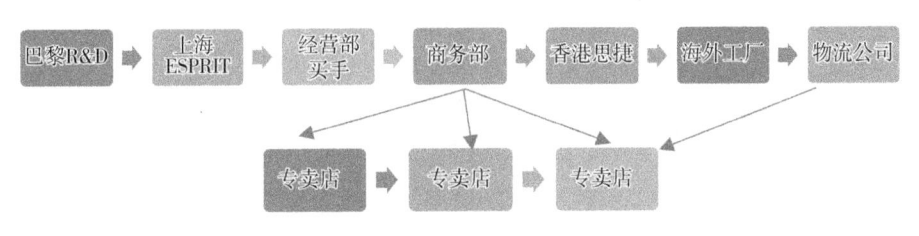

图 5.5 欧莱雅供应链流程图

欧莱雅公司的案例表明,通过采用先进的物流技术和管理方式,增强物流设施和智能物流调度系统建设,实现生产流程全程可视化,可以有效提高供应链服务水平,增强企业竞争优势。综上所述,物流效率的提高可以提高供应链服务水平,降低服务成本,提高企业竞争优势。

5.2.3 物流效率的提高可以提高制造业供应链灵活性和可持续发展能力

物流是整个供应链中非常灵活的一环,物流效率的提高可以提高供应链的灵活性和可持续发展能力。物流服务可以将制造业所需的物资、零部件及成品等通过一定的物流渠道快速地传递到需要的地方,从而提高制造业的反应速度和生产效率。此外,物流服务还可以优化物流环节,减少物流的浪费和负面影响,从而提高制造业的可持续发展能力,这是制造业不可或缺的重要组成部分。

制造企业需要随时调整供应链的结构,如果物流效率不高,将会影响供应链调整的及时性和效率性,从而影响公司的灵活性,降低产业竞争优势。另外,物流效率的提高还可以提高供应链的可持续发展能力,例如通过优化物流路线和运输方式,减少能源消耗和碳排放,从而实现可持续发展,展现制造业的社会责任感和优良形象。

案例：苹果公司

苹果公司作为全球最著名的技术公司之一，其采购、生产和物流等业务覆盖全球，需要大量的物流服务。苹果公司如何通过提高物流效率来提高制造业供应链的灵活性和可持续发展能力呢？

首先，苹果公司在全球范围内建立了数十个物流中心，使得物资零部件在整个生产流程中能够快速地转移。其次，苹果公司采用全球性的物流管理系统，将订单的实时传输与物流管理的调度一体化，实现了仓储、运输和库存等环节的无缝衔接，提高了供应链的灵活性。

除此之外，苹果公司还注重在物流环节实现可持续性发展，采用绿色物流技术，如电动车辆、太阳能发电等，减少了碳排放和其他环境污染物的排放，提高了供应链服务的可持续性和环保性。数据显示，苹果公司物流效率的提高，使得其供应链服务水平跻身全球最优秀之列，同时也降低了物流成本，从而提高制造业的竞争优势。

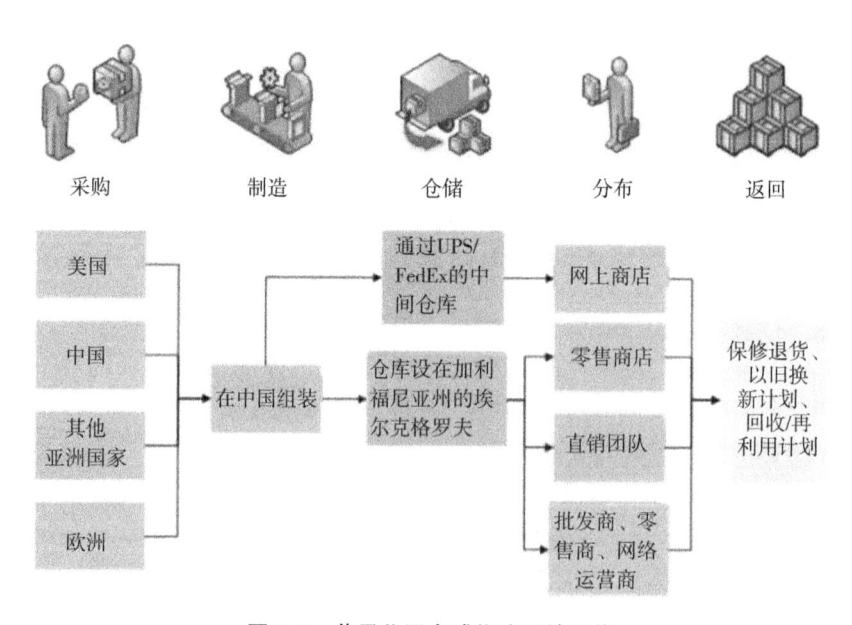

图 5.6 苹果公司全球物流系统网络

苹果公司的案例表明，通过建立全球化物流中心、采用现代化的物流管理系统和绿色物流技术等手段，可以有效提高供应链的灵活性和可持续发展能力，从而提升制造业的竞争优势。

中国地大物博，每个行政区的物流自然环境和政策环境都不同，深入研究物流效率的影响因素对于提升物流效率、制定物流产业发展政策有着重要意义。同时,研究物流效率的影响因素对于制造业来说也至关重要,对于提高制造业的竞争力、满足市场需求、降低成本、提高供应链的灵活性和减少环境污染等方面具有非常重要的作用。下面将对我国物流效率的影响因素进行深入分析,从而挖掘制造业竞争优势的形成源泉。

5.3 物流效率影响因素研究背景

随着社会分工的进一步细化以及电子商务的快速发展,物流业作为一种新兴产业在近年来取得了突飞猛进的发展,在国民经济和社会发展中的支柱作用日益突显,其发展水平已成为衡量一个国家或地区综合实力的重要标志之一。国务院在2014年印发了《物流业发展中长期规划(2014—2020年)》,物流产业是十大产业振兴规划中涉及的产业之一。2021年全国社会物流总额达335.2万亿元,按可比价格计算,同比增长9.2%,两年年均增长6.2%[①],物流产业已成为中国国民经济发展的动脉和基础产业,在自身快速发展的同时,也促进了相关产业的联动发展,尤其是对中国制造业的可持续发展有着重要影响。但在不同区域,其物流产业对制造业的促进作用以及联动发展水平有着显著差异,甚至存在着投入产出效率低的问题。在中国以及其他发展中国家,物流产业除了具有资本投入密集特征外,同时也是能源消耗密集和污染排放密集的产业。物流产业在给人民生活带来便利的同时也不可避免地消耗着能源,如二氧化碳气体的排放是不可忽略的。总体来看,我国物流业已步入转型升级的新阶段。但是,物流业发展总体水平还不高,发展方式比较粗放,物流成本高、效率低,资源环境约束日益趋紧,能源消耗和环境污染形势日益严峻[②]。2021年社会物流总费用为16.7万亿元,同比增长12.5%。社会物流总费用与GDP的比例为14.6%。2014年,国务院发布《物流业发展中长期规划(2014—2020年)》提出,到2020年,要基本建立布局合理、技术先进、便捷高效、绿色环保、安全有序的现代物流服务体系,大力发展绿色物流。因此,如何通过物流效率与影响因素分析,实现资源合理配置,以提高物流产业的运作效率,对协调区域制造业发展具有举足轻重的作用,同时对中国制造业竞争优势的提升及可持续发展也有着重要的现实意义。

---

① 数据来源:2021年全国物流运行情况通报,https://baijiahao.baidu.com/s?id=1724245645987456607&wfr=spider&for=pc。
② 中国政府网:《物流业发展中长期规划(2014—2020年)》,https://www.gov.cn/zhengce/zhengceku/2024-10/04/content_9120.htm。

5.4 理论基础及模型

5.4.1 Super-SBM 模型

基于松弛变量测度的模型(Slacks-Based Measure,SBM)最早由 Tone(2001)提出,在数据包络分析(Data Envelopment Analysis,DEA)基础上将松弛变量放入目标函数中,并将其进一步扩展用以处理非期望产出。大多数情况下,SBM 模型测度的效率值会出现多个决策单元同时为完全效率的情况,也就是效率值同时等于1,从而不能进一步对 SBM 有效的决策单元进行排序。于是学者们在这些基础模型上不断衍生,不断加入更多的限制条件去考虑问题,提出了超效率模型——Super-SBM 模型,就是将超效率和 SBM 模型结合起来的一种模型。本书基于现有研究,构建一个考虑了非期望产出的 Super-SBM 模型,用于评估高效的决策单元(DMU)。在 SBM 模型基础上,考虑非期望产出的 SBM 模型,以 β 表示目标效率值,ω_i^-、ω_s^e、ω_q^{ue} 分别为投入松弛量、期望产出松弛量、非期望产出松弛量,则变动规模报酬情况的分式规划形式为:

$$\min\beta = \frac{1 - \frac{1}{m}\sum_{i=1}^{m}\frac{\omega_i^-}{\chi_{ik}}}{1 + \frac{1}{r_1 + r_2}\left(\sum_{s=1}^{r_1}\frac{\omega_s^e}{y_{sk}^e} + \sum_{q=1}^{r_2}\frac{\omega_q^{ue}}{y_{qk}^{ue}}\right)} \tag{1}$$

$$\chi_{ik} = \sum_{j=1}^{n}\chi_{ij}\lambda_j + \omega_i^-, i=1,\cdots,m$$

$$y_{sk}^e = \sum_{j=1}^{n}y_{sj}^e - \omega_s^e, s=1,\cdots,r_1$$

$$y_{qk}^{ue} = \sum_{j=1}^{n}y_{qj}^{ue}\lambda_j + \omega_q^{ue}, q=1,\cdots,r_2$$

其中,λ 为权重值,$\lambda_j > 0, j=1,\cdots,n$;$\omega_i^- \geqslant 0, i=1,\cdots,m$;$\omega_s^e \geqslant 0, s=1,\cdots,r_1$;$\omega_q^{ue} \geqslant 0, q=1,\cdots,r_2$;$\beta$ 关于 ω_i^-、ω_s^e、ω_q^{ue} 严格单调递减,且满足 $0 \leqslant \beta \leqslant 1$,当且仅当 $\beta=1$ 时,也就是 $\omega_i^- = \omega_s^e = \omega_q^{ue} = 0$ 时,DMU_k 为 SBM 有效。当 $\beta < 1$ 时,意味着 DMU_k 是无效的,投入存在着冗余,需要在投入与产出上进行调整。此时,考虑非期望产出的 SBM 模型可能出现多个 DMU_k 是同时有效的情况,不便对决策单元进行排序和评价,物流的区域发展效率也会出现同时处于 DEA 效率前沿面(多个 β 等于1的情况),因此为了更准确地评价决策单元效率,在弱可

处置假设基础上,对 Tone(2002)所提出的 Super-SBM 模型进行优化,假设 DMU_k 为 SBM 有效,用于评估 DMU_k 有效性的模型如下:

$$\beta' = \frac{1 + \frac{1}{m}\sum_{i=1}^{m}\frac{\omega_i^-}{\chi_{ik}}}{1 - \frac{1}{r_1 + r_2}\left(\sum_{s=1}^{r_1}\frac{y_s^e}{y_{sk}^e} + \sum_{q=1}^{r_2}\frac{y_q^{ue}}{y_{qk}^{ue}}\right)} \tag{2}$$

其中,β' 为目标效率值,取值可以大于 1,其他变量说明同模型(1)。依据模型(1)、(2)计算得出碳约束下中国各个区域的年度物流产业效率,用 LIE 表示,根据模型的特点,地区 k 在 t 年的碳约束下的物流效率可表示为:

$$\text{LIE} = \begin{cases} \beta, & 0 < \beta < 1 \\ \beta', & \beta > 0 \end{cases} \tag{3}$$

这种考虑非期望产出的 Super-SBM 模型相较于其他 DEA 模型,解决了以往在效率评估中存在的三个问题:第一,将非期望产出要素纳入了分析范畴;第二,有效解决了投入产出变量的松弛性问题;第三,解决了多个决策单元同时出现在前沿面而无法有效排序的问题。因而,模型(2)能够更全面地对区域物流效率进行有效测度与评价。

5.4.2 Malmquist 指数模型

利用 DEA 模型进行效率评价是对不同时期面板数据的静态测度和分析,无法动态刻画效率的变动情况。而 Malmquist 指数能将综合效率指数分解成技术效率指数和技术进步指数,反映不同区间内综合效率变动的原因,从而有助于进一步找出综合效率增长的真正动力源。Malmquist 指数最早由 Malmquist 于 1953 年提出,根据其他学者的观点,t 期到 $t+1$ 期的 Malmquist 指数 MI 定义为:

$$\begin{aligned} MI &= M(x_t, y_t, x_{t+1}, y_{t+1}) \\ &= \frac{D^{t+1}(x_{t+1}, y_{t+1})}{D^t(x_t, y_t)} \times \sqrt{\frac{D^t(x_{t+1}, y_{t+1})}{D^{t+1}(x_{t+1}, y_{t+1})} \times \frac{D^t(x_t, y_t)}{D^{t+1}(x_t, y_t)}} = EC \times TC \end{aligned} \tag{4}$$

其中,$D^{t+1}(x_t, y_t)$ 和 $D^{t+1}(x_{t+1}, y_{t+1})$ 是分别以 $t+1$ 期的生产前沿为参考的 t 期和 $t+1$ 期的产出距离函数,$D^t(x_t, y_t)$ 和 $D^t(x_{t+1}, y_{t+1})$ 是分别以 t 期的生产前沿为参考的 t 期和 $t+1$ 期的产出距离函数。MI 代表全要素生产率指数,EC 和 TC 分别为技术效率指数和技术进步指数,这三个指标分别表示了从 t 期

到 $t+1$ 期综合效率的变动情况：当它们等于 1 时，表示 $t+1$ 期相对于 t 期没有发生变化，大于 1 时表示实现了正向增长，小于 1 时表示发生了负增长。

5.5 实证结果分析

5.5.1 投入产出指标统计性描述及分析

2003—2020 年，中国 30 个地区物流产业投入产出指标的样本数据描述性统计结果如表 5.1 所示。在 18 年间，中国物流产业的平均劳动就业人数为 24.07 万人，而资本投入均值为 989.49 亿元，能源投入均值为 56.11 万吨标准煤，在产出方面，期望产出均值为 853.75 亿元，行业的二氧化碳年均排放量为 294.62 万吨。

表 5.1 2003—2020 年中国部分地区物流产业效率评价指标及描述性统计[①]

投入/产出	指标	符号	单位	最小值	最大值	均值	标准差	中位数
投入	劳动力	L	万人	2.81	86.40	24.07	14.73	21.69
	能源	E	万吨标准煤	0.15	732.00	56.11	101.59	21.82
	资本	C	亿元	25.81	4 492.43	989.49	926.80	696.05
期望产出	增加值	G	亿元	27.84	3 636.06	853.75	744.05	672.34
非期望产出	CO_2 排放	Ca	万吨	5.80	1 553.80	294.62	235.53	224.84

为了更好地了解中国地区间物流产业能源效率变动分布情况，进一步按照各个地区经济和社会发展情况进行分区。由于物流行业的发展与经济发展水平密切相关，根据世界银行关于人均 GDP 的标准：3 000～5 000 美元为中下收入水平，5 000～10 000 美元为中上收入水平，10 000～30 000 美元为较高收入水平，30 000 美元以上为高收入水平[②]。将 30 个地区按照人均 GDP 的情况进行分区，并分别计算了 30 个地区在 1952—2020 年、2010—2020 年、2015—2020 年、2018—2020 年以及 2020 年时间段的人年均 GDP，从图 5.7 和图 5.8 可以清楚看到具体分布情况，约有 1/3 样本位于较高经济收入水平，1/2 样本位于中上收入水平。其中，1952—2020 年时间段样本均值全部位于中下收入水平，其他

---

① 表中数据根据五个指标原始数据计算而得，样本总数 540＝18×30。
② 参见：https://www.163.com/dy/article/H1F009E90552IA4A.html。

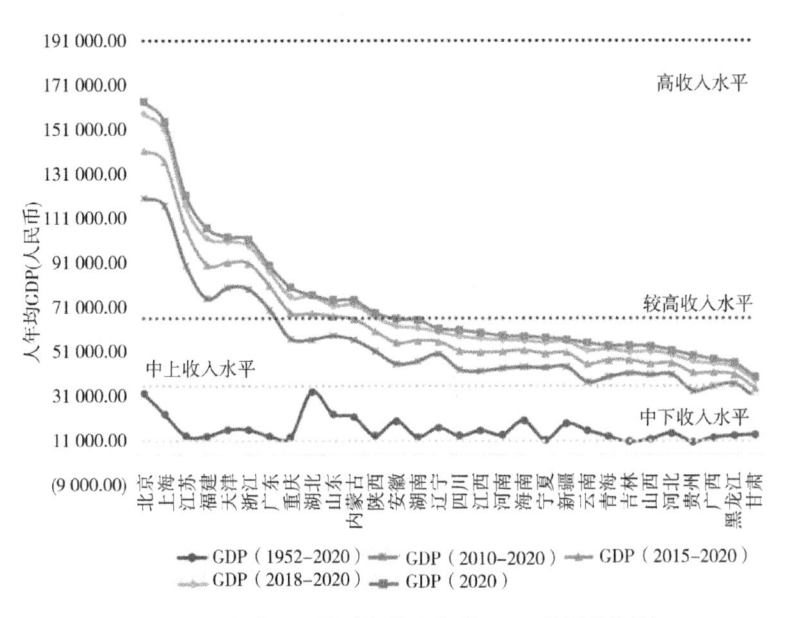

第5章 基于物流效率视角的制造业综合竞争优势研究

图 5.7　各地区不同时间段人年均 GDP 发展趋势图

图 5.8　各地区不同时间段人年均 GDP 分布情况

⬇：3 000美元＜GDP＜5 000美元；➡：5 000美元＜GDP＜10 000美元；
⬆：GDP＞10 000美元

中国制造：
从成本竞争优势到综合竞争优势

时间段约各有一半样本处于中上收入和较高收入水平，体现了中国经济在最近10年有了突飞猛进的发展。综合考虑技术发展的滞后性以及各地区经济发展水平的不平衡性，将30个地区分为两大类：Ⅰ类地区为较高收入水平地区，Ⅱ类地区为中上收入水平地区。其中Ⅰ类地区包括：北京、上海、江苏、福建、天津、浙江、广东、重庆、湖北、山东、内蒙古和陕西，其余为Ⅱ类地区。

将Ⅰ类地区12个省区市按照物流产业年均增加值进行降序排列，分析其投入产出变化情况，见图5.9，各地区的增加值从左到右呈递减状态，最高为广东，最低为重庆。相应地，其二氧化碳排放量也基本上随着产出的减少而呈现出递减的状态，除了内蒙古和陕西，这两个地区的二氧化碳排放量相对于其产出显得略微偏高。从增加值和资本投入折线可以看到，有5个地区的物流产业增加值远低于其相应的资本投入，分别是浙江、福建、湖北、陕西和重庆，资本投入产出较低，说明这部分资本没有被充分利用。在能源投入上，内蒙古总量位居首位，其次是湖北。内蒙古年均投入343.82万吨标准煤，但是其增加值并不高，能源利用效率较低，二氧化碳排放量位居第二；经济大省山东的碳排放量最高，年均861.25万吨。在劳动力投入上，广东吸引的劳动力最多，年均65.7万人，其次是北京、上海、江苏和山东。

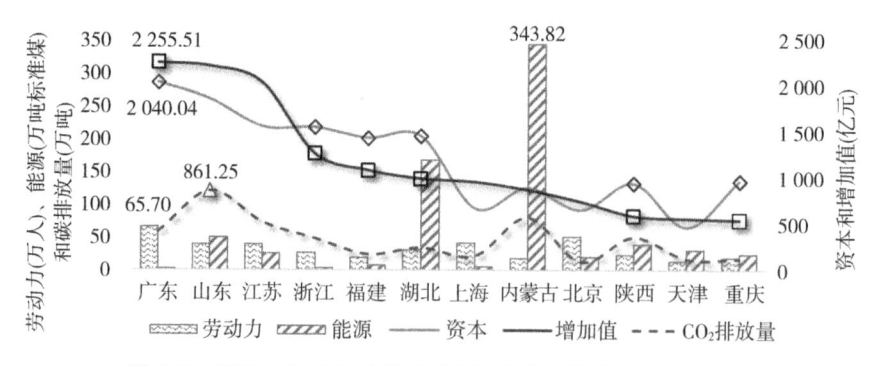

图5.9 2003—2020年Ⅰ类地区物流产业年均投入产出变化图

同理，将Ⅱ类地区18个省区市按照物流产业年均增加值进行降序排列，分析其投入产出变化情况。图5.10显示各地区的增加值从左到右呈递减状态，最高为河北，最低为青海。相应地，其二氧化碳排放量也基本上随着产出的减少而呈现出递减的状态，除了山西、黑龙江和新疆，它们的二氧化碳排放量相对于其产出显得略微偏高，尤其是煤炭大省山西的排放量位居第一，年均排放量为809.37万吨，在全国范围内仅次于山东。从增加值和资本投入折线分布情况可以看到，在Ⅱ类地区，仅有4个地区的增加值高于其相应的资本投入，分别是河北、河南、辽宁以及山西,整体资本投入产出较低,说明此地区大量资本没有被充分利用。在能源投入上,吉林总量位居首位,其次是黑龙江。吉林年均投入237.27万吨标准煤,但是其增加值并不高,能源利用效率较低。在劳动力投入上,Ⅱ类地区普遍上比Ⅰ类地区要低,只有河南、辽宁等地区吸引的劳动力还稍微多些,而青海、宁夏、海南、贵州等地区的劳动力投入较少。由此可见,经济发达地区有着明显的人才虹吸效应,而这进一步影响了经济相对落后地区的经济发展。

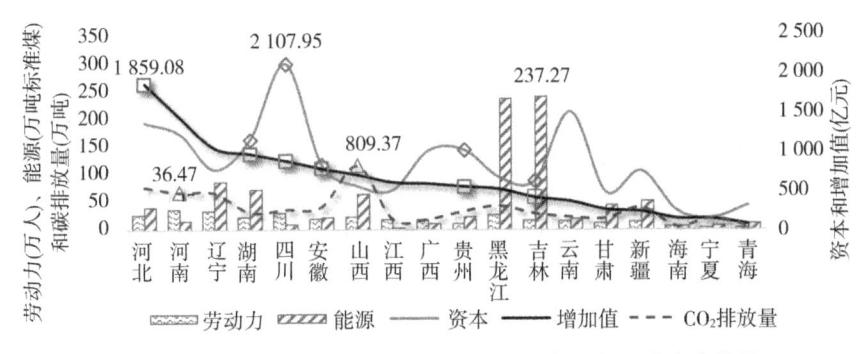

图 5.10　2003—2020 年Ⅱ类地区物流产业年均投入产出变化图

综上分析可知,两类地区的二氧化碳排放量随着产出的减少而呈现出递减的状态,随能源投入增加而上升;有 11 个地区的物流产业增加值远低于其相应的资本投入,资本投入产出较低,说明了资本投入冗余,同时也反映了这部分资本没有被充分利用;内蒙古、湖北、吉林和黑龙江的能源投入较大,但是相应的增加值产出并不高,能源利用效率较低;Ⅰ类地区的劳动力投入普遍上比Ⅱ类地区高,经济发达地区有着明显的人才虹吸效应。

5.5.2　Super-SBM 模型结果分析

利用 MaxDEA 8 Ultra 对 2003—2020 年中国 30 个地区的物流效率进行测算,同时测算不考虑非期望产出情况下的物流效率,经计算整理得到中国 30 个地区物流技术效率在 2003—2020 年的均值,如表 5.2 所示。为了便于分析,参照前人研究,将效率水平进行区间划分,大于等于 1 为高效率,0.8～1.0 为中等效率,0.6～0.8 为较低效率,低于 0.6 为低效率,区间执行"上限不在内"原则。

表 5.2　2003—2020 年中国部分地区物流产业效率变动情况

年份	考虑非期望产出 技术效率 TE	考虑非期望产出 纯技术效率 PTE	考虑非期望产出 规模效率 SE	不考虑非期望产出 技术效率 TE1	不考虑非期望产出 纯技术效率 PTE1	不考虑非期望产出 规模效率 SE1
2003	0.401 5	0.809 5	0.703 7	0.567 9	0.704 5	0.855 8
2004	0.468 2	0.648 2	0.765 6	0.581 0	0.714 7	0.847 8
2005	0.538 7	0.648 2	0.863 2	0.628 3	0.787 0	0.872 1
2006	0.602 9	0.822 8	0.809 8	0.642 7	0.807 3	0.841 7
2007	0.589 8	0.818 7	0.760 7	0.610 3	0.768 9	0.833 0
2008	0.522 6	0.756 2	0.732 0	0.467 6	0.590 2	0.854 1
2009	0.583 3	0.807 7	0.769 5	0.537 2	0.664 3	0.877 7
2010	0.619 3	1.004 5	0.769 8	0.622 3	0.886 7	0.875 4
2011	0.562 8	0.881 9	0.739 9	0.504 4	0.648 2	0.841 5
2012	0.556 7	0.844 9	0.727 7	0.531 3	0.708 5	0.823 3
2013	0.592 0	0.887 5	0.744 7	0.567 9	0.710 9	0.854 4
2014	0.567 8	0.855 7	0.741 9	0.577 2	0.702 0	0.870 7
2015	0.617 8	0.863 2	0.762 1	0.601 3	0.728 8	0.868 1
2016	0.600 1	0.878 1	0.738 9	0.617 9	0.755 9	0.853 5
2017	0.632 7	0.830 5	0.769 3	0.644 6	0.756 2	0.887 3
2018	0.666 3	0.844 0	0.804 6	0.654 8	0.775 2	0.877 5
2019	0.654 0	0.853 8	0.780 1	0.633 2	0.763 6	0.869 1
2020	0.606 1	0.833 0	0.756 1	0.621 3	0.759 5	0.864 8
均值	0.576 8	0.827 1	0.763 3	0.589 5	0.735 1	0.859 3

这里对考虑非期望产出与不考虑非期望产出的情况下测算的物流效率进行 t 检验,算得 $t=5.387\,6$,置信度为 95% 的假设检验结果显示,在考虑非期望产出与不考虑非期望产出的情况下测算的物流效率结果差别显著,因此在分析我国投入产出效率过程中有必要考虑非期望产出的真实结果。同时,从图 5.11 也可看到两种不同情况下的技术效率、纯技术效率和规模效率也有着不可忽略的差异,进一步验证了考虑非期望产出研究有效性,后面将基于非期望产出的视角来对 30 个地区的物流效率做进一步分析。

首先,中国物流产业总体效率水平不高,但总体呈现缓慢上升的趋势。在碳约束条件下,2003—2020 年间中国物流产业技术效率均值为 0.576 8,说明物流产业在转变发展模式和提高产能方面取得了一定的成果,但整体处于低效率状态,有着较高的提升空间。效率均值从 2003 年的 0.401 5 波动提升到 2018 年

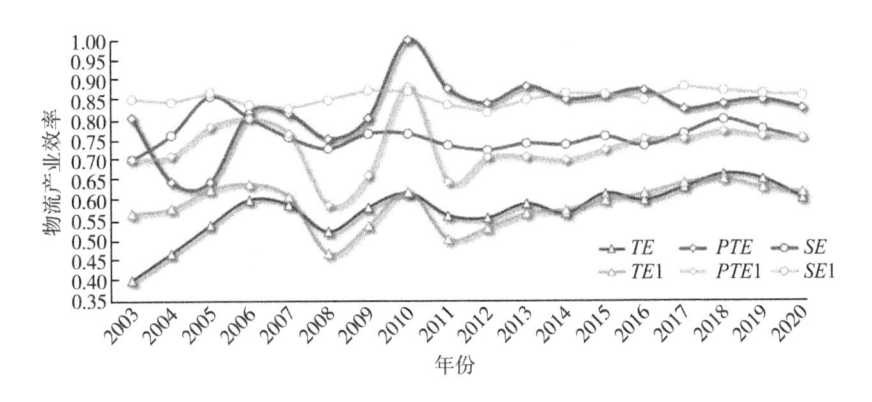

图 5.11 考虑非期望产出与不考虑非期望产出的物流产业效率

的 0.666 3,涨幅达到近 66%。这说明近年来各地区贯彻执行《物流业发展中长期规划(2014—2020年)》,切实提高物流产业效率,推进区域物流协调发展中的成效卓著。其次,从图 5.12 中可以看到,就全国平均水平而言,物流效率在 0.5 上下徘徊,意味着在 Super-SBM 模型下,样本大部分地区每年物流业实际产出量刚达到理想状态的二分之一,离前沿产出还有一定的距离,并且主要得益于纯技术效率的提升,而规模效率在整个研究区间里变动较为平缓。正是由于规模效率过低,从而抑制了纯技术效率对物流效率的提升作用。

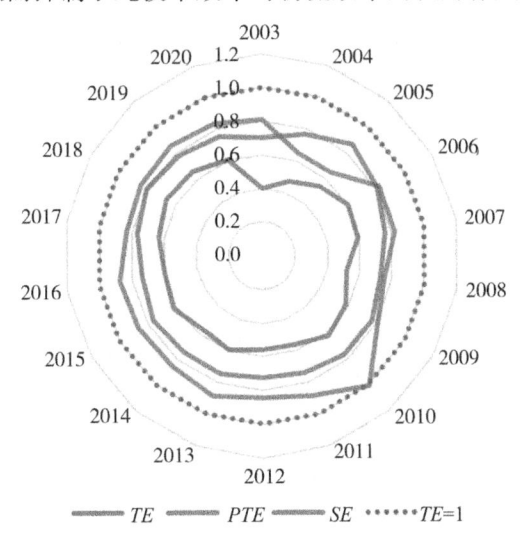

图 5.12 TE 时间均值分解图

根据前面的区域划分，将研究样本分为Ⅰ类地区和Ⅱ类地区，并对各个地区的技术效率分解情况分别作雷达图，见图5.13至图5.15。首先，从区域分布上看，不同地区的物流效率存在着显著差异，Ⅰ类地区的技术效率总体上明显优于Ⅱ类地区。在研究区间，大部分地区物流效率 TE 均值小于1，只有广东、福建、浙江、上海和河北大于1，属于高效率水平，说明在18年间，这些地区的平均技术效率有效，除了河北来自Ⅱ类地区，其他均来自Ⅰ类地区。同时可看到，Ⅰ类地区的技术效率线更靠近1，而Ⅱ类地区的技术效率线偏离1更远。Ⅰ类地区在生产力发展方面能够提供强有力的资本保障，对于物流产业的技术发展同样适用，广东、浙江、上海等经济较为发达地区为服务业领域技术创新发展提供了资本、人力以及制度等方面的积极保障并对其产生促进作用，使得技术效率在社会生产力发展需求的驱动下不断更新换代，极大地提升了物流产业的运营效率。

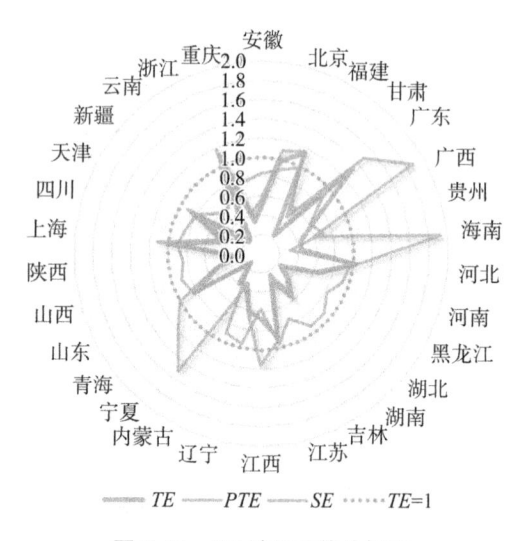

图 5.13　TE 地区均值分解图

其次，地区物流纯技术效率 PTE 均值大于1的有12个，分别是广东、福建、浙江、上海、北京、山东、河北、江西、广西、海南、宁夏和青海，这些地区的物流效率主要由纯技术效率 PTE 推动，而规模效率 SE 均值均小于1，说明在整个研究区间里平均规模效率处于非高效状态。这些地区物流产业未达到最大容量承载值，进而未能形成最优配比规模，要素效率未能实现帕累托最优，从而增加了每个物流单元的流通成本，最终导致无法通过体量优势提升技术效率。从地区分布上看，规模效率对技术效率产生了抑制作用，表明进一步提高产业规模效率是提升技术效率的关键。

图 5.14 Ⅰ类地区 TE 分解图

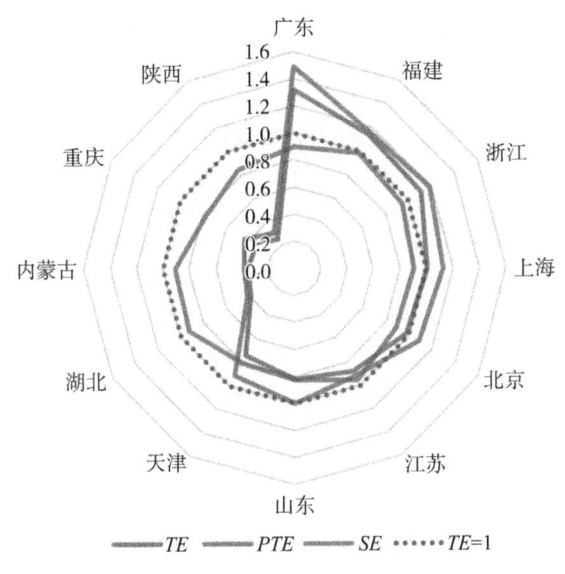

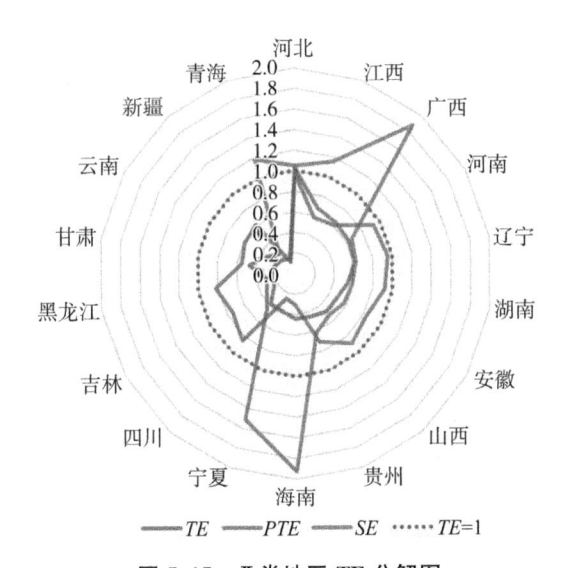

图 5.15 Ⅱ类地区 TE 分解图

综上所述,无论是从时间还是空间分布上看,在统计区间内,中国物流产业总体效率水平不高,离前沿面有着一定的距离,有着较高的提升空间,总体呈现缓慢上升的趋势。技术效率和纯技术效率地区间差异较为明显,规模效率地区间差异不大。Ⅰ类地区的技术效率平均水平高于Ⅱ类地区,也高于全国平均水平。技术效率主要由纯技术效率驱动,过低的规模效率水平则抑制了纯技术效率对技术效率的推动作用。

为了更好了解各地区技术效率在研究区间的具体变动情况,对其制作热力图,按照Ⅰ类地区和Ⅱ类地区来排列。由图 5.16 可知:Ⅰ类地区的技术效率在整体上优于Ⅱ类地区,尤其是广东、福建、浙江、上海、北京、江苏、山东和天津,基本上都属于物流效率水平较高,而青海、新疆、云南、甘肃、黑龙江、吉林、四川和宁夏等地区的物流产业技术效率水平则较低。物流效率与经济发展实际上是一个相互促进、良性循环的过程,前面提到经济发达地区为物流产业技术的发展提供了驱动力和保障,更容易实现技术更新与迭代,有助于提升产业综合效率。与此同时,物流综合效率的提升将对其他行业产生外溢效应:由于物流效率的提升,产品、商品及各类服务能够达到高效流通状态,使得产能提升,商品交换能够以最短的时间快速达成,极大地促进了现代制造生产效率的提高,从而加速了社会资源转换效率与社会经济发展,进一步促进各资源要素的帕累托最优配置,提

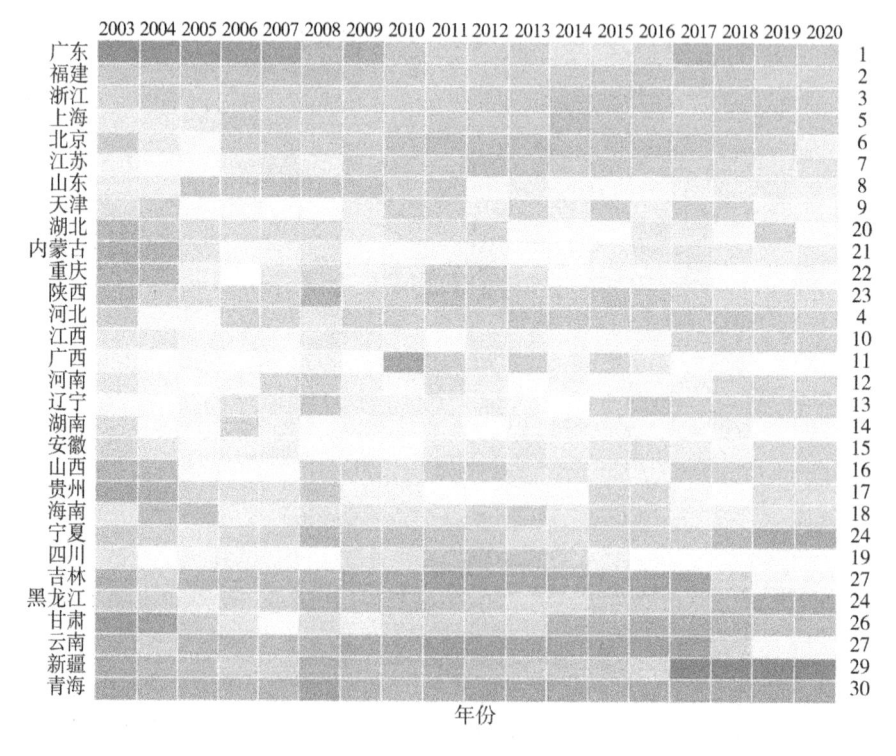

图 5.16 物流产业 *TE* 年度分布热力图①

---

① 顶部颜色越深表示效率水平越高,底部颜色越深表示效率水平越低。

高社会资源投入产出效率,从而促进经济发展和社会进步。因此,技术效率的提升反过来对经济发展有间接促进作用。

为了解地区物流效率时间轴分布情况,首先,对各个年份不同效率水平的地区进行统计汇总,绘制其变动趋势图。从不同效率水平的地区数量分布情况来看,图5.17显示物流产业处于高效率的地区数量在不断增加,呈现良好的上升趋势,与此同时,低效率的地区数量在逐年减少。中等效率和较低效率的地区数量随着低效率地区的技术进步,发生了相对应的动态变化:低效率地区往较低效率地区转变,较低效率地区往中等效率地区转变,中等效率地区往高效率地区转变,从而出现了低效率地区不断减少、中等和较低效率地区数量保持流进和流出基本相等的状态,呈现出波动幅度不大的现象,而高效率地区数量则呈现出稳步增加的趋势。但是有些地区由于政策和经济等各方面综合因素的影响,会出现技术效率突然下降的情况,从而导致高效率地区数量出现短暂的减少,但是这些地区的物流技术效率将会随着干扰因素的消失而反弹回到高效率状态。

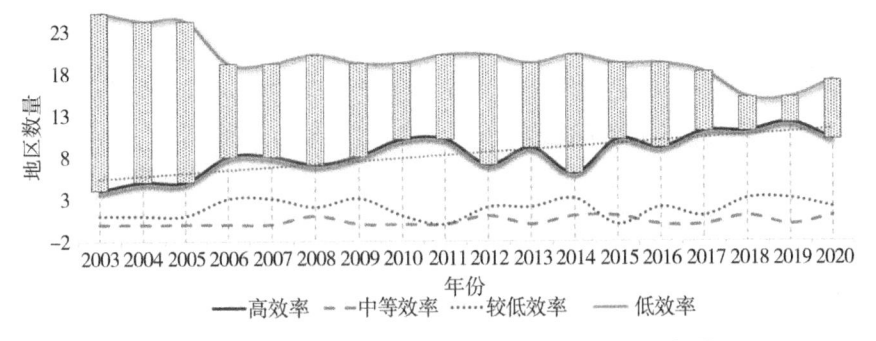

图 5.17 2003—2020 年不同物流效率水平的地区数量

在当今社会经济快速发展的大背景下,各领域在技术创新、制度完善、资本投入等诸多方面均有了长足发展和进步,物流行业也不例外,社会经济的发展促使物流产业在流通方式、管理模式等多方面产生重大变革,为技术效率的提高和产业的蓬勃发展提供了重要基础和依托。同时,社会发展的突然变动也会对物流效率产生巨大的影响。新冠疫情的发生,导致了社会消费总需求下降、物流成本增加等多方面问题,部分地区,尤其是物流效率刚上升为高效率水平的地区在诸多不稳定因素的冲击下,出现了效率水平的下滑,从而导致了高效率水平地区数量的减少。

其次,绘制各个地区物流产业在不同年份的技术效率水平分布图。从图5.18可以看到:

(1) 广东、福建和浙江在整个研究区间里技术效率全程处于高效率水平，而上海、北京、江苏和河北的物流产业也从 2006 年后几乎一直维持在高效率状态，呈现出平稳上升态势。广东、福建、浙江、上海、北京、江苏等属于发达地区，其商品流通、权益交易等方面均处于较为高效的状态，社会化的资源交换呈现出大规模、高效率发展面貌，这对物流领域的技术效率等方面提出了更高的要求，作为配套社会经济发展的服务行业，这些地区的物流效率也随之不断高速而稳步地提升。

(2) 研究区间技术效率呈现下降趋势的地区比较少。北京和江苏在 2019—2020 年出现了不同程度的下降，不排除是新冠疫情产生负面冲击的可能。其他地区的技术效率基本上呈现出在波动中轻微上升的状态。一些地区如天津、广西、河南、辽宁、山西等，有部分年份出现高效率和中等效率状态，但并不稳定，说明这些地区的物流产业在资源配置能力以及资源使用效率等方面还存在着一些问题，有着较大的提升潜力，只需要找出其症结所在，有针对性地改善，便可实现高效率的跳跃。

(3) 大部分地区的物流产业在较多时间段处于低效率水平，说明这些地区的物流产业可能存在着系统性问题，需要对各投入要素进行针对性诊断、进行全方位优化才能实现产业效率提升。反观陕西、吉林、黑龙江、甘肃、云南、新疆和青海等地区，跟东南沿海地区比较而言，规模体量较小，发展增速较低，未能给物流产业的发展提供有力的技术、资金和人力资源等方面的保障，且由于社会经济发展水平相对落后，社会消费需求增量水平较低，规模化的缺失无形中增加了物流产业的单位成本，从而影响了物流效率的进一步提升。

为了更好地分析各个地区物流效率的分布状态和变动情况，下面对 30 个地区的技术效率绘制箱线图。

从图 5.19 可看到：(1) 从箱体的高度和位置来看，广东、北京、江苏、山东、天津、广西、河南和辽宁的技术效率波动幅度较大，说明这些地区的技术效率很不稳定，各年之间的差距较大。究其原因，这些地区的物流产业发展对技术的应用尚未进入高融合高嵌入阶段。目前，物流仍然是劳动密集型产业，调配、运输和配送还处在依靠大量基础劳动力来实现的过渡阶段，尚未能在技术效率上形成稳步提升的态势，造成技术依存度较低，从而引发了技术效率不稳定的情况。而福建、浙江、河北、上海技术效率波动幅度较小，效率稳定，且一直维持在高效率状态，尤其是福建和浙江，其效率一直稳定地维持在高效率水平并在小范围内波动。这些地区社会经济发展水平较为稳定且处于较高水平状态，从而促进了物流产业更积极主动地进行技术创新、改革管理模式等，把前沿技术和方法融合

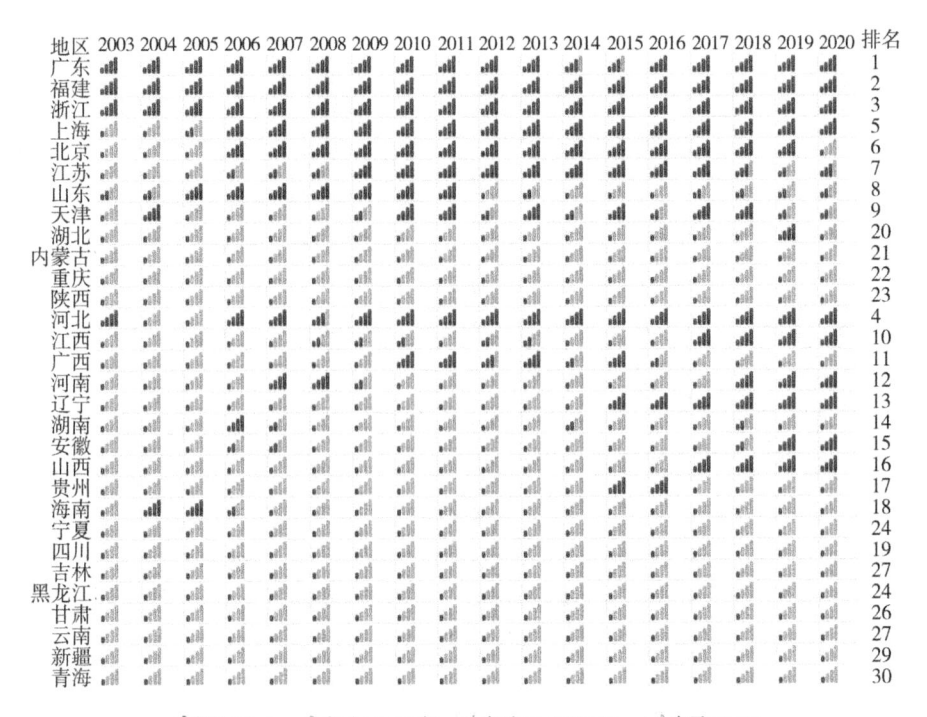

地区	2003	2004	2005	2006	2007	2008	2009	2010	2011	2012	2013	2014	2015	2016	2017	2018	2019	2020	排名
广东																			1
福建																			2
浙江																			3
上海																			5
北京																			6
江苏																			7
山东																			8
天津																			9
湖北																			20
内蒙古																			21
重庆																			22
陕西																			23
河北																			4
江西																			10
广西																			11
河南																			12
辽宁																			13
湖南																			14
安徽																			15
山西																			16
贵州																			17
海南																			18
宁夏																			24
四川																			19
吉林																			27
黑龙江																			24
甘肃																			26
云南																			27
新疆																			29
青海																			30

▪ll 表示 TE≥1   ▪ll 表示 0.8≤TE<1   ▪ll 表示 0.6≤TE<0.8   ▪ll 表示 TE<0.6

图 5.18　2003—2020 年各地区物流产业 TE 水平分布图

到产业发展中去。与此同时,技术效率波动幅度小的地区还有海南、宁夏、四川、湖北、内蒙古、重庆、陕西、吉林、黑龙江、甘肃、云南、新疆和青海,且一直维持在低效率状态。其中,陕西、吉林、黑龙江、甘肃、云南、新疆和青海,几乎一直保持在低效率状态,变化不大,这也从另一侧面反映出这些地区物流产业长期处于低效运行的严峻性。这些地区由于社会经济发展缓慢,导致资源流通等方面需求量较小,流通转化效率低,未能对物流产业的发展产生有力促进作用和提供发展保障。

(2) 从各地区技术效率的中位数与均值的关系来看,上海、北京、河北和江苏的物流技术效率逐年提升,物流产业在技术进步方面取得了一定的成效,这得益于这些地区近年来经济发展增速持续稳定,不再以高增长率作为唯一评判社会经济发展水平的标准,而是更加注重经济增长的质量和稳定性,这促使物流产业不断在技术创新与进步等基础环节加大投入,夯实基础,从而实现了稳步提升的社会成效。而山东、天津、江西、广西、辽宁、安徽、山西、海南技术效率逐年下

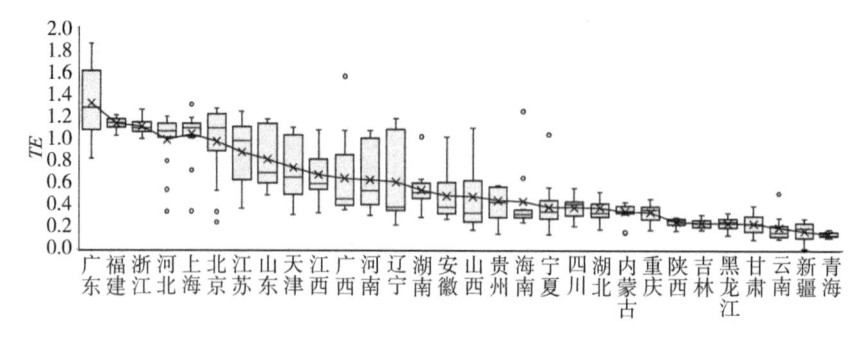

图 5.19 2003—2020 年中国 30 个地区物流产业 TE 分布情况箱线图

降,出现倒退现象。由于社会经济高质量及转型发展动能不足,加之近年来受疫情因素的影响,社会经济发展步伐较为缓慢,技术应用在物流行业中未能引起足够重视,致使技术效率逐年下降,进而对整体物流效率产生了一定的负面影响。

综上分析可知:Ⅰ类地区技术效率在整体上优于Ⅱ类地区,物流效率与经济发展是一个相互促进、良性循环的过程。从纵向看,高效率地区数量在不断增加,低效率地区数量在逐年减少,中等效率和较低效率水平的地区数量发生了此消彼长的动态变化,整体呈现良性的上升趋势;新冠疫情的发生导致了高效率水平地区数量的减少;Ⅰ类地区几乎大部分一直维持在高效率状态,呈现出平稳上升态势,呈现下降趋势的地区比较少,Ⅱ类地区的物流产业在大部分时间段处于低效率水平。Ⅰ类地区部分地区技术效率不稳定,各年之间差距较大。此外,大部分地区技术效率波动幅度小,且一直维持在低效率状态。为了进一步分析物流产业效率的增长动力源,以下利用 Malmquist 指数对其进行效率分解。

5.5.3 Malmquist 指数结果分析

利用 MaxDEA 8 Ultra 软件测算各地区的 Malmquist 指数,分析其增长动力源,即将 MI 指数分解成技术效率指数(EC)和技术进步指数(TC)。MI 表示全要素生产率(TFP)在相邻两个时期的变动情况,如果大于 1,说明 TFP 实现了正增长,反之实现了负增长;EC 表示相邻两个时期的技术效率变化,如果大于 1,说明决策单元趋近生产前沿面,具有明显进步,反之,则远离前沿面,出现效率退步;TC 反映技术进步和技术创新情况,如果大于 1,说明决策单元通过技术进步引起生产前沿面向前变化,反之,则导致了前沿面向后变化。

(1) 物流产业 TFP 空间变动分析

为了刻画 30 个地区的全要素生产率情况,计算各个地区 MI、EC 和 TC 的几何均值,得到表5.3。从表5.3和表5.4可知,有11个地区的MI指数大于等于1,分别是:上海、北京、江苏、山东、湖北、内蒙古、重庆、河南、安徽、山西、云南,其中Ⅰ类地区占了7个。这表明这些地区物流产业TFP在不断提高。大部分地区的EC大于1,除了Ⅰ类地区的广东、福建和Ⅱ类地区的广西、海南、黑龙江、新疆。这表明物流技术效率是在稳步提高的,且我国的物流产业为技术效率驱动型,技术效率是这些地区物流产业TFP增长的主要驱动因素。TC大于1的地区较少,说明物流产业整体还停留在劳动密集型发展阶段,TFP增长主要依靠劳动力投入和管理效率来实现,技术进步的推动作用较低。广东、福建、山东和海南的技术进步指数大于1,其中广东、福建和海南属于技术进步驱动型,而山东的TFP增长则是由技术进步和技术效率双重驱动的。

表5.3 2003—2020年Ⅰ类地区物流产业Malmquist指数均值

Ⅰ类地区	广东	福建	浙江	上海	北京	江苏	山东	天津	湖北	内蒙古	重庆	陕西
MI	0.999	0.995	0.984	1.004	1.003	1.044	1.019	0.970	1.025	1.031	1.009	0.992
EC	0.957	0.993	1.013	1.066	1.073	1.057	1.001	1.060	1.060	1.039	1.020	1.009
TC	1.043	1.002	0.972	0.942	0.935	0.988	1.017	0.915	0.967	0.993	0.989	0.983

表5.4 2003—2020年Ⅱ类地区物流产业Malmquist指数均值

Ⅱ类地区	河北	江西	广西	河南	辽宁	湖南	安徽	山西	贵州
MI	0.988	0.972	0.935	1.049	0.994	0.976	1.029	1.065	0.996
EC	1.002	1.016	0.998	1.068	1.039	1.025	1.066	1.095	1.010
TC	0.986	0.956	0.937	0.982	0.957	0.952	0.965	0.973	0.987

Ⅱ类地区	海南	宁夏	四川	吉林	黑龙江	甘肃	云南	新疆	青海
MI	0.954	0.949	0.959	0.970	0.916	0.976	1.015	0.870	0.901
EC	0.919	1.005	1.011	1.007	0.979	1.035	1.047	0.896	1.006
TC	1.038	0.944	0.949	0.964	0.936	0.944	0.970	0.971	0.896

(2)物流产业TFP发展周期分析

为了便于分析,将MI指数划分为四个区间,大于等于1表示TFP实现了正向增长,其他三个区间(0.8~1.0,0.6~0.8,低于0~0.6)表示TFP实现了不同程度的负向增长。对各个年份的MI指数按四个区间进行汇总统计,得到图5.20。图5.20显示物流TFP实现正向增长的地区数形成了2004—2009

年、2009—2013年、2013—2020年三个技术生命周期，TFP发展周期大约是6年，在前3年实现TFP正向增长的地区数稳步增加，到第3年后开始递减，随着社会进步和经济发展，这个周期有变长的趋势，在2013年后实现TFP正向增长的地区数一直在增加，直到2017年，保持了4年的增加状态，这些地区在智能分拣和运输方面有了更先进的技术支持。从2013到2017年，物流产业转向使用现代智能分拣技术系统，运输效率的提高验证了这一点。同时可以看到每年大部分地区的MI指数保持在0.8以上，只有很小部分地区MI指数小于0.8。

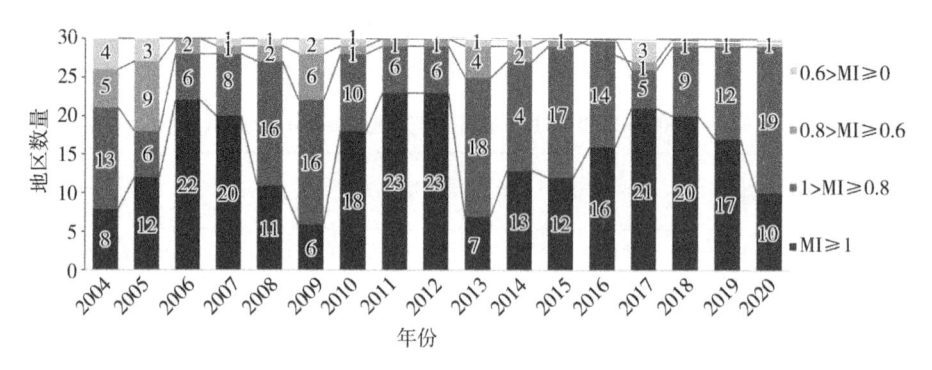

图5.20 物流产业MI指数年度地区数量分布堆积图

(3) 物流产业TFP整体变动趋势及动力源分析

为了分析TFP的增长动力源，计算MI、EC和TC的年度增长率，得到图5.21。从图5.21三个指标的地区平均增长速度来看，物流产业TFP增长率在整个研究区间呈现出振荡收敛趋势，整体效率在震荡中增长，但是增长速度在逐年下降。且TFP的增长主要来自技术效率增长的贡献，技术进步的贡献并不稳定。由于产业所处的阶段、外部环境等多种因素的制约，技术进步还没有成为TFP提升的主要动力源。且由于技术进步的负增长在一定程度上削弱了技术效率提升对TFP增长的促进作用，这意味着想要实现TFP的增长，依靠技术效率提升来实现的边际效果已经出现递减趋势，需重视和加快技术进步和技术创新，来推动TFP的提高。技术进步决定了物流产业分工的发展和深化，从而促进生产率的提高，也是社会效益提高的主要源泉。此外，技术进步影响着运输配送工具和劳动力等生产要素的变化，而这正是物流产业升级的重要基础。

① 具体地区物流产业TFP增长源泉分析。

根据测算所得30个地区物流产业的MI、EC和TC指数，计算其各自增长率，并按照两类地区绘制柱形图，见图5.22和图5.23。

图 5.21 物流产业 *MI*、*EC* 和 *TC* 平均增长率变动趋势

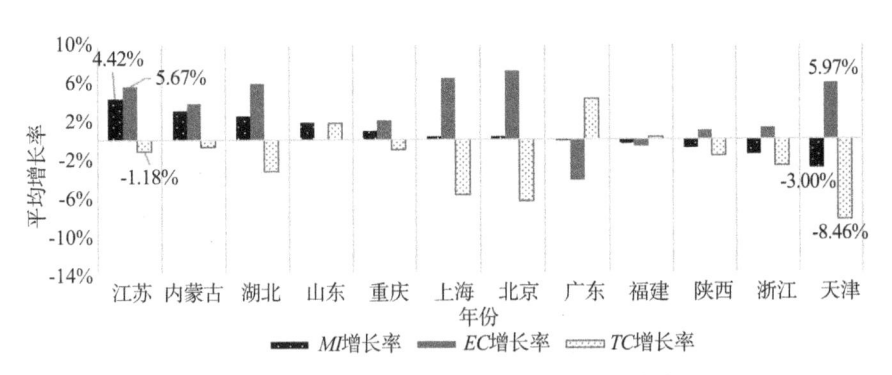

图 5.22 Ⅰ类地区 *MI*、*EC* 和 *TC* 平均增长率

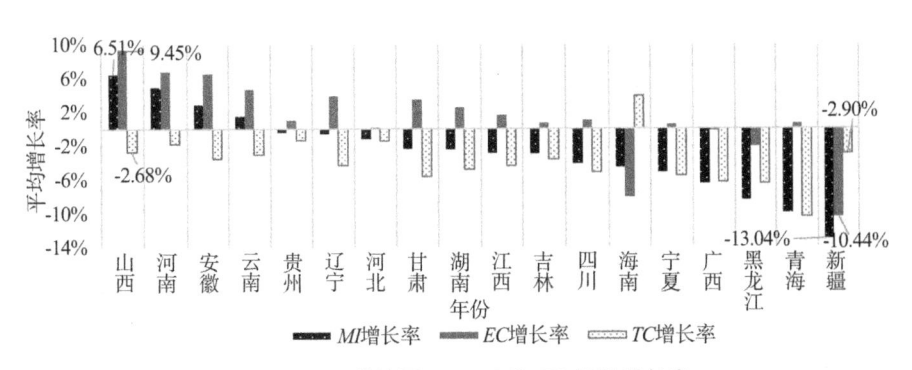

图 5.23 Ⅱ类地区 *MI*、*EC* 和 *TC* 平均增长率

从两类地区三个指数增长速度来看：Ⅰ类地区(12 个)中保持正增长的地区有 7 个，分别是江苏、内蒙古、湖北、山东、重庆、上海和北京。除山东外其余 6 个

地区的 TFP 增长主要来源于技术效率的增长,山东主要来自技术进步的推动。上海和北京的 TFP 增长速度略低的原因是技术进步拖了后腿,虽然这两个地区的物流规模大,但其 TFP 增长主要依靠生产要素配置和管理效率提高来驱动。两类地区的技术效率 EC 都有着较高的增长速度,如果能配合技术进步的增长,将能从本质上推动产业效率的增长甚至产业升级和变革。Ⅱ类地区中大部分地区的 TFP 为负增长,主要受累于技术进步的负增长。只有海南的技术进步保持了正增长,但是由于技术效率的下降,从而导致了 TFP 的负增长。而山西、河南、安徽和云南四个地区的 TFP 实现正增长的源泉也主要是技术效率。

② 疫情冲击下的地区物流产业 TFP 分析及预测。

鉴于前面分析到特殊年份重大事件可能会对物流产业产生重大冲击,为了验证这一结论,在此绘制疫情发生前和疫情发生后 30 个地区三个指数增长率柱形图,见图 5.24 和图 5.25。

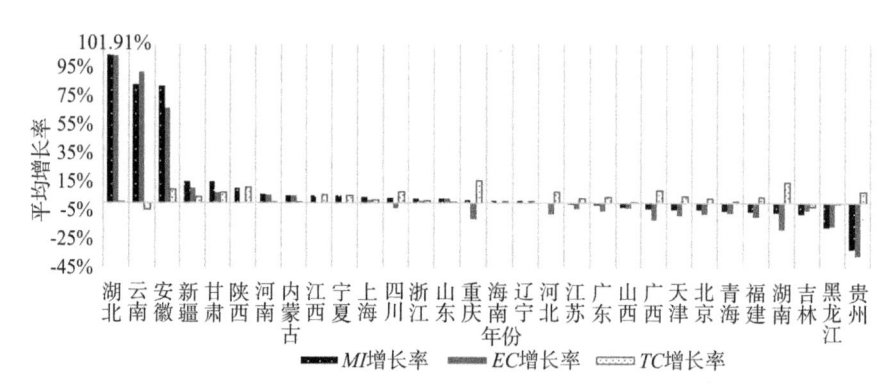

图 5.24　2018—2019 年各地区 MI、EC 和 TC 平均增长率

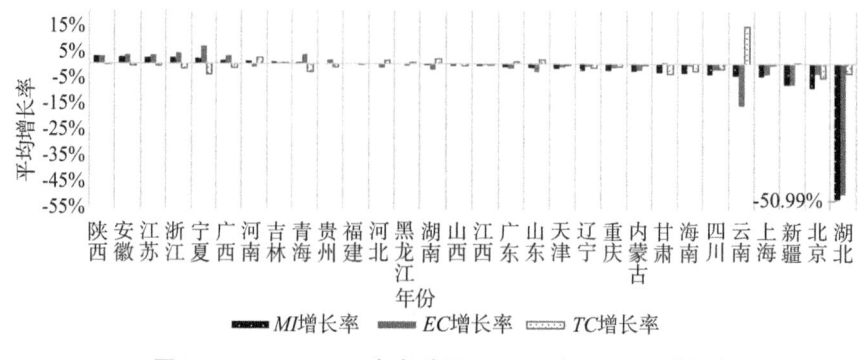

图 5.25　2019—2020 年各地区 MI、EC 和 TC 平均增长率

图 5.24 显示疫情发生前,湖北、云南和安徽地区在 2018 到 2019 年 TFP 实现了高速增长,且主要来自技术效率的高速增长。但在疫情发生后的 2019 到 2020 年,云南和湖北地区的 TFP 出现了断崖式的下跌,尤其是湖北,TFP 出现了 -50.99% 的增长,技术效率和技术进步也出现了不同程度的负增长。究其原因,在于武汉遭遇的疫情影响较大,物流产业工人的延迟返岗甚至换岗、资金撤退等导致的劳动力、资金等要素配比严重失衡甚至缺失、道路运输的管制、进出口通关速度的降低、部分供应甚至中断等。因此,湖北的技术效率极速下跌,技术进步也出现了小幅度的倒退。云南也是遭受疫情影响较大的地区,尤其是瑞丽等地区尤为严重,云南物流产业的技术效率也出现了大幅度下跌,但是由于本身物流技术进步处于初期发展阶段,受到的影响并不明显。由此可以推测,如果不是疫情的影响,这几个地区的 TFP 在技术效率的高速增长的情况下极大概率有很好的提升前景。

为了验证这一推论,下面绘制了疫情冲击最严重的地区湖北在 2003—2020 年三个指标增长速度变动图。从图 5.26 可以看到,在 2017 年之前,湖北物流产业的 TFP 一直处于较小幅度的震荡中,技术效率和技术进步的增长幅度并不显著,直到 2017—2019 年,TFP 增长速度逐年变大,大有加速发展之势,增长源自技术效率的大幅提升,且技术效率抵消了技术进步小幅倒退造成的负面影响。

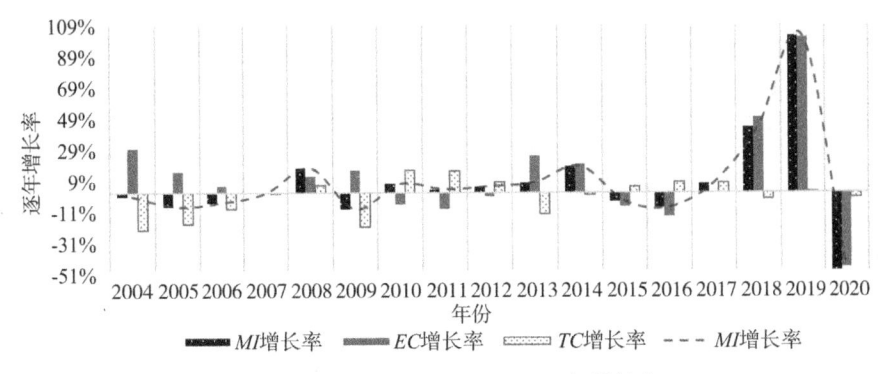

图 5.26 湖北 MI、EC 和 TC 逐年增长率

据此预测,疫情后湖北物流产业的 TFP 增长有着良好的预期。首先,湖北地处中国中部,是中国重要的交通枢纽,交通网络四通八达。随着产业从东部向中部的逐步转移,湖北将成为中部地区的物流中心。其次,湖北是我国的人口大省之一,2021 年经济发展居于全国前七,有着潜在的规模优势,有利于技术效率的提升,从而促进 TFP 的增长。最后,随着技术效率的大幅提升,在技术效率的提升边际效用递减发生后,将会促使管理者转向关注技术进步的推动作用。疫情后的湖北在保持技术效率平稳发展的基础上,应发挥自身优势,整合多种交通方式,积极推进沿江交通走廊建设,形成陆海空一体化的协调体系,注重产业技术的应用与更新,构建全面高效的物流体系。

从上述分析可知,目前中国物流产业 TFP 为技术效率驱动型,技术进步的推动作用较低;TFP 发展周期大约是 6 年,且周期有变长的趋势;物流产业 TFP 增长率在整个研究区间呈现出振荡收敛趋势,增长速度在逐年下降,且增长主要来自技术效率增长的贡献,但依靠技术效率来提升的边际效果已经出现递减趋势;新冠疫情对物流产业效率有较大影响,将导致受疫情影响严重地区物流产业技术效率的极速下降和技术进步前沿面的下降。

5.6 主要结论与政策启示

本部分利用 Super-SBM 模型和 Malmquist 指数对碳约束下的中国物流产业效率进行了研究,分析了物流产业效率在时间和空间上的变动情况,通过物流效率的分解和测算来刻画中国物流产业效率的演化过程,并深入挖掘物流效率的增长动力源,最后分析了疫情对物流效率变动的影响。通过对 2003—2020 年 30 个地区共 540 份样本数据的建模与分析,得到以下结论。

第一,中国物流产业二氧化碳排放量随着产出的减少而递减,随能源投入增加而上升,能源利用效率较低,经济发达地区有明显人才虹吸效应。第二,基于非期望产出视角的研究更贴近产业真实情况。第三,在研究区间内,中国物流产业总体效率水平不高,离前沿面有着一定的距离,有着较高的提升空间。技术效率和纯技术效率地区间差异较为明显,规模效率地区间差异不大。技术效率主要由纯技术效率驱动,而规模效率水平过低,从而抑制了纯技术效率对技术效率的推动作用。第四,物流效率与经济发展是一个相互促进、良性循环的过程。高效率地区数量在不断增加,低效率地区数量在逐年减少,整体呈现良性上升趋势。Ⅰ类地区部分地区技术效率不稳定,各年之间差距较大。此外,其他地区效率波动幅度较小,且一直维持在低效率状态。第五,中国物流产业 TFP 为技术效率驱动型,研究区间呈现出振荡收敛趋势,增长主要来自技术效率增长的贡献,技术进步的推动作用较低;且依靠技术效率来提升的边际效果已经出现递减趋势;新冠疫情对物流产业效率有较大影响,将导致受疫情影响严重地区物流产业技术效率的急速降低和技术进步前沿面的远离,从而导致高效率水平地区数量的减少。

由于当前中国物流产业属于技术效率驱动型,且区域间物流效率存在着较大差异,表明物流产业地区间存在较强的流动壁垒,只有少数经济发达地区从技术进步和效率改善中受益。由于存在改善技术效率障碍,转轨过程中技术效率比技术进步具有更强的发散趋势,如果区域间不能突破体制等发展障碍,将会进一步导致整个物流产业技术效率水平的下跌,阻碍全要素生产率的增长。因此应该在鼓励创新的同时促进区域间产业技术的学习、模仿和技术流动,这既可以靠近其他地区技术进步前沿面,又可以增加创新成果的回报,从而产生更强的创新激励。通过提高区域物流的发展能力,区域经济必然也会受到区域物流发展的推动力,使得整体区域的竞争力得到大幅度提升,形成优势互补、互利双赢的良性循环局面。所以,对于尚未达到纯技术效率最优、物流资源整合利用不足的地区,应将重点放在挖掘现有物流资源潜力、提升物流运作与管理水平的基础上,在管理和技术水平跟上后,再去考虑扩大物流产业规模。而对于规模效率过低的地区,根据地区发展需要,可以通过增加资本和能源要素投入,扩大产业规模,实现规模效率,同时注重管理和技术在规模运作中的作用。此外,对于技术进步负增长的地区,应当进一步鼓励技术创新,推动智能物流技术发展与应用,加快前沿技术进步,发挥技术进步对物流产业效率提升的推进作用,对相对落后地区进行产业技术外溢和人才输送,在提高发达地区产业规模效率和技术效率的同时,引领相邻地区物流产业的发展。最后,要做好突发事件的防范措施,包括突发事件下物流运输、人员投入及管理、仓储调配等多方面的应急计划,以减少突发事件对物流产业发展的冲击力度。因此,合理利用各种要素,协调资本与技术的相应配套,减少投入冗余,加快产业核心技术的发展及应用,做好突发事件下的应急准备,将成为今后中国物流产业从粗放型向集约型转变、提高综合效率的关键。

前面我们已经分析过通过提升物流效率可以降低物流成本、提高物流服务水平,从而提高中国制造业的竞争力。物流效率的提升可以实现全球化分工中各国产业的专业化发展,并实现国际贸易和合作发展的互补性,为全球产业链分工和全球价值链提供了技术和系统支持。基于物流效率视角来提升中国制造业的综合竞争优势,可以从以下几个方面入手。

5.6.1 提高物流基础设施建设水平

通过投资建设高速公路、高速铁路、水运港口、机场等现代化物流基础设施,改善中国制造业的物流环境。提高物流基础设施建设水平是提高中国制造业竞争优势的重要途径之一,现代化物流基础设施能够提高物流运输效率,降低物流成本,提高制造业的生产效率和市场竞争力。

首先,建设现代化物流基础设施可以提高交通运输效率。高速公路、高速铁路和水运港口的建设可以加快物流运输速度,提高物流效率。同时,完善的通信和能源基础设施可以为物流提供稳定、可靠的支持。例如,近年来中国积极推进5G技术建设,提高物流信息化水平,支持物流企业实现数字化转型,提高物流效率。

其次,现代化物流基础设施建设还可以降低物流成本。物流成本包括交通运输成本、仓储成本、人力成本、信息成本等各种因素,建设现代化物流基础设施可以降低物流运输成本和仓储成本,同时提高物流信息化水平,降低信息成本和人力成本,从而降低企业物流总成本,提高企业市场竞争力。

最后,现代化物流基础设施建设也能够促进制造业的可持续发展。例如,智能物流仓库的建设可以优化货物存储和供应链管理,提高物流运作效率,同时减少能源和资源的浪费,降低物流对环境的影响。

5.6.2　建设和推广信息化物流

采用物联网、大数据、云计算等信息化技术,提高物流实时性和精准度,从而提高企业响应速度和生产效率。随着经济全球化的深入和制造业市场竞争的加剧,物流成为制造业的重要组成部分,而物流的高效与否直接影响到企业的生产效率和竞争力。通过采用物联网技术,可以实现物流全过程的实时监测和跟踪,确保物流运输透明化,并及时发现和处理各种风险和问题。同时,大数据和云计算可以帮助物流企业分析和处理大量数据,从而更加精准地把握市场需求,优化运输路线和调度计划等,提高物流效率和成本效益。此外,信息化技术也可以帮助物流企业实现数字化管理和智能化调度,从而提高资源配置和管理效率,降低物流成本。并且,通过构建数字化物流平台,实现物流信息的共享和交流,可以进一步提高物流的协同性和服务质量。因此,通过采用物联网、大数据、云计算等信息化技术,可以提高物流实时性和精准度,从而提高企业响应速度和生产效率。这不仅可以显著改善中国制造业的物流环境,还可以提高制造业的竞争优势,推动中国制造业朝着数字化、智能化和高效化方向发展。

5.6.3　加强物流行业人才培养和引进工作,提高产业服务水平

为了加强物流行业的人才培养和提高产业服务水平,重点需要关注物流从业人员的专业素养和管理能力。在物流行业人才教育体系方面,中国的物流教

育已经涵盖了高等院校、职业学校和职业培训机构,但仍存在一些挑战,如课程更新不及时、教学质量瓶颈、缺乏高水平教师等。解决方案包括与市场需求紧密结合,完善教育体系,加强师资队伍建设,培养更适应市场需求的高素质物流人才。同时,需要关注物流行业人才的流动情况,尤其是离职率较高的岗位,如一线操作岗位。解决方案包括提高员工薪酬、福利待遇,建立培训制度和职业发展通道,以增强员工留存的归属感。政府部门可以通过有针对性的人才引进政策鼓励更多人才涌入物流行业。另外,需要分析不同企业对人才的需求情况,以及不同类型企业对人才的层次和专业能力需求的差异,为人才培养提供有针对性的改进措施。最后,关注从业人员的素质和技能水平,开展技能培训,提升从业人员的素质和水平,以满足复杂和多样化的物流业务需求。

5.6.4 优化供应链管理

随着物流行业的迅速发展,供应链管理已经成为广泛关注和应用的理念和技术,不仅在物流企业中得到应用,也成为生产企业关注的焦点。引入供应链管理的理念和技术,有助于提升供应链效率、优化生产和库存管理,以及降低制造企业的成本,从而获得物流效率视角下的竞争优势。

首先,通过引入先进的物流技术,实现物流信息的共享和高效协作,可以减少不必要的物流环节和流程,提高供应链的运作效率,缩短供应周期,并降低整体供应链成本。

其次,在生产和库存管理方面,进行全面、实时的监管和控制,对原材料、生产线和产品库存等要素进行优化。这样的协调和优化可以降低库存过剩或缺失等潜在风险,实现生产流程的高效管理。

最后,通过对供应链的全局掌控、实施物流运输路线的优化和合理调配等措施,企业可以提高物流效率,提升客户满意度,从而增强企业的市场竞争力,促进产业转型升级。总体而言,引入供应链管理理念和技术有助于制造企业在供应链效率方面取得竞争优势,进而推动企业的可持续发展。

5.6.5 加强物流产业技术创新与应用,突破技术瓶颈,提高物流效率

随着科技发展,物流行业的技术应用也不断推陈出新,加强物流产业的技术创新与应用,能够突破物流产业发展的技术瓶颈,提高物流效率,进而提高制造业竞争优势,是一个逐渐演化的过程,其逻辑和机制如下:首先,技术创新和应用能够提高物流流程的效率和效益,物流效率的提高,能够大幅缩短物流运输时间、降低物流成本、提高物流服务水平;其次,物流流程的高效运作和优质服务能

够提高制造企业的业务水平和市场竞争力；同时，具有高效供应链的企业还能迅速响应市场需求，减少库存积压，提高速度和准确性；最后，制造业和物流产业之间存在着不可分割的联系，物流效率的提高不仅有利于物流产业本身，也能直接影响到制造业的生产效率和营销效能。

目前，主要的物流技术包括物联网技术、人工智能技术、大数据技术、自动化技术等。

物流产业的技术创新需要不断突破技术瓶颈，包括实时感知、数据处理、规划决策等方面。通过物联网技术、人工智能技术、自动化技术和大数据技术的应用，可以提高物流效率，从而提高制造业竞争优势。物流企业需要在技术创新的道路上不断探求，融合智能化、数字化技术，努力打造出具有竞争力的物流服务，为企业带来更多价值。

5.6.6 建立服务贸易体系和国际合作机制，实现国际物流资源的共享和配置

通过建立服务贸易体系和国际合作机制，实现国际物流资源的共享和配置，可以在全球贸易中取得竞争优势。首先，建立服务贸易体系有助于推动物流服务的国际化，加强服务贸易的开放与合作。中国在2020年提出的《全面深化服务贸易创新发展试点总体方案》，旨在推动多元化服务输出，提高物流服务水平，并扩大国际市场。其次，完善国际物流合作机制，特别是通过倡导共享物流资源以提高物流效率、降低成本。以"一带一路"倡议为例，中欧班列成为重要组成部分，通过运营和推广，实现中国与欧洲之间的物流资源共享。最后，全球智慧物流网络的建设采用了物联网、云计算、人工智能等新技术，可以在全球范围内实现物流资源的共享与优化，提高物流效率，降低成本。德国的"国家智慧物流"项目就是一个成功的例子，旨在推进制造业的工业4.0转型，将国内生产厂商的智能化制造网络整合进全球智慧物流网络。综合而言，这些措施的实施不仅有助于提升本国物流效率，还能够强化制造业竞争优势，从而促进国际经济繁荣与本国经济的可持续发展。

5.7 本章小结

本章以物流效率为视角展开研究，深入探讨了物流产业与制造业之间的相互关系及其对综合竞争优势的联动机制。首先，对物流产业与制造业规模效应和竞争优势的相互促进进行了分析，强调了二者之间的紧密关系。其次，详细探

讨了物流效率对制造业竞争优势的影响逻辑，包括其在降低供应链成本、提升服务水平以及增强供应链灵活性和可持续发展方面的作用。随后，介绍了物流效率影响因素的研究背景，并对相关研究方法进行了概述，引入了 Super-SBM 模型和 Malmquist 指数模型用于评估物流效率提升。最后，通过对碳约束下中国物流产业效率的研究和对物流效率在时间和空间上的变动情况进行分析，得出了关键结论。

研究发现，中国物流产业在能源利用效率方面相对较低，存在人才虹吸效应，强调了在评估效率时考虑除经济产出外的其他产出的重要性。总体而言，中国物流产业的效率水平有提升空间，地区之间存在差异，但整体呈良性上升趋势。技术效率和纯技术效率差异较大，而规模效率的影响相对较小。疫情对物流产业效率造成了严重冲击，影响了技术效率和全要素生产率。

综上所述，中国物流产业主要受技术效率驱动，地区间存在较大效率差异，存在较强的流动壁垒。为了提升制造业竞争优势，建议采取基于物流效率视角的策略：首先，物流企业与制造企业形成联动效应，共同促进产业升级；其次，物流产业与制造业应实现协同发展，以支持规模效应竞争优势；最后，提高物流效率将显著影响制造业供应链成本，通过优化运输、仓储和供应链管理等方式降低成本、提高效率，从而增强制造业的竞争优势。

第6章

基于智能制造视角的制造业综合竞争优势研究

在前一章中，我们详细研究了基于物流效率视角的制造业综合竞争优势。通过对物流流程的优化和提升，以及供应链的高效管理，制造业能够实现更快、更准确的产品交付，从而提升客户满意度和市场竞争力。然而，在当前快速发展的数字化时代，智能制造作为制造业转型升级的重要方向，已经引起了广泛关注。因此，在本章中，我们将进一步探讨基于智能制造视角的制造业综合竞争优势演化。

在当今全球经济竞争日趋激烈的背景下，制造业作为经济发展的重要支柱之一，面临着巨大的挑战和机遇。智能制造作为制造业发展的新趋势，正在为企业创造更大的价值和竞争优势。智能传感器、机器视觉、机器学习以及大数据和人工智能等前沿技术的应用，让制造业实现了设备的智能化监测、诊断和控制，提高了生产效率和质量。此外，智能制造还强调生产过程的柔性和对个性化需求的响应能力，促进了产品的定制化和灵活生产。针对这一背景，本章旨在基于智能制造视角，深入研究制造业在综合竞争优势方面的表现，以期为企业发展提供有效的策略和决策支持。通过对智能制造的理解和探索，本章将分析制造业智能化转型对综合竞争优势的影响，探讨如何利用智能制造技术提升企业的创新能力、生产效率和市场响应能力。基于此，我们将深入理解智能制造对制造业从成本竞争优势向综合竞争优势转化和转型的战略意义，为制造业在全球竞争中取得持续的竞争优势提供有力支持。

6.1 智能制造的概念和发展历程

6.1.1 智能制造的概念

智能制造是指通过信息技术、自动化和人工智能等先进技术的应用,实现制造过程的智能化、高效化和灵活化的生产方式。它涵盖了数字化、网络化、智能化和协同化等多个方面,旨在提升制造业的质量、效率和竞争力。智能制造作为制造业的发展方向,具有以下几个特点(图6.1):

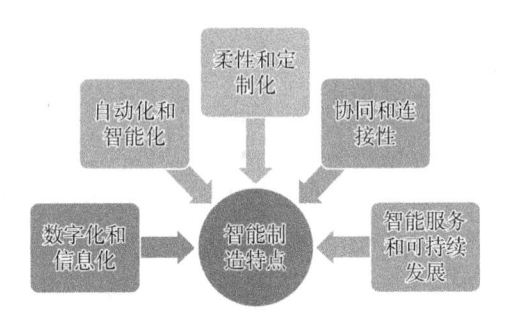

图 6.1 智能制造的特点

(1) 数字化和信息化。数字化和信息化是智能制造的基础,它通过将物理世界数字化表示,实现产品、工艺、资源等方面的信息化和实时监控。这种数字化转变不仅提供了精确、全面的数据,还为制造过程提供了决策支持和优化的可能性。在中国,《国家智能制造标准体系建设指南(2021版)》显示,截至2020年底,中国已累计建设1 916家智能制造示范工厂,其中智能生产线占比超过60%。这些数字化转型的成果为智能制造的发展奠定了坚实基础。

(2) 自动化和智能化。智能制造借助自动化和人工智能等先进技术,实现生产过程的自动化和智能化。智能制造借助人工智能、机器学习和大数据分析等技术,使设备和系统具备智能决策和自主调整能力,提高生产过程的自动化水平。例如,德国工业4.0项目中的一项研究表明,通过智能制造实现的生产效率提高可以达到20%以上。

(3) 柔性和定制化。智能制造强调生产过程的柔性和定制化,能够根据客户需求进行个性化定制,并实现快速转换和调整。生产线可以灵活适应不同产品和批次的需求,提高生产的适应性和灵活性。柔性制造系统的实施可降低生产时间和成本,提高资源利用率和生产效率。下面是一些柔性制造和定制化制造的案例。

> **案例：**
>
> 汽车制造行业：特斯拉是一个典型的智能制造的例子。特斯拉的生产线具备高度的柔性和定制化能力。他们可以根据客户的配置需求灵活地生产车辆，客户可以选择不同的颜色、内饰、电池容量等，定制符合自己需求的车辆。特斯拉的生产线具有模块化设计的特点，可以快速适应不同款式和型号的汽车生产。
>
> 高端智能手机制造行业：在智能手机生产领域，许多公司已经实现了高度的定制化生产。例如，苹果公司的 iPhone 生产采用了柔性制造系统，使其能够根据不同产品型号和配置的需求进行生产。这种定制化生产能力使苹果能够同时满足不同地区和用户的需求，减少库存和避免生产过剩。
>
> 3D 打印行业：3D 打印技术是智能制造中的关键技术，它赋予了制造过程高度的柔性和定制化能力。通过 3D 打印技术，企业可以根据客户需求进行快速个性化定制，而无需额外的工具或模具。此外，3D 打印技术还可以实现零库存生产，使得企业能够按需生产，降低库存成本。
>
> 上述案例说明了智能制造中柔性和定制化能力的实际应用和优势。通过提供个性化定制、快速转换和调整的能力，智能制造可以提高生产的适应性和灵活性，满足不同客户需求，并提高生产效率和资源利用率。

（4）协同和连接性。智能制造注重各个环节之间的协同合作和连接。通过将设备、工序、企业和供应链等各个环节连接成网络，实现全链条的信息共享和优化配合。根据国际数据公司（IDC）的报告，到 2020 年，全球互联网物联网设备数量达到了 212 亿台。此外，智能制造强调各个环节之间的协同合作，包括设备之间的协同、企业之间的协同以及供应链之间的协同。通过协同化的工作模式，可以实现生产资源的高效利用和灵活调配。根据中国智能制造白皮书，中国智能制造关键技术集成与应用示范工程项目已经取得了显著的经济效益和社会效益。

（5）智能服务和可持续发展。智能制造不仅关注产品制造过程，还注重产品的整个生命周期和价值链。通过物联网、大数据和人工智能等技术，产品可以提供智能化的服务和运营管理，支持可持续发展和循环经济。根据联合国工业发展组织（UNIDO）的数据，智能制造技术的应用可以显著减少能源消耗和废物产生。例如，在某些行业中，智能制造可以降低能源消耗 10% 至 40%，减少废物产生 20% 至 50%。根据世界经济论坛的报告，预计到 2030 年，智能制造技术的应用将为全球制造业和供应链带来 3000 亿至 5500 亿美元的环境效益。

通过物联网、大数据和人工智能等技术的应用,智能制造可以实现产品的智能化服务和运营管理,促进可持续发展和循环经济的实践。这将有助于降低能源消耗、减少废物产生,并提高整体供应链的效率和可持续性。

6.1.2 智能制造的发展历程

智能制造的概念最早出现于 20 世纪 80 年代末的欧洲,起初是以"智能工厂"或"智能生产系统"等术语描述的。随着信息技术的迅速发展,智能制造逐渐成为国际制造业发展的重要方向。以下是智能制造发展的主要历程(图 6.2):

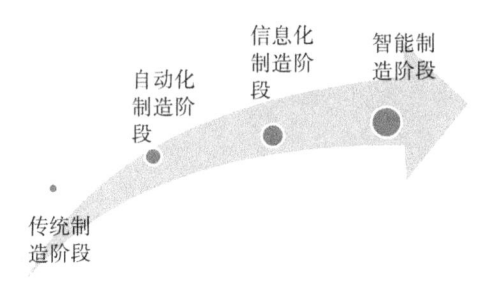

图 6.2 智能制造的发展历程

(1) 传统制造阶段(20 世纪初—20 世纪 70 年代)。在这个阶段,制造业主要依靠人工操作和传统机械设备进行生产,工厂往往规模较小,管理方式相对分散。

在这个阶段,生产过程主要由人工操作员控制和监督。例如,在装配线上,工人们手动组装零件和产品。这种操作方式需要大量的人力和劳动力,并且容易受到人为因素的影响,如疲劳和人为错误。在大多数工厂中,生产设备主要是基于传统的机械设计,这些设备通常采用机械传动和简单的控制系统,例如,使用传统机械设备的车间可能包括机床、车床、铣床等。并且,在这个阶段,工厂的规模相对较小,生产能力有限,生产过程通常是以手工操作为基础,可能需要较长的生产周期和较高的劳动成本。最重要的是传统制造阶段的工厂管理相对较分散,决策和控制往往由工厂内部的管理人员和生产操作员进行,缺乏对整个生产过程的综合性监控和优化。

(2) 自动化制造阶段(20 世纪 70 年代—21 世纪初)。随着计算机技术的应用,自动化设备开始在制造业中得到广泛应用。传统的自动化设备提高了生产效率和产品质量,例如,自动化装配线、机器人、自动化流水线和数控机床等的引入大大提高了生产效率和质量。

自动化装配线：自动化装配线的引入使得产品的组装过程更加高效和准确。工业机器人在自动化装配线上扮演着重要角色，能够执行复杂的任务，如零件拾取、精确定位和组装。根据国际机器人联合会（IFR）的数据，全球机器人数量从20世纪70年代的约1.5万台增长到21世纪初的约40万台。

数控机床：数控机床利用计算机技术控制和监测零件的加工过程。相比传统的机械设备，数控机床具有更高的精度和自动化程度。根据美国机械制造技术协会（AMT）的数据，20世纪70年代的一台数控机床的价格约为20万美元，而到了21世纪初，同等性能的数控机床价格已降至几千美元。

自动化流水线：自动化流水线的应用使得生产过程更加连续和高效。生产线上的工作单元通过输送带等装置被有序地传送，自动化设备负责完成特定的工序。例如，汽车制造业采用自动化流水线来实现高效的汽车生产，从焊接和涂装到装配和测试的过程都能自动化完成。

车间自动化：除了装配线和机器人的应用，车间自动化的范围也逐渐扩大。例如，自动化的物料搬运系统（如自动导引车）、自动化仓储和物料管理系统、自动化质量检测设备等都在减少人工参与，提高生产效率和产品质量。

这些例子表明，在自动化制造阶段，自动化设备的广泛应用给制造业带来了显著的效益。生产效率的提升、产品质量的改善以及人力成本的降低是其中的关键收益。这为智能制造的发展奠定了基础，并在此基础上逐步向数字化、网络化和智能化的阶段迈进。

（3）信息化制造阶段（21世纪初—21世纪10年代）。以互联网技术和信息化手段为基础，制造业开始实现生产信息化、管理信息化和产品服务化。生产过程中的各个环节开始向数字化和网络化转型，通过数据采集、传输和分析技术实现实时监控和控制。根据Transforma Insights发布的一项研究，截至2019年底，激活的IoT设备已达76亿个，预计到2030年将增长到241亿个，复合年增长率为11%。智能制造工厂采用传感器、物联网设备和云计算平台来监测设备状态、生产过程和产品质量。通过实时数据分析和预测维护，能够提高设备利用率、减少停机时间，并优化生产计划。同时，制造业开始应用企业资源计划（ERP）系统、制造执行系统（MES）和供应链管理（SCM）系统等信息化工具来实现生产计划、物料管理和协同作业。ERP系统集成了企业各个部门的数据和流程，实现了生产、物流、财务等方面的整合。生产计划、库存管理和订单处理等过程得到了改善，提高了生产效率和订单响应能力。此外，制造业利用互联网和信息化技术，开始向产品服务化模式转变，提供增值服务和定制化的解决方案，智能产品通过连接互联网和传感器技术，实现了远程监控、故障诊断和升级服务。

例如,智能家居产品能够通过手机应用远程控制和监控家庭设备,提供更便捷的生活体验。

这些例子说明,在信息化制造阶段,制造业通过互联网技术和信息化手段的应用,在生产过程中实现了数字化和网络化的转变,提高了生产效率、管理水平和产品附加值。这为智能制造和工业4.0的发展奠定了基础,推动了制造业向更智能、更灵活和可持续发展的方向迈进。

(4) 智能制造阶段(21世纪10年代至今)。以人工智能、大数据、云计算、物联网等新一代信息技术为支撑,制造业在设备、生产、供应链等各个环节实现智能化和自动化。智能制造强调以智能化产品和服务为核心,实现个性化定制、柔性生产和高效运作。

在智能制造阶段,制造业开始采用智能传感器、机器视觉和机器学习等技术,实现设备的智能化监测、诊断和控制。这种技术的应用带来了巨大的变革,并受到全球制造业的广泛关注。根据国际数据公司(IDC)的预测,制造业对智能化设备的支出不断增长,从2018年的约919亿美元增至2022年的约1 387亿美元。一个典型的例子是自动驾驶车辆,它利用传感器和人工智能算法进行环境感知和决策,实现了自主驾驶。类似地,智能机器人在生产线上能够实现自主操作和协作,从而大大提高了生产效率和灵活性。

同时,制造业也利用大数据和人工智能技术对生产过程中产生的海量数据进行分析和挖掘,以实现生产计划的优化及质量和效率的提升。例如,通过对生产数据的实时监测和分析,智能制造系统能够预测设备故障、优化生产调度并减少物料浪费。

在智能制造中,强调生产过程的柔性和对个性化需求的响应能力成为重要的发展方向,制造业能够根据客户需求实现灵活的产品定制和批量生产。3D打印技术为此提供了良好的解决方案,通过数字化设计和虚拟仿真,能够快速制造个性化产品,并优化产品的开发和生产流程。

6.2 中国智能制造的现状

智能制造作为当前制造业发展的重要方向和潮流,正深刻地改变着传统制造业的面貌。其核心是通过应用先进的信息技术和人工智能技术,实现生产过程的自动化、网络化和智能化,提高生产效率、产品质量和市场竞争力。在全球范围内,智能制造已经成为各国政府和企业密切关注的领域,中国作为全球制造业大国,同样积极探索人工智能与制造的有机结合,争取在这一领域取得竞争优势。了解中国"人工智能＋制造"的现状对于全面把握制造业转型升级的路径和方向,推动中国制造业持续增强综合竞争优势具有重要意义。本节主要从智能制造政策支持、技术研发、应用领域、创新创业和国际合作等方面来分析中国"人工智能＋制造"的现状。

6.2.1 中国智能制造政策支持

中国智能制造的发展已经受到中国政府高度重视,政府制定了智能制造的战略规划和政策文件,致力于通过政策倡导和措施支持引导和促进"人工智能＋制造"的发展。这些政策措施旨在推动智能制造的自动化、网络化和智能化,提高制造业的效率、质量和竞争力。本部分将详细探讨中国政府对智能制造的政策支持,并分析政策对"人工智能＋制造"发展的引导和促进作用。

中国政府认识到智能制造对经济发展的重要性,因此在各级政府部门和机构中加强了对智能制造的宣传和倡导。政府鼓励企业加大对智能制造的投资,并为实施智能制造的企业提供财政支持。此外,政府还积极引导传统制造业向智能制造转型,鼓励企业进行技术创新和设备升级,为智能制造提供优惠政策和技术支持。主要包括以下几个方面(图6.3):

财政支持 → 税收优惠政策 → 创新引导 → 人才培养 → 标准制定和认证 → 科技创新示范区

图6.3 政府对智能制造的政策倡导和支持措施

(1) 财政支持。中国政府通过财政资金向智能制造领域注入资金支持。设立了专项资金和基金,用于支持智能制造技术研发、设备升级、标准制定等方面。同时,政府还鼓励银行等金融机构对从事智能制造的企业提供金融支持和优惠融资政策,降低企业融资成本。如政府于2015年启动了"中国制造2025"计划,承诺投入近1.5万亿元人民币用于高技术制造业的发展,其中包括智能制造。此外,政府还设立了智能制造专项资金,资助智能制造相关项目。

(2) 税收优惠政策。为鼓励企业投资智能制造,中国政府推出了一系列税收优惠政策。例如,对于购买智能制造设备、进行技术改造和创新的企业,可以享受减免税、免征关税以及增值税退税等优惠政策,降低企业成本,刺激投资和发展。根据中国国家发展和改革委员会的数据,2016至2020年,全国范围内共有超过1 000项税收优惠政策针对智能制造企业,涉及金额超过600亿元人民币。

(3) 创新引导。中国政府注重创新驱动,鼓励企业加大研发和创新投入。政府设立了智能制造创新中心和技术研发基地,为企业提供技术支持和研发平台。例如,浙江省政府投资约50亿元人民币建设了浙江智能制造研究院,支持企业开展智能制造技术创新。此外,政府还支持建立智能制造产业联盟和创新联盟,促进企业之间的合作与共享,加快智能制造技术的转化和推广。

(4)人才培养。政府加大对智能制造领域人才培养的力度。在高校和科研机构设立智能制造相关专业和研究方向,提供奖学金和科研基金,吸引和培养智能制造领域的人才。同时,政府还鼓励企业与高校、科研机构合作,共同开展科研项目和人才培养计划。

首先,政府通过设立奖学金和科研基金等方式来支持智能制造人才的培养工作。例如,中国国家自然科学基金委员会每年都投入大量资金来资助智能制造领域的研究项目,同时,政府在高校和科研机构中设立了智能制造相关专业和研究方向,这为培养大量专业人才奠定了基础。以清华大学和浙江大学为例,它们设有针对智能制造的专业课程,培养出了许多在智能制造领域具有专业知识和技能的毕业生。除此之外,政府还积极鼓励企业与高校、科研机构合作,共同开展智能制造领域的科研项目和人才培养计划。这种合作模式有助于促进知识和技术的交流,加快智能制造技术的应用和推广。举个例子,许多企业与高校合作创建了智能制造创新中心和实验室,通过资源共享和优势互补,提高了研发和创新能力。最后,政府还重视智能制造领域的人才培训,推出了专业化的培训计划。培训课程和培训机构为从业人员提供了提高专业水平的机会,以满足行业对高技能专业人才的需求。综上所述,政府在智能制造领域的人才培养方面采取了多样化的措施,并通过资金支持、专业设置、产学研合作和人才培训等举措来促进智能制造人才的培养和发展。这些举措相互衔接,为智能制造行业提供了全面而系统的支持,推动了智能制造的发展与创新。

(5)标准制定和认证。政府积极参与智能制造标准的制定和认证工作。建立智能制造标准体系,推动智能制造技术的标准化和规范化,政府还加强对智能制造产品的认证和质量监管,提高产品质量和市场竞争力。

首先,中国国家标准化管理委员会(SAC)承担了智能制造标准的制定和管理工作。截至2021年9月,SAC已发布了一系列与智能制造相关的国家标准,包括智能制造术语和定义、智能制造系统安全等方面的标准。这些标准化文件为智能制造行业提供了指导和规范。

其次,政府还积极主导智能制造标准体系的建立,以更好地规范和推广智能制造技术。一个例子是《中国制造2025》文件中提出的建设国家智能制造标准化示范区和国家工程实验室的倡议。这些示范区和实验室的设立旨在推进智能制造标准的研究和应用,进一步推动智能制造技术的发展和应用。如"工信部制造业质量提升行动"聚焦于智能制造技术的应用与质量提升,通过推动标准制定和认证工作,提高智能制造产品的质量和竞争力。

此外,政府通过加强智能制造产品的认证和质量监管,提高产品的质量和市场竞争力。中国质量认证中心(CQC)负责对智能制造产品进行认证,确保其符合相关标准和要求。这种认证机制增强了消费者对智能制造产品的信任,为消费者提供了保障。政府还加强了对智能制造产品质量的监管,对不合格产品采取相应的处罚和整改措施,以维护市场秩序和消费者权益。中国国家市场监督管理总局(SAMR)发布了《产品质量监督抽查管理暂行办法》等文件,对智能制造产品进行抽查和质量监督,以确保产品的合格性和安全性。这种质量监管机制鼓励企业提高产品质量,促使市场中的智能制造产品能够保持高水平的品质。

政府在智能制造领域的标准制定和认证工作中发挥着重要作用。通过建立智能制造标准体系和加强产品认证和质量监管,政府推动了智能制造技术的标准化、规范化和市场竞争力的提升,这为行业的可持续发展和消费者权益保护提供了关键支持。

(6)科技创新示范区。中国政府设立了若干科技创新示范区以推动智能制造和创新发展。例如,在工信部、中国工程院、新华社和宁波市政府联合召开的"中国制造2025"城市试点示范新闻发布会上,工信部副部长宣布宁波成为全国首个"中国制造2025"试点示范城市。这意味着"中国制造2025"试点示范城市工作正式启动、全面推开。宁波作为改革开放先行城市之一,拥有强大的制造业基础、发达的民营经济和政府的创新意识。专家组在实地考察后认为,宁波的发展思路与国家战略非常契合。宁波的成功经验可以作为科技创新示范区的典范,对于其他地区在智能制造和创新方面提供了有益的借鉴。

6.2.2 中国智能制造创新创业情况

中国智能制造领域的创新创业生态系统正在不断发展壮大。中国政府一直重视推动智能制造的发展,并提出了"中国制造2025"战略,以推动制造业的升级和转型。在这一战略的推动下,智能制造创新创业蓬勃发展。

6.2.2.1 中国智能制造领域的创新创业生态系统

中国的智能制造创新创业生态系统由政府、企业、高校、科研机构和投资机构等多个参与方组成。政府在政策层面提供支持和激励,推动科技创新和创业发展。同时,一大批创业园区、孵化器和加速器在全国范围内涌现,为创新创业提供了良好的环境和资源支持。

高校和科研机构在智能制造领域的研究和技术转移方面发挥着重要的作用。许多高校建立了智能制造研究中心或实验室,并与企业开展合作研究和人才培养。这些合作促进了科技成果的转化和产业化。根据中国科学院科技战略咨询研究院发布的数据,中国的创新创业生态系统不断壮大,截至2020年底,全国共有近2 000个高新技术企业孵化器,孵化企业超过24 000家,涵盖了智能制造等多个领域。

另外,中国的投资机构也对智能制造创新创业提供了资金支持。风险投资和私募股权投资机构积极投资于智能制造初创企业,推动其发展壮大。近年来,中国智能制造领域的初创企业数量不断增加,技术创新和商业模式创新层出不穷。根据中国科学技术信息研究所发布的数据,中国的创新创业园区数量逐年增加,截至2020年底,全国共有超过1 800个创新创业园区,其中许多园区专注于智能制造创新创业。

案例:

以北京市中关村科技园区为例,该园区拥有丰富的科技资源和创新创业环境。在智能制造领域,中关村科技园区设立了智能制造中心,为创新创业企业提供技术支持和创业服务。一些智能制造初创企业如宁德时代、海康威视等在中关村科技园区孵化,并在全球范围内取得了显著的成就。

深圳南山科技园是中国智能制造创新创业的典型案例。该园区聚集了大量的智能制造企业和创新创业项目。例如,小鹏汽车是一家以智能电动汽车为核心的创业企业,创始人何小鹏在南山科技园孵化了这个项目,并成功将其发展成为一家具有国际竞争力的新能源汽车制造企业。

6.2.2.2 制造业与科技创新的融合,促进"人工智能+制造"创业企业的涌现

制造业与科技创新的融合是中国智能制造创新创业的重要驱动力。随着人工智能、物联网、大数据等技术的快速发展,制造业正逐步实现数字化、网络化和智能化转型。这为创新创业提供了广阔的机遇。

在中国,越来越多的企业和创业者将人工智能与制造业相结合,探索新的商业模式和应用场景。他们利用人工智能技术提高制造业的效率、质量和智能化水平,推动工业自动化、智能工厂和智能供应链的发展。同时,人工智能也为制造业带来了新的商机和市场空间,鼓励更多创业者涌入智能制造领域。根据中国工程院发布的数据,截至2022年,中国的工业机器人销量连续多年居世界第

中国制造：
从成本竞争优势到综合竞争优势

一、智能制造技术在制造业中得到广泛应用。

> 案例：

海尔集团是中国智能制造领域的典型案例之一。作为全球家电制造业的领军企业，海尔集团借助物联网和大数据技术，实现了智能制造的转型升级。通过智能化生产线和智能供应链管理，海尔集团提高了生产效率和产品质量，同时实现了个性化定制生产，满足消费者多样化的需求。

以华为技术有限公司为例，该公司将人工智能应用于自身制造业务，并将其智能制造技术以及相关的解决方案在全球范围内推广。华为通过智能制造实现了生产过程的自动化和数字化，提高了生产效率和产品质量。

创新创业对中国智能制造发展具有重要的影响和贡献。首先，创新创业推动了智能制造技术的快速发展和应用。创业者通过技术创新、商业模式创新和组织创新，推动了人工智能、物联网、大数据等关键技术在制造业中的应用和推广。他们打破传统行业的束缚，引入新的思维和理念，推动了制造业的升级和转型。

其次，创新创业为智能制造产业注入了新鲜血液。创业企业具有灵活性和敏捷性，能够更快地适应市场需求的变化和技术创新的突破。他们在产品研发、生产制造、市场拓展等方面带来了新的思路和方法，增强了整个智能制造产业的竞争力。

此外，创新创业也促进了人才培养和人才流动。随着智能制造创新创业的兴起，越来越多的人才将目光聚焦在这一领域。大量的创新创业项目吸引了国内外优秀的科技人才和创业者加入，促进了人才的沉淀和交流，提升了整个产业的创新活力和竞争力。

6.3　智能制造与制造业综合竞争优势

智能制造与制造业的综合竞争优势密切相关。智能制造的引入和应用可以为制造业带来多个方面的竞争优势（图6.4），包括：

（1）提高生产效率。智能制造通过自动化、数字化和智能化技术的应用，能够实现生产过程的高效率和精确控制。通过优化生产流程、减少非价值增加活动和提高生产资源利用率，智能制造可以大幅度提高生产效率，从而使企业在市场中具备更高的竞争力。

（2）降低成本。智能制造可以帮助企业降低生产成本。通过智能化的设备

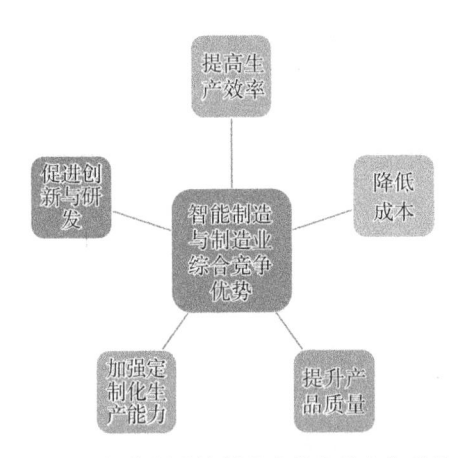

图 6.4 智能制造给制造业带来的竞争优势

和系统，企业可以实现资源的合理配置和优化利用，减少物料浪费、能源消耗和人力成本。智能制造还可以提供实时数据和分析，帮助企业进行精细化管理和决策，进一步降低成本。

（3）提升产品质量。智能制造技术可以监测和控制生产过程中的关键参数，从而实现产品质量的全面控制和改进。通过自动化检测和质量保证技术，智能制造可以减少人为失误和产品缺陷，提高产品的一致性和可靠性，增强产品的竞争力。

（4）加强定制化生产能力。智能制造能够提供灵活的生产和定制化能力，满足市场个性化需求。通过智能化的生产设备和制造系统，企业可以快速调整产品设计和生产工艺，实现个体化定制生产。这使得企业能够更好地满足消费者多样化和个性化的需求，提高市场竞争力。

（5）促进创新与研发。智能制造可以为企业提供更先进的技术和研发能力。通过数字化技术、虚拟仿真和数据分析，智能制造可以支持产品的快速设计和开发，加快新产品上市速度。智能制造还可以实现与供应链、销售和服务等环节的紧密集成，促进企业的全面创新和协同发展。

综合来说，智能制造为制造业带来了提高生产效率、降低成本、提升产品质量、加强定制化生产能力以及促进创新与研发等多方面的竞争优势。这些优势有助于企业在市场竞争中脱颖而出，提升竞争力，并推动制造业的可持续发展。接下来，将从提高生产效率、降低成本、提升产品质量、加强定制化生产能力以及促进创新与研发等方面来分析智能制造对制造业综合竞争优势的提升作用。

6.3.1 智能制造与生产效率提升

智能制造在提升生产效率方面具有重要的作用,能有效促进制造业综合竞争优势的形成。通过应用智能化技术和系统,制造企业可以实现以下几个方面的提升(图6.5):

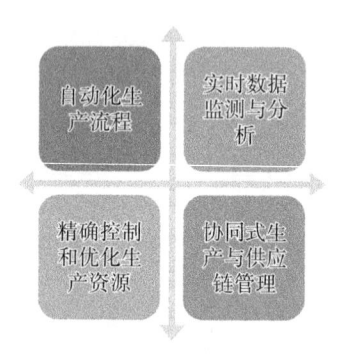

图6.5 智能制造提升制造业生产效率的实现过程

(1)自动化生产流程。智能制造通过自动化设备和系统的应用,可以实现生产过程的自动化和无人化。例如,使用自动化的机械臂、物料搬运系统和自动化装配线,可以减少人力介入,提高生产线的自动化程度和生产效率。自动化生产流程还可以减少人为错误和生产停滞,提高生产的连续性和稳定性。

案例: 富士康工厂的智能制造转型

富士康是全球最大的电子制造服务公司之一,他们进行了大规模的智能制造转型以提升生产效率。他们引入了自动化设备、机器人和智能化系统来改进生产线的效率和生产质量。据报道,通过智能制造的引入,富士康成功地降低了生产成本,并提高了生产线的产能。

根据国际数据公司(IDC)的研究,富士康在引入智能制造后,其生产线的生产能力利用率提高了15%以上,并提高了产品的质量合格率。

(2)实时数据监测与分析。智能制造可以通过传感器和物联网技术实时监测和采集生产过程的数据。这些数据可以被分析和利用,帮助企业了解生产环节的状态和性能,并作出相应的调整和优化。通过实时数据监测与分析,企业可以及时发现生产中的问题和瓶颈,并采取措施加以解决,以提高生产效率。

第6章 基于智能制造视角的制造业综合竞争优势研究

案例：利用物联网进行的跨部门协同生产

许多制造企业采用物联网技术实现跨部门协同生产，从而提高生产效率。通过智能传感器和设备的连接，各个生产环节的数据能够实时共享和分析，以实现更加紧密的协同工作。这样可以减少生产过程中的等待时间和决策时间，提高整体生产效率。

根据麦肯锡全球研究院的报告，由于物联网和跨部门协同的实施，许多制造企业的生产效率提高了10%至25%。

（3）精确控制和优化生产资源。智能制造技术可以精确控制和优化生产资源的利用。通过智能化的调度系统和算法，企业可以实现生产资源的合理配置，减少物料浪费和能源消耗。智能制造还可以通过预测性维护和优化的设备调度，减少生产中的非计划停机和生产延误，进一步提高生产效率。

案例：中国汽车制造业的智能制造升级

中国汽车制造业取得了智能制造方面的显著进展。许多汽车制造企业采用了自动化生产线、机器人技术和数据分析系统来提高生产效率。智能制造的应用使得汽车制造过程更加高效和精确，减少了人为错误和生产停滞时间。

根据中国汽车工业协会发布的数据，中国的智能制造技术在汽车制造业的应用已经取得了显著成果。通过智能制造的改进，中国汽车制造业的生产效率提高了15%以上，制造成本降低了10%以上。

（4）协同式生产与供应链管理。智能制造可以实现协同式生产和供应链管理，进一步提高生产效率。通过与供应商、合作伙伴以及客户之间实现信息共享和协同工作，企业可以更加高效地管理物流和生产计划。协同式生产和供应链管理可以减少库存、避免订单延误，提高整体供应链的响应速度和生产效率。

这些案例和数据表明智能制造对于提升生产效率具有显著的影响，并且能够带来实实在在的好处。此外，具体的数据和效果可能因企业和行业的不同而有所差异。

6.3.2 智能制造与成本降低

智能制造在成本降低方面具有显著的竞争优势。通过智能化技术和系统的应用，制造企业通过以下方式来实现成本的降低（图6.6）：

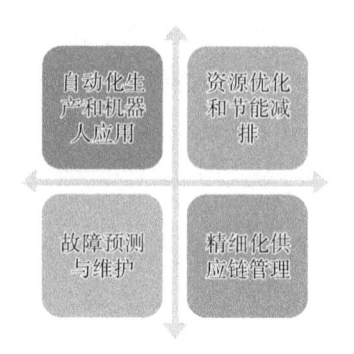

图 6.6　智能制造降低制造业成本的实现过程

（1）自动化生产和机器人应用。智能制造可以通过自动化设备和机器人的应用来取代部分人力，从而降低人力成本。自动化生产可以在减少人力的同时，提高生产效率，并降低人工错误率。此外，机器人可以应用于重复性高、繁重、危险或精细的操作，从而提高生产效率和产品质量，降低劳动力成本。

（2）资源优化和节能减排。智能制造能够通过实时数据的监测和分析，帮助企业优化生产资源的利用，减少资源浪费和能源消耗。通过合理调度设备和生产线，避免物料损耗和过度生产，可以降低生产成本。智能能源管理系统的应用还可以实时监测和控制能源消耗，帮助企业降低能源成本和环境污染。

（3）故障预测与维护。智能制造技术可以通过数据分析和实时监测，实现设备故障的预测和预防维护。通过预测设备故障，企业可以避免突发故障导致的停机和生产延误，并合理安排维护计划，减少维修成本和生产线的闲置时间。

（4）精细化供应链管理。智能制造的应用可以实现供应链的精细化管理，减少库存和物料积压，降低物流成本。通过实时跟踪和信息共享，企业可以更加准确地预测需求，优化订单管理和库存控制，提高供应链的运作效率。此外，智能制造可以实现与供应商和合作伙伴之间的紧密协作和交流，进一步降低采购成本和缩短交付周期。

案例 1：奔驰智能制造工厂的成本降低

奔驰（Mercedes-Benz）在其智能制造工厂的运营中取得了显著的成本降低效果。该工厂引入了自动化设备、机器人和智能化系统，以替代传统的人工操作。通过智能制造的应用，工厂降低了劳动力成本，增加了生产效率，并减少了废品和错误率。据奔驰官方的数据，该智能制造工厂的成本降低了 20% 以上，生产效率提高了约 25%，并且废品率降低了 10% 以上。

> **案例2：** 中国制造企业的智能制造转型

许多中国制造企业通过智能制造的转型来实现成本的降低。例如，某些家电制造企业采用了自动化设备和机器人来替代传统的人工，从而减少了人工成本。他们还引入了智能生产调度系统和实时数据分析，以优化生产过程和资源利用，进一步降低了生产成本。根据中国制造业智能制造发展联盟发布的数据，随着智能制造的应用，一些中国制造企业实现了10%至30%的生产成本降低。

> **案例3：** 泰国汽车制造业的智能制造升级

泰国的汽车制造业经历了智能制造的转型，并取得了成本降低的效果。许多汽车制造企业引入了自动化设备和智能化系统，以实现生产过程的自动化和优化。这些改进提高了生产效率，减少了人力成本，并降低了生产中的废品率。根据泰国汽车工业协会的数据，通过智能制造的应用，泰国汽车制造业实现了15%至20%的成本降低。此外，生产效率提高了约30%，且平均废品率降低了10%。

智能制造的成本降低效果已经在实际应用中得到证实，这些案例和数据展示了智能制造在降低成本方面的潜力和效果。根据麦肯锡全球研究院的报告，许多制造企业在实施智能制造后，可实现15%至30%的生产成本降低。另外，根据智能制造应用案例的统计数据，一些企业通过智能化技术的应用，成功降低了10%以上的生产成本。

6.3.3 智能制造与产品质量改进

通过应用智能制造技术和系统，企业可以提高生产过程的可控性、稳定性和一致性，从而达到产品质量的改进。智能制造可以快速检测和纠正生产中的问题，提高产品的合格率和客户满意度，降低质量缺陷率和成本，实现持续的质量改进。以下是智能制造实现产品质量改进的几个关键方面（图6.7）：

（1）实时监测和控制。智能制造利用传感器技术实时监测生产过程中的关键参数，例如温度、湿度、压力等。这些传感器可将数据直接传输到智能系统，以实时监测生产环境，确保其符合质量标准。如果出现异常，智能系统可以自动调整生产条件，确保产品在良好的工艺条件下完成。

（2）数据分析和预测。智能制造利用大数据分析和机器学习算法，对生产过程中的数据进行深入分析。通过对大量数据的处理，可以发现潜在的生产问题和质量缺陷，并提前预测出现潜在问题的可能性。这使得生产者能够及时采取纠正措施，避免质量问题的发生。

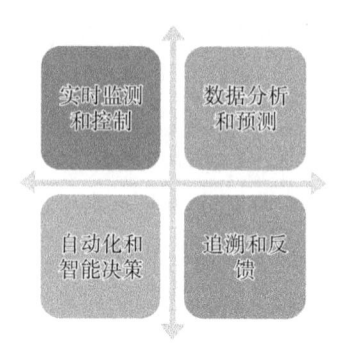

图 6.7　智能制造带来产品质量改进的实现过程

（3）自动化和智能决策。智能制造通过自动化技术和智能决策系统，实现生产过程的自动化控制和优化。自动化可以减少人为误差和变异，提高产品的一致性和可靠性。智能决策系统可以根据实时数据和预测模型，自动调整生产参数和流程，以优化产品质量。

（4）追溯和反馈。智能制造提供了可追溯性，通过数字化记录和跟踪每个生产步骤和原材料的信息。当出现质量问题时，可以追溯到具体的生产过程和原因，以便及时纠正和改进。此外，智能制造还可以收集用户反馈和产品使用数据，用于不断改进产品设计和制造过程。

智能制造通过整合先进的技术和系统，以及实时数据采集和分析，可以实现产品质量的改进。以下是一些智能制造促进产品质量改进的案例。

案例1：制药行业的智能制造与产品质量改进

在制药行业，智能制造技术被广泛应用于药品生产过程，以提高产品质量和合规性。通过引入自动化设备、传感器和数据分析技术，制药厂可以实时监测和控制生产过程中的关键参数，确保药品的质量和一致性。同时，智能制造系统可以自动检测和纠正生产中的异常情况，减少人为错误的风险，从而提高产品质量。根据药品制造行业的研究，智能制造技术的应用可以显著降低制药过程中的缺陷率和产品退货率。一项研究表明，制药企业通过智能制造的改进，将产品缺陷率从5%降低到1%以下，产品退货率也有明显的下降。

案例2：汽车制造业的智能制造与产品质量改进

在汽车制造业，智能制造可以帮助企业提高产品的质量和可靠性。通过智能化的制造工艺监控和质量检测设备，汽车制造商可以实时监测关键零部件的生产过程，并进行自动化的质量检测。这样可以提前识别和纠正潜在的质量问题,减少生产中的缺陷和故障率。根据汽车制造业的数据,智能制造的应用可以显著降低汽车制造过程中的质量问题和质量成本。一些汽车制造企业通过智能制造的改进,减少了质量缺陷率,提高了产品一致性和可靠性,从而提高了客户满意度。

6.3.4 智能制造与定制化生产能力

智能制造能有效提高企业产品定制化生产的能力。其实现过程主要基于以下几方面:

(1) 灵活生产。智能制造通过自动化、机器人化和柔性制造系统等手段和技术,使生产线能够快速调整和适应不同产品的生产需求。这种灵活性使得企业能够有效地满足客户的个性化需求,并在短时间内完成定制化产品的生产。

案例:

一家家具制造企业应用了智能制造技术,包括可编程机器人和柔性制造系统。他们能够根据客户的个性化需求,通过重新编程机器人和调整制造流程,快速生产各种定制化家具产品,提供更广泛的选择并加快交货时间。

(2) 数据驱动的个性化设计。智能制造通过集成数据采集、分析和数字化技术,实现对客户需求和喜好的准确了解。企业可以通过大数据分析和数据挖掘,洞察客户的偏好和消费趋势,并将这些信息应用于产品设计和定制化生产。

案例:

一家定制化鞋类制造企业利用智能制造技术和数据分析,对消费者的足部数据进行收集和分析。他们根据这些数据定制鞋子的尺寸、形状和风格,提供个性化的鞋类产品,满足消费者对舒适度和风格的差异化需求。

(3) 协同化的供应链管理。智能制造通过供应链的数字化、集成化和协同化,支持生产的定制化。各个环节之间的实时数据共享和协调,使得产品定制的需求能够及时传递并得到满足,有效减少了交货时间和产能浪费。

案例:

一家定制化电子产品制造企业通过智能制造,实现了与供应链伙伴的紧密协同。他们通过共享订单信息、物流数据和生产计划,实现了快速的物料供应和生产安排,提前了产品的上市时间,并提供了更准确的交货承诺。

6.3.5 智能制造促进创新与研发

智能制造能有效促进企业的创新和研发。其实现过程主要基于以下几方面：

(1) 提供数据支持。智能制造通过物联网、传感器和其他数据采集技术，实时收集大量生产和运营数据。这些数据可以被用于产品设计、工艺改进和质量控制等方面的研究和创新。研发团队可以通过分析这些数据来发现潜在的问题和机会，进一步改进产品和工艺。

(2) 加速产品开发。智能制造的数字化平台可以加速产品开发。通过数字化的设计和仿真工具，研发团队可以迅速创建和测试多种设计方案，减少原型制作和测试的时间和成本。这使得企业可以更快地将创新的产品推向市场。

(3) 优化生产过程。智能制造通过自动化和可编程设备，可以实现生产过程的优化，提高其灵活性。研发团队可以通过智能制造系统对生产参数和工艺流程进行调整和优化，提高生产效率、降低成本，并寻找新的改进方式。这样，研发人员可以更好地在生产环境中验证其创新和改进的想法。

(4) 支持模块化设计与定制化生产。智能制造具备灵活的生产能力，并提供了数字化技术支持，使得产品可以更容易地进行模块化设计和定制化生产。研发团队可以根据客户需求和市场动态，设计出多样化且个性化的产品模块，以满足不同用户的需求。这种模块化设计和定制化生产的能力在产品创新和研发过程中发挥着重要作用。

(5) 促进协同创新。智能制造通过数字化平台和供应链协同，促进不同部门和企业之间的协同创新。研发团队可以与生产、供应链和销售团队紧密合作，实时共享数据和信息，共同解决问题和创新解决方案。这种协同创新的方式可以加快创新的速度和质量，提高企业的竞争力。

6.4 ChatGPT 在制造业生产效率提高中的应用与挑战

随着人工智能和自然语言处理技术的不断演进，ChatGPT(Chat Generative Pre-trained Transformer)正在逐渐展现其在制造业领域的潜力。作为一种基于深度学习的模型，ChatGPT 能够模拟人类对话，并生成类似于自然语言的回答。在制造业中，提升生产效率一直是焦点，而 ChatGPT 通过其智能对话的能力为制造业带来了一系列应用可能性。

然而，与任何新技术一样，将 ChatGPT 应用于制造业也面临一些挑战。首先，数据质量问题可能影响 ChatGPT 的性能，因为它对高质量、多样性的数据需求较高。其次,领域专业知识的准确性是确保 ChatGPT 能够正确理解和回答制造业相关问题的关键。此外,数据安全问题也是一个不可忽视的挑战,特别是考虑到制造业中涉及的敏感信息。

本节将深入探讨 ChatGPT 在提升制造业生产效率方面的应用潜力,并着重分析这些应用可能面临的挑战。我们还将探讨如何克服这些挑战,以确保 ChatGPT 在制造流程中的应用能够实现更高效的结果。通过深入了解 ChatGPT 的优势和限制,制造业可以更明智地整合这一技术,并推动生产效率的提升。

6.4.1 ChatGPT 在提高制造业生产效率中的应用

一些 ChatGPT 在制造业生产效率提高中的潜在应用见图 6.8。

图 6.8 ChatGPT 在提高制造业生产效率中的应用

(1) 基于 ChatGPT 的智能客服。制造业可以利用 ChatGPT 来构建智能客服系统,用于解答常见问题、处理客户投诉和提供技术支持。这样可以减轻人工客服的工作负担,提高客户满意度并节省成本。

(2) 员工培训和支持。ChatGPT 可以作为一个虚拟的培训导师,为员工提供实时的培训指导和支持。它可以回答员工的问题,提供操作流程和技术说明,帮助他们更好地理解和执行操作任务,提高操作的效率和准确性。

(3) 生产过程优化。通过与 ChatGPT 进行实时对话,制造业可以实现生产过程的实时监测和优化。ChatGPT 可以根据传感器数据、设备状态和生产计划等信息,提供实时建议和决策支持,帮助优化生产线的安排和调整,提高生产效率和资源利用率。

(4) 智能设备故障诊断与预测。利用 ChatGPT 的自然语言处理和模式识别能力,制造业可以开发故障诊断和预测系统。ChatGPT 可以与工程师或技术人员进行对话,通过描述设备的异常行为和故障症状,提供故障诊断和排除的建议,帮助减少设备停机时间和提高设备的可靠性。

6.4.2 ChatGPT 在提高制造业生产效率中的挑战

ChatGPT 在提高制造业生产效率时面临的挑战见图 6.9。

图 6.9 ChatGPT 在提高制造业生产效率时面临的挑战

（1）数据质量和标注。ChatGPT 需要大量的训练数据才能生成准确和有用的回答。在制造业中,获取高质量的数据可能是一种挑战,需要考虑数据收集的成本、数据的实时性和数据的标注质量等因素。

（2）领域专业知识。ChatGPT 对于复杂的领域专业知识可能了解有限。在制造业中,存在大量的领域专业术语、工艺流程和设备细节等内容。因此,为了使 ChatGPT 能够提供准确和有用的解决方案,需要投入大量的时间和资源来训练模型以理解和应用这些专业知识。

（3）数据安全和隐私。制造业生产过程涉及大量敏感的数据和知识产权。在利用 ChatGPT 进行生产优化和故障诊断时,保护数据的安全和隐私是一个重要的挑战。必须采取适当的措施来确保数据的安全性,并遵守相关的法律和规定。

（4）人工与自动化的平衡。引入 ChatGPT 和自动化技术可能会导致人工劳动力的减少。这可能引发员工的担忧和不满。管理层需要合理地平衡自动化和人力资源的利用,在确保员工参与和满意度的同时,充分发挥 ChatGPT 的优势。

为了克服这些挑战,可以采取以下方法(图 6.10):

（1）数据收集和准备。确保收集到的数据质量良好,数据应准确、完整且经

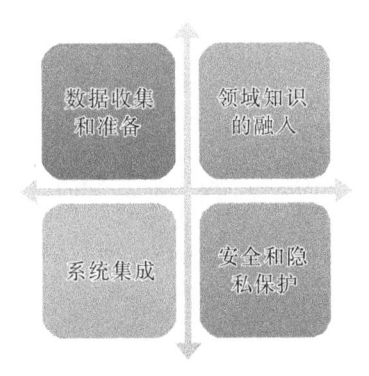

图 6.10　ChatGPT 帮助制造业克服提升效率中障碍的方法

过标准化处理。使用自动化和实时监测技术收集高质量的数据，同时确保数据存储和管理的安全性。

（2）领域知识的融入。与制造业专家合作，整合领域专业知识和经验，构建专门针对制造业的 ChatGPT 模型，以确保提供准确的建议和解决方案。

（3）系统集成。与现有的制造系统进行紧密的集成，确保实时数据的交换和通信，并进行必要的接口开发，以便 ChatGPT 能够与制造系统无缝地进行交互和协作。

（4）安全和隐私保护。采取适当的安全措施（包括数据加密、身份验证、访问控制和安全审计），以确保 ChatGPT 的应用和数据的安全性，同时遵守相关的隐私法规和政策。

通过克服这些挑战，可以为制造业带来更高效的流程，提高生产效率和质量，降低成本，并提高客户满意度和竞争优势。

6.4.3　ChatGPT 在制造业实现竞争优势转型和升级中的作用

ChatGPT 在制造业实现从成本竞争优势向综合竞争优势转型和升级中具有重要作用。下面进一步解释 ChatGPT 在这一转型过程中的作用（图 6.11）：

（1）智能决策支持。ChatGPT 可以提供实时的决策支持，帮助制造业管理者和决策者在日常运营和战略计划中做出更明智的决策。ChatGPT 可以分析大量的数据、回答查询和提供建议，帮助优化生产过程、供应链管理、产品设计和市场营销等方面的决策，从而使企业能够更好地适应市场需求和变化。

生产调度优化：ChatGPT 可以通过与管理者对话，获取生产线的实时情况、订单需求和设备可用性等信息。基于这些数据，ChatGPT 可以提供优化生产调

中国制造：
从成本竞争优势到综合竞争优势

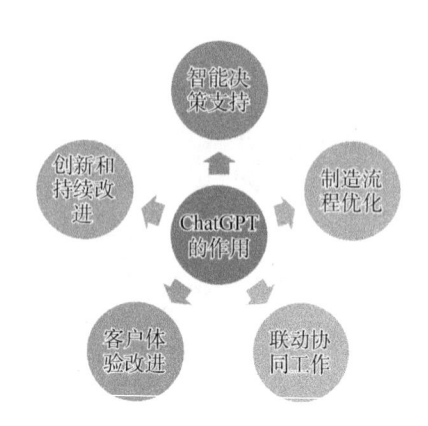

图 6.11　ChatGPT 在实现制造业竞争优势转型和升级中的作用

度的建议，帮助制造业管理者合理安排生产任务、减少等待时间和资源闲置，从而提高生产效率和降低成本。

供应链管理：ChatGPT可以分析供应链数据，并与管理者进行对话，提供关于供应链优化的建议。ChatGPT可以帮助确定最佳的供应商选择、库存管理策略、物流和运输规划，以及预测需求波动等。通过与ChatGPT的交互，制造业管理者可以更好地应对供应链中的挑战，减少库存积压和缺货风险，提高供应链的灵活性和反应能力。

产品设计和改进：ChatGPT可以与产品设计团队对话，接收反馈和需求，并提供相关建议。ChatGPT可以使用大量的数据和先前的设计经验分析产品性能、市场趋势和客户反应，从而为制造业决策者提供有关产品设计改进、功能增加或市场定位调整的建议。

市场营销决策：ChatGPT可以分析市场数据、竞争情报和消费者反馈，并与市场营销团队对话，提供市场营销策略上的指导。ChatGPT可以帮助决策者进行市场细分、定价策略、促销活动规划和品牌定位等方面的决策，以增强市场竞争力和满足消费者需求。

这些案例展示了ChatGPT在制造业中的应用，支持决策者在生产调度、供应链管理、产品设计和市场营销等方面做出更明智的决策。通过与ChatGPT的交互，制造业可以借助其分析和建议能力，更好地适应市场变化、提高运营效率并获得竞争优势。

（2）制造流程优化。ChatGPT可以通过与制造设备和系统的实时对话，帮助优化制造流程。它可以帮助监测设备状态、诊断故障、预测需求和调整生产计划。通过利用ChatGPT的交互功能，制造业可以更好地利用资源，提高产能利用率,缩短生产周期,提前交付时间,提高产品质量。当涉及制造流程优化时,以下案例展示了使用 ChatGPT 来实现的过程。

设备状态监测与维护:ChatGPT 可以与制造设备和系统进行实时对话,获取设备的运行状态、传感器数据和报警信息。通过分析这些数据,ChatGPT 可以提供设备的健康状况评估、预测潜在故障的可能性,并给出相应的维护建议。例如,当设备出现异常时,ChatGPT 可以推荐相应的维修措施,帮助减少停机时间和生产中断的风险。

生产计划调整:ChatGPT 可以通过与生产计划系统对话,获取订单需求、库存状况和设备可用性等信息。基于这些数据,ChatGPT 可以提供生产计划的调整建议,以优化产能利用率和缩短生产周期。例如,当订单变更或设备故障发生时,ChatGPT 可以推荐调整生产顺序、重新分配资源和安排工作任务,以确保生产计划被顺利执行。

需求预测与库存管理:ChatGPT 可以分析历史销售数据、市场趋势和客户反馈,以预测未来的产品需求。基于这些预测,ChatGPT 可以与库存管理团队对话,提供关于库存水平、补货策略和订购量的建议。通过及时调整库存管理,制造业可以减少库存积压和过量备货,提高投资回报率,并有效降低库存成本。

质量控制和改进:ChatGPT 可以帮助分析和解释生产数据,识别潜在的质量问题,并提供改进建议。通过改进产品质量控制过程和及时处理质量问题,制造业可以提高产品一致性和客户满意度,减少退货和保修的成本。

这些案例表明,在制造流程优化中,ChatGPT 可以通过与制造设备、生产计划系统和质量控制团队的交互,帮助制造业实时监测设备状态、调整生产计划、预测需求和改进产品质量。这些优化措施将有效提高产能利用率,缩短生产周期、优化库存管理、提前交付时间,提高产品质量,从而增强制造业的竞争力和运营效益。

(3)联动协同工作。ChatGPT 可以作为团队合作和跨部门沟通的工具。它可以与各个部门和角色进行对话,促进沟通和信息共享,帮助各方协同工作和解决问题。通过 ChatGPT 的介入,制造业可以实现更高效的团队协作,加快决策和问题解决的速度,提升整体协同性。以下案例进一步说明了使用 ChatGPT 可以促进团队合作和跨部门沟通。

跨部门项目协调:在制造业中,多个部门(例如产品设计、生产计划、采购和质量控制等部门)通常参与到一个项目中。通过 ChatGPT,不同部门的成员可以进行即时对话、共享信息、讨论项目进展和解决问题。ChatGPT 可以做到实时的沟通和信息共享,帮助团队成员协调工作,确保项目进度和推动决策的迅速制定,提高整体协同性。

跨地域团队合作:制造业常常涉及到跨越不同地区的团队合作,例如全球供应链管理或多地工厂间的合作。ChatGPT可以作为一个虚拟平台,连接不同地域的团队成员,让他们可以随时进行实时对话、共享信息和解决问题。无论是跨越不同时区的协调工作,还是共同解决跨地区的生产问题,ChatGPT的介入可以帮助加快决策流程、降低沟通成本,并促进跨地域团队的紧密合作。

跨越语言和文化的合作:全球化的制造业经常需要团队成员来自不同的地区,拥有不同的语言和文化背景。ChatGPT可以通过语言翻译和文化适应,促进不同团队成员之间的交流与理解。它可以帮助解决语言障碍,确保沟通畅通,并促进跨文化的合作和理解,提升整体团队的效能和协同性。

服务和技术支持:ChatGPT可以作为一个智能助手,提供实时的服务和技术支持。团队成员可以通过ChatGPT与技术支持人员进行对话,获取必要的信息和解决方案。这有助于快速解决问题、提供即时支持,并加快故障排除和维修的速度。通过ChatGPT的帮助,团队成员可以更好地协同工作,提供更高效的客户服务和支持。

这些案例说明,通过使用ChatGPT作为团队协作和跨部门沟通的工具,制造业可以实现更高效的信息共享,加速决策和问题解决,提升整体协同性和工作效率。ChatGPT的介入改善了团队间的沟通和合作,帮助制造业解决各种挑战,并在协同工作中取得更好的成果。

(4)客户体验改进。ChatGPT可以用于精准的客户交互和支持服务。它可以处理客户的查询和问题,提供即时的个性化解答,增强客户体验感和满意度。ChatGPT还可以通过智能推荐和个性化建议,提供个性化的产品定制和市场推广,满足客户不断变化的需求。以下案例进一步说明了使用ChatGPT可以提供精准的客户交互和支持服务。

即时客户支持:通过ChatGPT,客户可以立即与企业进行实时对话。无论是在网站上的聊天窗口还是移动应用程序中的聊天机器人,客户可以随时提出问题、寻求帮助或获取产品信息。ChatGPT可以利用其能力回答常见问题、提供技术指导,并引导客户解决问题。这种即时响应和个性化的支持可以大大提高客户满意度,并提供"7×24小时"全天候服务。

个性化产品推荐:ChatGPT可以通过分析客户的需求和偏好,提供个性化的产品推荐。ChatGPT可以通过对话了解客户的喜好、产品的使用场景和预算,推荐最适合的产品选项,并提供相关的详细信息和购买建议。这种个性化的推荐不仅满足客户的需求,还可以增加交易的转化率,提高销售额和客户满意度。

问题解答和故障排除：ChatGPT可以用于处理客户的问题和故障排除。客户可以通过ChatGPT描述他们遇到的问题，然后ChatGPT可以提供针对性的解答和指导，帮助客户解决问题。ChatGPT可以提供步骤和说明，帮助客户自助解决问题，或者引导客户与专业支持团队取得联系。ChatGPT提供的快速、准确的解决方案，可以帮助客户更好地解决问题，提高客户满意度。

跨渠道一致体验：ChatGPT可以用于打造跨渠道的一致客户体验。客户可以在网站、移动应用和社交媒体等多个渠道上与ChatGPT进行交互，无论客户选择哪个渠道，他们都能够获得一致的服务和信息。这种体验的一致性可以加强客户对品牌的认知和信任，并提供更高水平的服务。

这些案例说明，使用ChatGPT可以提供精准的客户交互和支持服务，改善客户体验和提高满意度。通过即时响应、个性化推荐和问题解答，ChatGPT可以满足客户的需求，增加销售转化率，并建立良好的客户关系。在不断变化的市场中，ChatGPT可以帮助企业实现个性化定制和市场推广，满足客户的不断变化的需求。

（5）创新和持续改进。ChatGPT可以推动制造业的创新和持续改进。通过与ChatGPT的交互，企业可以收集用户反馈、市场需求和竞争信息，从而提供新产品的创意和改进方案。ChatGPT还可以通过与研发团队和设计师的合作，以及对专利和技术文献的分析，提供创新的灵感和技术支持。ChatGPT在制造业创新与改进中的应用可以从以下案例得到支持。

用户反馈和市场需求：通过与ChatGPT的互动，企业可以收集用户的反馈和市场需求。ChatGPT可以用于进行市场调研和用户调查，在与客户的对话中了解他们的偏好、需求和期望。这样的交互可以帮助企业了解市场趋势和消费者行为，为产品创新和改进提供宝贵的洞察。

新产品创意和改进方案：ChatGPT可以与企业的研发团队和设计师进行合作，提供新产品的创意和改进方案。通过与ChatGPT的对话，企业可以引入创新的思维方式和新的想法。ChatGPT可以针对特定的领域或问题提供建议和灵感，促使团队产生新的创意，并推动产品的持续改进。

技术支持和知识管理：ChatGPT可以用于分析专利和技术文献，并提供技术支持和知识管理。ChatGPT可以解析大量的技术文档和研究报告，理解其中的关键信息，并向企业团队提供相应的技术指导。这样的支持有助于企业了解最新的技术趋势和创新，从而促进制造业的技术进步和持续改进。

流程优化和效率提升：ChatGPT可以通过与企业的运营团队交互，提供流程优化和效率提升的建议。通过对企业的流程进行分析和了解，ChatGPT 可以识别潜在的优化机会，并提供改进建议。这样的交互可以帮助企业提高生产效率、减少成本，并不断优化其业务运营。

这些案例示范了 ChatGPT 如何推动制造业的创新和持续改进。它可以通过与用户的互动来收集反馈和市场需求，为企业提供新产品和改进方案的创意。同时，它还可以为研发团队和设计师提供技术支持和知识管理，促进技术进步。另外，ChatGPT 还可以帮助企业优化流程、提高效率，实现持续改进。这些应用可以帮助制造业保持竞争力，满足消费者需求，并持续创新。

6.5 本章小结

本章深入研究了基于智能制造视角的制造业综合竞争优势。首先，详细介绍了智能制造的概念和发展历程，突出其利用信息技术、物联网和人工智能等先进技术实现了制造业高效、灵活、智能化和可持续发展的特点。随后，全面阐述了中国智能制造的现状，包括政府在智能制造方面的政策支持和措施、技术研发与应用情况、创新创业生态系统以及国际合作的局面。在对智能制造与制造业综合竞争优势的关系进行深入探讨时，重点强调了其对生产效率、成本、产品质量、定制化生产能力以及创新与研发的积极影响。

另外，本章还聚焦于 ChatGPT 在提高制造业生产效率中的应用和挑战。具体讨论了 ChatGPT 在智能客服、虚拟培训导师、实时监测优化和设备故障诊断等方面的重要应用，以及在应用过程中可能面临的挑战（涉及数据质量、领域专业知识、数据安全与隐私保护、人工与自动化平衡四个方面）。

最后，通过对本章的总结，回顾了智能制造的概念和发展历程、中国智能制造的现状、智能制造与制造业综合竞争优势之间的紧密联系，以及 ChatGPT 在这一背景下的应用和挑战。强调了智能制造为制造业带来的潜力和机遇，同时预示了第 7 章将关注数字经济视角下的制造业综合竞争优势，展望数字经济给未来制造业发展带来的机遇和挑战，为相关政策和战略提供有力参考。

第7章

基于数字经济视角的制造业综合竞争优势研究

随着数字经济时代的到来,制造业面临着前所未有的机遇和挑战。数字化技术的快速发展和广泛应用正在深刻地改变着制造业的竞争格局,数字经济视角已经成为探索制造业竞争优势演化的重要视角之一。本章旨在研究基于数字经济视角的制造业综合竞争优势的演化过程,并探讨数字化转型提升制造业竞争力的策略。

首先,我们将介绍数字经济的概念和特点,以及中国数字经济的现状和未来发展趋势。数字经济以信息技术为基础,通过数字化、网络化和智能化手段,推动经济的快速发展和转型升级。中国数字经济在过去几年取得了飞速的发展,成为全球最大的数字经济体,且具备巨大的发展潜力。其次,我们将探讨数字经济对制造业综合竞争优势的影响。主要体现在生产效率和灵活性、供应链管理、产品创新和质量控制,以及客户体验等方面。然后,我们将研究数字经济时代下制造业竞争优势的构建。通过数字化生产和制造流程优化、供应链数字化、物流管理创新、数据驱动的业务模式创新、人才培养与技能更新,以及制造业生态系统的建设与优化,制造企业可以在数字经济时代中建立起持续的竞争优势。最后,我们还将探讨数字化投入与中国制造业在全球价值链中的地位。数字技术在供应链管理中的应用以及中国制造企业数字化转型与全球价值链的参与将成为我们研究的重点。

本章的研究将为制造企业、政府决策者以及利益相关者提供有益的指导和参考,帮助他们理解和应对数字经济时代下制造业竞争优势的演化趋势,并制定相应的战略和政策措施,以增强制造业在数字经济中的综合竞争优势。

7.1 中国数字经济的现状和未来发展趋势

7.1.1 数字经济的概念和特点

随着科技的迅猛发展，数字经济正成为全球经济发展的重要驱动力之一。作为世界第二大经济体的中国，数字经济正迅速崛起并成为推动国家经济转型升级的重要引擎。数字经济以数字技术为基础，利用信息和通信技术赋能各个行业，从而创造新的商业模式、提高生产效率、改善社会福利。它以数字化、网络化和智能化为特点，正深刻地改变着中国的经济发展格局，为社会各个领域带来了前所未有的机遇和挑战。

在探讨中国数字经济的现状和未来发展趋势之前，有必要明确数字经济的概念和特点。

数字经济是指利用数字技术和信息通信技术（ICT）作为基础，推动经济活动的发展和转型的经济形态。它涉及数字化的生产、交流、分发和消费过程，通过数字化技术和互联网的应用，改变了传统经济模式，并创造了新的商业模式和机会。它不仅仅涵盖数字产业，还包括各个传统产业的数字化转型与升级。数字经济以数据为核心资产，通过数字技术的运用实现创新和价值创造，促进了全球经济的互联互通。数字经济通过数字化技术和互联网平台，打破了传统产业的边界，促进了产业之间的融合和创新，给经济增长和社会发展带来了巨大的潜力和动力。

给经济体系带来深刻变革的数字经济，有以下几点特征（图7.1）。首先，以数字化为核心，信息和数据的数字转化使经济活动更加高效、快速、智能。其次，在这个背景下，信息驱动成为显著特征，大数据、人工智能等技术在数据分析和决策支持中发挥着关键作用，帮助企业从海量数据中提取有用信息，做出更为明智的决策。此外，网络化是数字经济的关键动力，基于互联网和移动互联网技术，打破了地域和时间的限制，实现了全球信息和资源的畅通流动。同时，创新驱动推动着数字经济快速迭代和不断创新，成为其核心动力和竞争优势。数字经济的平台化趋势进一步促使商业模式的变革，各种平台模式如电子商务、共享经济成为信息和交易的中心，提高了资源配置和交换的效率。个性化和定制化服务通过数据分析和推荐算法得以实现，满足了消费者多样化的需求。最后，数字经济鼓励跨界合作，促进了不同行业之间的融合与合作，打破了传统产业的边界，形成全新的产业链上下游关系。综合而言，数字经济以其多维度的特征正引领着未来经济发展的方向,为商业和生活方式带来了深刻的变革。

数字化 + 信息驱动 + 网络化 + 创新驱动 + 平台经济 + 个性化定制化 + 跨界合作 = 数字经济

图 7.1　数字经济的特点

7.1.2　中国数字经济的现状和发展趋势

中国数字经济正迎来蓬勃发展的时代,成为中国经济增长的新引擎。随着信息技术的广泛应用和互联网的快速普及,中国数字经济正实现从规模扩大到质量提升的转变。数字经济已经深入各个行业和领域,改变了传统经济运行方式,促进了创新,创造了就业机会,提升了生活品质。中国数字经济的发展呈现出繁荣的景象,同时也面临挑战和机遇。

(1) 中国数字经济的发展现状

中国数字经济正以惊人的速度蓬勃发展,成为中国经济增长的新引擎。数字技术的广泛应用和互联网的普及推动了中国数字经济的快速发展,呈现出以下特点(图 7.2):

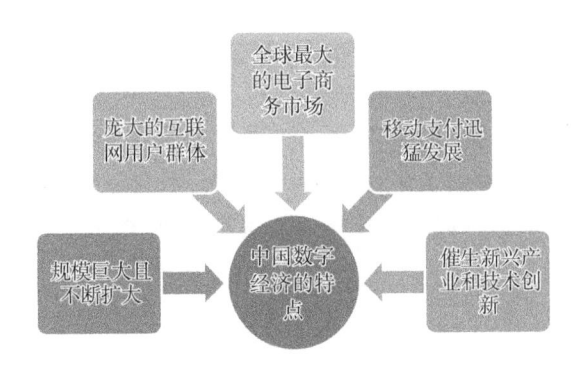

图 7.2　中国数字经济的特点

第一,中国的数字经济规模巨大且不断扩大。《中国互联网发展报告 2020》指出,2019 年,中国数字经济增加值规模达 35.8 万亿元,占 GDP 比重达 36.2%,中国数字经济总量规模和增长速度位居世界前列,这显示了中国数字经济的快速增长和其在整体经济中的重要地位。据估计,随着数字技术应用的扩大,这一数字将继续增长。

第二,中国拥有庞大的互联网用户群体,互联网渗透率较高。根据中国互联网络信息中心（CNNIC）的数据，截至2021年6月，中国互联网用户数量超过9.99亿人，互联网普及率达到71.6%。这庞大的用户基础为数字经济的发展提供了广阔的市场和消费基础。人们越来越依赖互联网进行各类活动，从购物到社交娱乐，从教育到金融，互联网已成为人们生活的重要组成部分。

第三，中国已成为全球最大的电子商务市场。电子商务平台如阿里巴巴旗下的淘宝和天猫、京东等在中国的普及和发展推动了消费者线上购物的繁荣，消费者可以方便地通过电子商务平台购买各种商品和服务，而电商的日益发展也推动了供应链、物流和金融等领域的创新和升级。据国家统计局数据，2020年中国电子商务零售额达到11.8万亿元人民币，同比增长10.9%。著名的电商平台，如阿里巴巴旗下的淘宝和天猫，以及京东，推动了消费者线上购物的繁荣。

第四，中国的移动支付市场迅猛发展，移动支付已经成为人们生活中不可或缺的支付方式。支付宝和微信支付等移动支付平台的普及推动了人们线上线下支付的便捷化。消费者可以通过手机完成支付、转账和理财等各种金融交易，这促进了消费活动的增加和支付方式的多样化。根据中国人民银行的数据，2020年中国移动支付交易金额达到389.1万亿元人民币，同比增长8.8%。移动支付平台，如支付宝和微信支付，以其便捷性和安全性，促进了线上消费和现金支付方式的转变。

第五，中国数字经济的发展也催生了许多新兴产业和创新技术。互联网金融、大数据、人工智能等新兴产业不断崛起，成为推动经济创新和创业创新的重要力量。这些新兴产业的发展与数字经济的蓬勃发展相辅相成，推动了科技创新和经济转型升级。例如，在人脸识别技术方面，中国公司旷视科技和商汤科技都在该领域取得了重要突破。中国还在大数据、物联网和云计算等领域表现出了强劲的创新活力。

（2）数字经济未来的发展趋势

在未来，中国数字经济的发展将继续呈现出快速增长的趋势。政府将进一步加大数字经济的支持力度，推动数字化转型和创新驱动发展。新技术的运用将进一步提高生产效率和创新能力，数字技术与传统产业的融合将带来更多商机。具体而言，主要有以下趋势特点：

第一，中国将继续推动传统产业的数字化转型，促进数字技术在各个行业的广泛应用。包括人工智能、大数据、区块链、物联网等新技术将成为数字经济发展的重要驱动力。根据中国政府发布的数据，中国制造业数字化转型率已达到33%，数字技术在制造业的应用广泛，涵盖了智能制造、工业互联网、物联网等领域。例如，中国的智能制造领域取得了显著进展，如华为在工业云、工业物联网和机器人技术方面的创新。

第二,中国将继续加强科技创新,推动更多的科技企业崛起和发展。政府将加大对创新企业的支持力度,鼓励创新创业,培育数字经济新的增长点。根据中国科学技术部的数据,中国的独角兽企业(估值超过 10 亿美元的创新型企业)数量超过 200 家,包括蚂蚁集团、字节跳动等知名科技企业。中国政府还通过一系列政策和资金支持,鼓励创新创业,推动数字经济发展。

第三,中国将继续加强数字基础设施建设,包括 5G 网络、数据中心、云计算等。这将为数字经济提供更加快速和稳定的网络环境,推动各领域数字化转型的加速。

第四,随着数字经济的发展,对数字技术人才的需求将快速增长。中国将加大对人才培养的力度,提供相关技能培训,培养具备数字化思维和技术能力的专业人才。中国已经成为全球 5G 基站最多的国家,截至 2021 年,中国已建设超过 70 万个 5G 基站。此外,中国还加大了对数据中心和云计算基础设施的投资,构建起强大的数字基础设施网络。

第五,随着数字经济的蓬勃发展,数据安全和隐私保护成为重要的议题。中国将继续加强对数据安全和隐私保护的法律法规体系建设,加强技术手段和监管措施,保护个人和企业的数据安全。

7.2 数字经济对制造业综合竞争优势的影响

数字经济的兴起不仅在全球范围内带来了深远的影响,也对制造业的综合竞争优势产生了重大的影响,它以信息和通信技术为基础,通过数字化、互联网化和智能化的手段,推动了商业模式的转型和创新。数字化技术的广泛应用正在改变制造业的生产方式、管理模式和市场竞争力。本节将探讨数字经济对制造业综合竞争优势的影响,并重点关注生产效率和灵活性、供应链管理、产品创新和质量控制、客户体验四个方面。

7.2.1 数字化转型显著提高制造企业生产效率和灵活性

通过自动化分析和物联网技术的应用,企业能够简化生产过程、提高生产效率、减少停机时间、优化资源分配,以及进行实时数据分析和预测(图 7.3)。

(1)提高生产效率。数字化转型可以通过自动化和优化生产流程来提高生产效率。举个例子,德国工业巨头博世实施了数字化转型,利用物联网技术和数据分析来监控设备运行状况和生产线效率。结果他们成功地将生产时间从 3 天

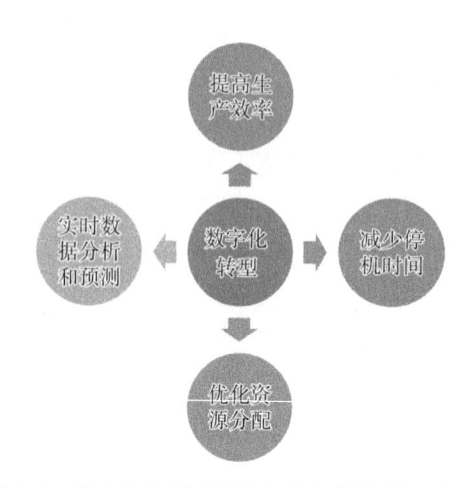

图 7.3　数字化转型对制造业竞争优势的提升作用

缩短到 2 天,并提高了设备利用率。

(2) 减少停机时间。通过数字化转型,企业可以实施预测性维护和实时监测,从而减少设备故障和停机时间。例如,通用电气(GE)利用物联网和数据分析来监测其航空发动机的性能,并进行智能维护。这使得 GE 能够准确预测设备故障,并在发生故障之前进行维修,从而最大限度地减少停机时间。

(3) 优化资源分配。数字化转型可以帮助企业更好地分配资源,以提高效率和降低成本。例如,荷兰皇家壳牌石油公司在其炼油厂中采用数字化技术来监测和优化能源使用。通过分析大量的实时数据,他们能够找到能源浪费和效率低下的领域,并采取相应的措施来改善能源利用效率。

(4) 实时数据分析和预测。数字化转型可以利用大数据和分析技术来提供实时数据和预测,帮助企业做出即时决策。例如,德国化工巨头巴斯夫运用数字化技术来监测其生产设备和供应链,通过实时分析数据来预测潜在的问题,从而避免生产中断和供应链延迟。

综上所述,数字化转型可以帮助制造企业提高生产力和灵活性,带来诸多好处。这些例子表明,通过应用自动化、数据分析和物联网技术,企业可以优化生产过程、减少停机时间、降低成本,并在快速变化的市场中更加灵活地应对需求。这些改进可以极大地提高企业的竞争力和盈利能力。

7.2.2　数字化转型对制造业的供应链管理实践进行了优化

通过数字技术的运用,企业能够实时监控和优化供应链,实现供应链更高的可见性。这将改善库存管理、提高需求预测准确性和提升物流计划的效率。西门子是一个成功运用数字化改进供应链透明度、降低库存水平、提前交货时间和提高交货准确性,的典型案例。他们通过数字技术的应用进行了供应链的实时监控和优化,从而改善了库存管理、提高了需求预测准确性,以及加强了物流计划的效率。

以下是西门子数字化转型在供应链管理中的实践过程:

(1)提高供应链透明度与可见性。西门子采用了物联网技术和大数据分析来实现供应链的实时可见性。他们通过物联网传感器和设备与工厂中的生产线和设备连接,在生产过程中收集数据。这些数据提供了关于生产速度、品质指标和设备运行状态等方面的实时信息。通过分析这些数据,西门子能够准确而迅速地监控整个供应链,并及时识别潜在的问题和瓶颈。这使得他们能够更好地调整生产计划和分配资源,提高供应链的灵敏性和适应性。

(2)优化库存管理。通过数字化转型,西门子成功改进了库存管理。他们利用实时数据和分析工具,实现了库存水平的监控和优化。通过与供应商和分销商的数据共享,他们能够更精确地预测需求量,避免库存过剩或不足的问题。此外,他们还利用先进的预测算法和模型来改进需求预测的准确性,以减少库存成本并提高资本回报率。

(3)提前交货时间和提高交货准确性。数字化转型使得西门子能够更好地计划和协调物流运输,从而提前交货时间并提高交货准确性。他们利用智能物流系统和可追溯性技术,实现了物料的实时跟踪和监控。这使得他们能够准确预测物料到达时间,并及时作出相应的安排,以满足客户的需求。此外,通过数字化技术,他们提供了实时的物流信息和跟踪服务,客户可以随时了解物料的位置和交货状态,增强了客户的满意度。

通过以上的案例分析,可以看出西门子成功应用数字化转型优化供应链管理。这进一步提高了西门子的供应链效率和竞争优势,同时也为其他制造企业提供了一个成功的参考案例。

7.2.3 数字化转型还提高了制造企业在产品创新和质量控制方面的能力

通过收集和分析大量数据,企业能够深入了解客户偏好、市场趋势和产品性能,从而促进产品创新,提高产品质量。

特斯拉是一个典型的制造企业,他们通过收集和分析大量数据,深入了解客户需求、市场趋势和产品性能,实现了产品设计的改进和制造质量的提升。

以下是特斯拉数字化转型在产品创新和质量控制方面的应用过程：

（1）数据驱动的产品设计改进。特斯拉利用数字技术收集大量的产品数据，包括车辆性能、电池状态、充电情况和驾驶行为等。这些数据被集中存储并进行深入分析，以评估产品的性能和功能。通过分析数据，特斯拉能够快速发现潜在问题和改进空间，并迅速提出产品设计改进的方案。比如，他们可以通过软件升级来改进车辆性能、增加新功能或解决潜在的安全问题。这种数据驱动的产品设计改进使得特斯拉能够持续提供具有竞争力和满足客户需求的产品。

（2）实时监控和质量控制。特斯拉在数字化转型过程中建立了实时监控系统，可以追踪车辆制造过程中的各个环节和关键指标。他们利用传感器、物联网和自动化技术实现了对生产线的监测和自动化控制。通过实时监控，特斯拉可以及时发现制造过程中的问题，并及时采取纠正措施。这能够提高产品的制造质量和一致性，减少缺陷产品的数量，降低质量成本。

（3）用户反馈和数据驱动的改进。除了自身数据的收集和分析，特斯拉还通过数字化转型改善了与客户的互动和用户反馈的收集。他们通过车载系统和移动应用程序收集用户的反馈和数据，包括驾驶习惯、使用体验以及潜在问题的报告。这些数据与客户调查和市场趋势分析相结合，提供了有关产品性能和客户满意度的全面视图。基于这些数据，特斯拉可以进行产品改进和创新，以更好地满足客户需求。

通过以上的案例分析，可以看出特斯拉成功运用数字化转型提升了产品创新和质量控制的能力。他们通过数据驱动的产品设计改进、实时监控和质量控制以及用户反馈和数据驱动的改进，实现了持续的产品创新和质量提升，增强了特斯拉在电动汽车市场上的竞争优势。

7.2.4　数字化转型有助于提升客户体验

数字化转型还能增强制造企业与客户的互动和个性化服务能力，从而提升客户体验。通过数字技术，企业可以与客户深入互动，了解客户需求并提供定制化的产品和服务。例如，著名的运动鞋和服装制造企业耐克，利用数字化转型提供个性化鞋类定制服务，提高了客户参与度和满意度，提升了客户体验。

以下是耐克数字化转型在提升客户体验方面的应用过程：

（1）耐克ID(Nike ID)定制服务：耐克通过数字化技术推出了耐克ID定制服务，允许客户根据自己的喜好和需求，在一系列选项中自定义设计运动鞋。客户可以选择鞋款、颜色、细节、材料等等，并在网上使用交互式工具预览和调整设计。一旦客户完成设计，耐克便会根据客户的要求定制运动鞋，并将其送达客户手中。这种个性化定制服务使客户能够自由表达自己的风格和偏好,获得与众不同的产品,从而提升了客户体验感和参与度。

(2) 数字化互动平台:耐克通过创建数字化互动平台,与客户进行更密切的联系。他们通过移动应用程序、社交媒体和网站等渠道,与客户进行互动、提供专业的运动建议和定制化建议。这些平台对新产品发布、限量版发售和优惠活动等信息进行实时更新,使客户能够及时获得最新信息。此外,耐克还通过数字平台收集客户反馈和购买数据,以了解客户需求并改进产品和服务。

(3) 数据驱动的个性化推荐:耐克利用数字化转型收集和分析大量的客户数据,包括购买记录、喜好和运动偏好等。通过数据分析,耐克能够了解客户需求并提供定制化的产品推荐。他们可以向客户推荐与其喜好和运动类型相关的产品,甚至提供个性化的订阅服务。这种数据驱动的个性化推荐使客户能够更轻松地发现适合自己的产品,提高购买满意度。

通过以上的案例分析,可以看出耐克成功运用数字化转型提升了客户体验感。他们通过耐克 ID 定制服务、数字化互动平台和数据驱动的个性化推荐,为客户提供了更多个性化选择、更方便的互动和更贴近客户需求的产品和服务。这样的数字化转型帮助耐克与客户建立了更紧密的联系,提升了客户参与度和满意度,成功地实现了数字化转型,进一步提升了在同类产品中的综合竞争优势。

7.3 数字经济时代下制造业竞争优势的构建

在数字经济时代,制造业正面临着前所未有的机遇和挑战。随着技术的迅猛发展,数字化转型已经成为制造企业获得竞争优势的关键。数字化生产和制造流程优化的实施,使得企业能够实现生产的智能化、高效化和灵活化,从而提高生产效率、降低成本,并提升产品质量。然而,数字化转型不仅仅局限于企业内部的生产过程,供应链数字化和物流管理的创新也起着至关重要的作用。通过应用移动互联网技术、区块链技术和数字化物流管理系统,企业可以实现供应链数据的实时管理和协作,提升供应链的可追溯性和透明度,实现物流运作的高效、准确和智能化。这些数字化转型带来的创新正助力制造企业构建综合竞争优势,提升市场竞争力,实现可持续发展。在数字经济时代下,制造业的竞争优势正通过以下几个方面的发展来逐渐形成,企业应把握机遇,从以下方面去构建和强化竞争优势(图 7.4)。

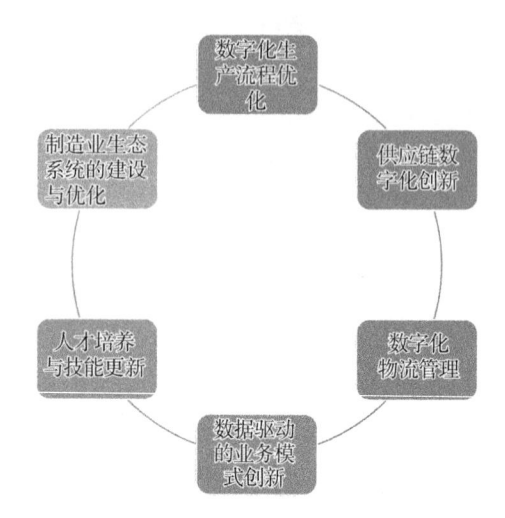

图 7.4　数字经济时代下制造业竞争优势的构建

7.3.1　数字化生产流程优化

在数字经济时代,数字化生产流程优化是构建制造业竞争优势的关键环节之一。通过引入自动化生产和机器人技术,以及智能工厂和物联网应用,制造业可以提高生产效率、降低成本,并实现实时数据采集和分析,从而优化生产流程。

7.3.1.1　自动化生产和机器人技术

自动化生产和机器人技术是数字化生产流程优化的关键要素之一。自动化生产系统可以替代传统的人力操作,通过使用各种类型的机器人和自动化设备,实现生产过程的高效执行和准确控制。机器人可以负责重复性、精细度要求高或危险环境下的任务,提高生产效率和产品质量,并减少人为错误的发生。例如,在汽车制造业中,装配线上的工业机器人可以完成车身焊接、零件装配等任务,提升生产效率和一致性。

根据国际机器人联合会(IFR)的数据,汽车制造业是机器人应用最广泛的行业。在全球范围内,工业机器人在汽车制造业中的应用已经成为主流。根据IFR的报告,2019年,全球汽车制造业中的机器人密度(每10 000名员工配备机器人的数量)最高的国家是韩国,达到了855台/万人,其次是新加坡和德国。中国的机器人应用水平也在不断提升。例如,北汽集团(BAIC GROUP)在其工厂中采用了大量的机器人技术来实现汽车的自动化生产。

电子制造业是另一个重要的领域,机器人技术在其中发挥了重要作用。例如,富士康(Foxconn)——全球最大的电子制造服务提供商——在其工厂中广泛使用机器人来完成电子产品的组装和测试任务。根据富士康的数据,他们在各地工厂共配备了数十万台工业机器人。

这些数据和案例表明,自动化生产和机器人技术在制造业中得到了广泛应用,并取得了显著的效果。这些技术不仅提高了生产效率和产品质量,还改善了工作环境,并为企业带来了竞争优势。

7.3.1.2 智能工厂和物联网应用

智能工厂是数字化转型的重要组成部分,通过将传感器、物联网技术和数据分析应用于生产设备和工厂设施,实现生产过程的智能监控和优化。智能工厂可以实时收集各种传感器产生的数据,并将其与应用程序和分析系统集成,以获得更全面、准确的生产数据。这样的实时数据监控和分析使企业能够识别和解决潜在的生产问题,实现故障预测和预防维护,提高生产线的稳定性和可靠性,智能工厂的应用正在成为数字化转型的关键推动力量。

(1) 传感器和物联网技术的应用。根据 IDC 的数据,预计到 2025 年,全球制造业的物联网支出将达到 7480 亿美元。这些支出将用于采购和部署各种传感器和物联网设备,以实现智能工厂的构建。传感器可以监测生产设备和工厂环境的各种参数,例如温度、湿度、压力等,通过物联网技术将数据传输到中央系统进行分析和决策。

(2) 数据分析和智能监控。通过对传感器数据进行实时分析,智能工厂可以实现生产过程的智能监控。例如,通过分析设备的性能数据,可以进行故障预测,及时采取维护措施,避免生产线停机造成的损失。根据普华永道(PwC)的报告,智能工厂的数据分析和智能监控可以提高生产效率最多 20%。

案例:

德国的博世(Bosch)的智能工厂将传感器和物联网技术应用于制造过程,实现了生产线全面的实时监控和优化。通过收集大量的设备数据和生产数据,并应用数据分析和人工智能技术,博世能够有效地进行故障预测和预防维护,提高生产效率和设备可靠性。另一个案例是日本的 Fanuc 公司,他们是全球领先的工业机器人制造商之一。Fanuc 公司在智能工厂实践中,通过将传感器和物联网技术应用于其机器人和设备中,实现了智能监控和优化。他们的生产设备能够实时收集和分析数据,进行故障监测和预测,提高了机器人的运行效率和可靠性。

这些数据和案例表明，智能工厂的应用可以帮助企业实现生产过程的智能监控和优化，提高生产效率、设备可靠性和产品质量。随着传感器和物联网技术的进一步发展，智能工厂将在制造业中发挥越来越重要的作用。

物联网应用将各种设备和传感器连接到互联网上，实现设备之间的通信和数据交互。通过物联网应用，制造企业可以实现设备和系统之间的协同工作，提高生产流程的灵活性和自动化水平。例如，通过将生产设备与企业资源计划（ERP）系统集成，实时共享生产数据和订单信息，以实现生产计划的动态调整和实时协调。根据全球移动通信系统协会（GSMA）公布的数据，到2025年，全球物联网连接的设备数量将达到约305亿台。这些设备包括传感器、机器、工具和其他生产设备，它们通过物联网应用实现互联互通，进行数据和通信交互。通过物联网应用，制造企业可以实现实时共享生产数据和订单信息。

案例：

德国的西门子（Siemens）公司在其智能工厂中实施了物联网技术，将生产设备与 ERP 系统集成。这使得生产数据和订单信息能够在设备和系统之间实时共享，加强了生产计划的动态调整和实时协调。这种实时数据共享可以大幅提高生产效率和响应能力。

通用电气（GE）采用了物联网技术将其工业设备连接到互联网上，并通过云平台实现设备之间的通信和数据交互。通过实时监测和分析设备数据，GE 能够进行远程故障诊断和预测性维护，提高设备的可靠性和生产效率。

另一个案例是中国的海尔集团，他们利用物联网技术将家电设备连接到互联网上，实现了设备之间的互联互通。通过手机应用程序，用户可以远程监控和控制家电设备，实现智能家居的概念。这种物联网应用不仅为用户提供了便利，还为海尔集团提供了大量的用户数据，用于改进产品和服务。

这些具体数据和案例表明，物联网应用在制造业中发挥了重要作用。通过设备和系统之间的互联互通，制造企业能够实现生产流程的灵活性和自动化水平的提升，从而提高生产效率和客户满意度。随着物联网技术的不断发展，物联网应用将在制造行业中继续发挥重要作用。

7.3.2 供应链数字化创新

利用移动互联网技术和区块链技术等工具，对供应链进行数字化创新，实现供应链管理的透明度和可追溯性的提升，这样可以加强供应链的协同能力，实现供应链的高效运作,并减少物流成本和提前交付时间,从而提升制造业的综合竞争优势。

7.3.2.1 移动互联网技术在供应链管理中的应用

移动互联网技术在供应链管理中的应用已经成为现代数字经济时代下的关键因素。通过移动设备和互联网的结合,供应链参与者可以实现实时的物流管理、移动订购和库存管理,以及协同工作和信息共享。这种应用为供应链带来了更高的透明度和效率,减少了物流成本和提前交付时间。移动互联网技术的崛起改变了传统的供应链管理方式,加速了整个供应链的数字化转型,并为制造企业在激烈的竞争中获得优势提供了新的机遇。移动互联网技术可以应用于以下场景来提升制造业的综合竞争优势:

(1) 移动物流管理。利用移动互联网技术,物流公司可以通过移动设备跟踪货物的位置和状态,实时更新物流信息。这样可以提高物流的透明度,减少物流管理中的延误和错误,提前货物的交付时间。例如,通过使用移动设备和互联网应用程序,物流公司可以实时追踪货物的位置和状态,更好地管理整个供应链。

案例:

中国的物流巨头顺丰速运引入了移动物流管理技术,为驾驶员提供了手机应用程序,用于实时跟踪和管理货物的配送。通过该应用程序,驾驶员可以接收订单、确定最优路线、查看交通状况,并与仓库和客户保持即时沟通。这项技术的引入使得顺丰速运能够提高运输效率和准确性,确保货物按时送达,并获得了客户的高满意度。

这个案例不仅展示了移动物流管理技术在提升供应链效率方面的潜力,还证明了其实际应用的可行性和成效。移动物流管理技术的引入可以帮助物流公司实现更好的信息流动和物流跟踪,从而提高交付速度、减少延误和错误,提升整个供应链的可靠性和可视性。

(2) 移动订购和库存管理。通过移动互联网技术,供应链参与者可以使用移动设备进行订购和库存管理。例如,销售人员可以通过移动设备直接向供应商下订单,库存管理员可以使用移动设备进行实时库存管理和更新。这样可以提高订单处理和库存管理的效率,减少错误和纸质工作。移动订购和库存管理的应用可以极大地提高供应链的敏捷性和效率。

> **案例:**
>
> 美国零售巨头沃尔玛引入了移动订购和库存管理技术,为店员提供了移动设备和应用程序,使其能够通过移动设备向供应商下订单,实时查看商品库存,以及跟踪商品配送状态。通过这项技术的应用,沃尔玛极大地简化了订单处理过程,提高了库存管理的准确性,并减少了后勤错误和延误。这使得沃尔玛能够更好地满足顾客需求,为顾客提供更优质的购物体验。

(3) 移动供应链协作。移动互联网技术允许供应链中的不同参与者实时协同工作。供应商、制造商、配送商和零售商等可以通过移动设备共享信息、交流和合作。这种实时的供应链协作可以提高供应链的协同能力,加快决策过程,减少响应时间。

> **案例:**
>
> 苹果公司通过引入移动设备和应用程序,使供应链参与者能够随时随地共享信息、交流沟通,并进行协同工作。供应商、制造商和零售商等可以通过移动设备获取订单信息、生产计划、库存状态等关键数据,并及时调整和优化生产和配送计划。这种移动供应链协作的实践使得苹果公司能够更好地控制供应链风险、提高生产效率,并及时满足消费者需求。

7.3.2.2 区块链技术在供应链可追溯性和透明度方面的作用

区块链技术在供应链管理中的应用已经引起广泛关注。作为一种去中心化、不可篡改的分布式账本技术,区块链为供应链领域提供了更高的可追溯性和透明度。通过将交易数据以区块的形式记录在链上,并通过加密算法和共识机制进行验证和确认,区块链技术使得供应链参与者可以快速、准确地追溯产品的来源和去向。这种追溯性和透明度帮助解决了供应链中一系列的问题,例如防止伪劣产品的流入、减少假冒伪劣商品、保护知识产权、提高食品安全和药品溯源等。区块链技术的应用将打破传统供应链中信息孤岛的问题,实现供应链数据的共享和提高可信性,从而提升整个供应链的效率和可靠性。下面将更详细地探讨区块链技术在供应链可追溯性和透明度方面的作用,让读者了解区块链技术在构建制造业竞争优势过程中的原理与逻辑。

(1) 供应链可追溯性。区块链技术可以记录和存储交易和物流信息中不可篡改的数据块,从源头到终端,沿着整个供应链追踪产品的流动。这样,消费者和企业可以查看产品的全生命周期信息,包括原材料采购、生产过程、物流路径等。这种可追溯性有助于确保产品的质量和安全性,以及满足监管要求。区块链技术在供应链可追溯性方面的应用已经在许多行业取得了积极的成果。以下是一些具体案例。

案例:

食品安全:食品行业是一个重要的领域,需要确保产品的安全和质量。根据中国国家市场监管总局发布的数据,2019年,中国利用区块链技术对食品安全进行了全链条追溯,共追查食品安全案件1.5万起,其中涉及农产品和食品加工、流通环节。通过区块链技术,消费者可以扫描产品上的二维码了解食品的生产过程、原材料来源、加工环节等详细信息,增加了对食品安全的信任度。

药品溯源:区块链技术在药品行业的应用也受到广泛关注。根据中国工业和信息化部的数据,截至2020年底,中国已经建立了超过2300个药品追溯系统,覆盖近70%的药品市场。通过区块链技术,药品的生产、流通和销售信息可以被准确记录和追溯,帮助监管部门和消费者验证药品的真实性和合规性,有效打击假药和劣药的流通。

珠宝行业:区块链技术在珠宝行业也发挥着重要作用。世界上第一个基于区块链的珠宝追溯平台"Tracr"由戴比尔斯(De Beers)公司推出。该平台利用区块链技术记录和追踪钻石的来源、切割、加工和销售过程,确保钻石的真实性和合规性。这种追溯体系提高了顾客对珠宝产品的信任度,并防止了非法和血钻的流通。

这些案例表明,区块链技术在供应链可追溯性方面的应用能够提供全面而可靠的信息,使消费者和企业能够了解产品的全生命周期,并确保产品的质量、安全性和合规性。这种透明度和可追溯性对于建立信任、保护消费者权益以及满足监管要求都具有重要意义。

(2)供应链透明度。区块链技术可以实现供应链数据的共享和透明,参与者可以共享交易信息、库存数据、物流信息等。每个参与者都可以验证和审计供应链数据,而无须依赖中心化的第三方机构。这种透明度可以减少信息不对称和欺诈行为,提高供应链的可信度和可靠性。

案例:

汽车行业:区块链技术的应用可以提升汽车供应链的透明度和诚信度。例如,宝马集团在2019年推出了"PartChain"项目,利用区块链技术追踪汽车零部件的供应链信息。该项目使宝马能够准确追踪零部件的来源、交付状态和质量认证，提高了供应链的可视性和可验证性。这种透明度有助于确保零部件的可靠性，减少故障风险，并提供对产品责任的更好追溯。

跨境贸易：区块链技术可有效提高跨境供应链的透明度和可信度。根据国际贸易中心的报告，应用区块链技术的跨境贸易平台可以减少贸易时间、文档处理成本和纸质文件错误的风险。例如，中国和新加坡之间的区块链跨境贸易平台"Networked Trade Platform"（NTP）大幅简化了贸易流程，实现了供应链的可视化和自动化。参与者可以实时查看和验证各个环节的交易和物流信息，提高了供应链的透明度和效率。

这些案例表明，区块链技术在供应链透明度方面的应用可以促进参与者之间的共享和验证数据，减少信息不对称和欺诈行为，提高供应链的可信度和可靠性。这种透明度有助于降低交易成本、减少风险，并提高供应链的效率。

（3）智能合约的执行。区块链技术支持智能合约的执行，这是一种基于代码和规则的自动化合约。供应链中的各方可以通过智能合约自动执行交付、支付和其他合同条款，减少人工干预和操作风险。

案例：

物流行业：智能合约可以在供应链物流中实现自动化和透明的执行。例如，Maersk 和 IBM 合作开发了 TradeLens 平台，该平台利用区块链和智能合约来优化全球供应链的物流流程。根据 Maersk 的数据，通过智能合约的执行，他们在供应链中的某些环节实现了 30% 至 40% 的时间节约，并减少了文档处理错误的风险。这使得供应链的交付过程更加高效、准确和可靠。

跨境支付：智能合约可以简化和加快供应链中的跨境支付过程。例如，区块链支付解决方案 RippleNet 利用智能合约来实现实时的跨境支付和结算。根据 Ripple 的数据，传统的跨境支付通常需要 2 至 3 个工作日的时间，而使用 RippleNet 的智能合约可以将交易时间缩短到几秒钟，从而提高了支付的速度和效率。

食品安全：智能合约可以用于确保食品供应链的安全性和可追溯性。例如，IBM Food Trust 平台利用区块链和智能合约来追踪食品的来源、存储条件和交付状态。通过智能合约的执行，检验机构和消费者可以获取准确的食品信息，包括生产商、供应商和运输信息。这提高了食品供应链的透明度和追溯性，帮助消费者做出更可靠的食品选择。

这些案例说明区块链技术支持智能合约的执行可以提高供应链的效率、准确性和可靠性。智能合约自动执行合同条款，减少了人工干预和操作风险，加速了交付和支付过程,并提供了更可靠的数据追溯能力。

7.3.3 数字化物流管理

在现代制造业的竞争环境中,数字化物流管理是组成综合竞争优势的重要部分。随着数字技术和信息系统的应用不断推进,企业可以借助数字化物流管理实现供应链的高效运作和灵活响应。

7.3.3.1 实时数据管理和协作

数字化物流管理通过实时数据管理和协作,使企业能够全面了解供应链中各个环节的状态与动态。通过数据采集和分析,企业可以实时监测货物位置、运输状态和库存水平等重要信息,从而更好地进行运输和仓储计划。同时,数字化物流管理也促进了供应链中各个参与方之间的信息共享与协同工作。供应商、制造商和物流服务提供商可以通过实时数据和信息的交流,共同协调运输计划、减少延误和提高货物流转效率。例如,供应商可以准确了解生产需求和库存状况,以便及时调整生产和供应计划;物流服务提供商可以根据实时需求进行路线调整和运输优化;分销商可以实时跟踪货物的到达时间,以便做好接收和分销准备。

案例: 亚马逊的数字化物流管理

亚马逊作为全球最大的电子商务公司,利用先进的数字技术和信息系统,实现了高效的供应链运作和灵活的物流管理,涵盖了实时数据管理和协作等方面。

实时数据管理:亚马逊通过先进的仓储管理系统和物流技术,对其仓库和库存进行实时监控和数据管理。通过物联网技术和传感器,亚马逊可以追踪货物的位置、数量和状态。这使得亚马逊能够实时了解库存水平,避免库存积压或缺货情况。

协同工作和信息共享:亚马逊借助先进的信息系统和数字平台,能够实现供应链中各个参与方之间的协同工作和信息共享。供应商、制造商和物流服务提供商可以通过亚马逊的供应链平台,共享订单信息、库存数据和运输状态等重要信息。这样,各方可以更好地协调运输计划,减少延误和提高货物流转效率。

智能运输和仓储优化:亚马逊利用人工智能和大数据分析技术,优化运输和仓储过程。通过分析历史订单数据、交通状况和货物特性等因素,亚马逊可以选择最佳运输路线、运输模式和仓储策略。这样,亚马逊能够提高物流效率、减少运输成本，并更好地满足客户的需求。

通过数字化物流管理的实践，亚马逊实现了高效的供应链运作和灵活的物流管理。这使得亚马逊能够快速配送订单，并提供优质的物流服务，为顾客提供卓越的购物体验。亚马逊的成功案例证明了数字化物流管理对于企业形成综合竞争优势的重要性。

7.3.3.2 智能物流系统和运输优化

智能物流系统和运输优化是数字化物流管理的关键要素。借助人工智能、大数据分析和预测模型等技术，企业可以实现智能化的订单处理、库存管理和运输决策。智能物流系统可以自动化执行一系列重复性任务，减少人为操作和错误。运输优化则通过智能订单处理和库存管理、优化运输路线、选择最佳运输模式和动态调度，提高物流效率和降低成本。

（1）智能订单处理和库存管理。通过智能物流系统，企业可以实现自动化的订单处理和库存管理。根据历史订单数据和实时市场需求，系统可以预测订单量和库存需求，并自动进行订单处理和库存补充。这种智能化的处理可以大大减少人为错误和时间成本。同时，通过实时库存监测和分析，系统可以提供准确的库存水平数据，帮助企业减少库存积压和缺货情况。

（2）运输路线优化。利用人工智能和大数据分析技术，智能物流系统可以优化运输路线，选择最佳路径以减少时间成本和燃料消耗。通过考虑各种因素，如交通状况、距离、货物特性等，系统可以实时计算最佳路径，避免拥堵和不必要的行驶里程。这种运输路线优化可以提高物流效率、提前交付时间，并减少运输成本。

（3）动态调度和运输模式选择。智能物流系统可以根据实时数据和需求情况进行动态调度，并选择最佳的运输模式。通过分析货物特性、目的地、货运量等因素，系统可以自动决策使用最优运输模式（陆运、航运、铁运等）。这种动态调度和运输模式选择可以降低运输成本，并提高运输效率和灵活性。

（4）货物追踪和实时通知。智能物流系统可以提供货物的实时追踪和通知服务。企业和客户可以通过系统实时监测货物的位置和运输状态，包括配送进度、预计到达时间等关键信息。这种实时追踪和通知可以提高供应链的可见性和透明度，帮助企业和客户做出及时决策和安排，减少等待时间和延误。

可见，智能物流系统和运输优化通过借助人工智能、大数据分析和预测模型等技术，为企业提供了智能化的订单处理、库存管理和运输决策等服务。这些技术的应用可以提高物流效率、降低成本，并提供实时数据和信息的可视化，帮助企业做出及时决策和调整。

7.3.4 数据驱动的业务模式创新

数据驱动的业务模式创新是指企业利用数据分析和技术，以数据为基础来创造和提供新的产品、服务和商业模式。制造业可以充分利用大数据和人工智能技术，对生产和运营过程进行数据分析和预测，以支持决策制定和业务优化。通过数据驱动的决策和运营，制造业可以更好地了解市场需求、优化产品设计，并提供个性化定制服务，实现创新和持续竞争优势。在接下来的内容中，我们将详细探讨这些关键方面，并给出相应的案例支持。

7.3.4.1 数据挖掘和分析在市场营销中的应用

在数字经济时代，数据挖掘和分析在制造业市场营销中发挥着重要作用。通过数据挖掘和分析，制造企业可以深入了解市场和客户，从而制定更精确和具有针对性的市场营销策略。数据挖掘和分析可以在以下方面提升市场营销效果：

（1）市场细分和目标定位。通过分析大数据，制造企业可以识别出不同市场细分和潜在客户群体，并根据其需求和特征进行目标定位。这有助于企业将有限的资源投入到最有价值和有潜力的市场细分，提高市场覆盖和市场份额。许多制造企业都广泛采用这些技术来实现更精确的市场细分和目标定位。以下是一个具体的案例。

案例：Procter & Gamble（P&G）

Procter & Gamble（P&G）是一家全球领先的消费品制造商，他们通过数据挖掘和分析来实现市场细分和目标定位的优化。P&G利用大数据技术分析消费者购买习惯、需求和偏好，从而将其市场细分为多个特定的消费者群体。例如，他们可以识别出对于婴幼儿产品有需求的年轻父母这一特定细分市场。

利用这些数据分析结果，P&G可以针对不同消费者群体制定不同的市场营销战略。他们可以开发个性化的广告和促销活动，精准地定位产品包装和价格，并在特定渠道进行销售。通过这种方式，P&G能够更好地满足不同消费者群体的需求，提高市场占有率和销售额。

该案例表明，数据挖掘和分析可以帮助制造企业更好地了解市场和客户，从而优化市场细分和目标定位，以实现更精确和具有针对性的市场营销策略。这不仅可以提高企业的市场覆盖和竞争力，还能够提升客户满意度并增加销售额。

(2）客户行为预测。通过数据分析技术，制造企业可以挖掘和分析客户的购买历史、行为模式和偏好，从而预测客户的未来行为和需求。这有助于企业精准定制产品和服务，提供个性化的客户体验，并增加客户忠诚度。

> **案例：** 亚马逊的个性化推荐系统
>
> 亚马逊作为世界上最大的在线零售商，利用数据挖掘和分析技术来预测客户的行为和需求，从而提供个性化的推荐服务。亚马逊通过分析客户的购买历史、浏览记录、点击行为以及其他关键指标来了解他们的偏好和兴趣。
>
> 基于这些数据分析的结果，亚马逊能够为每个客户提供定制化的产品推荐。当用户访问亚马逊网站或使用亚马逊的移动应用程序时，系统会根据他们的个人喜好和过去的行为，自动向他们展示可能感兴趣的产品和服务。这种个性化的推荐系统旨在提高客户满意度和购买率。通过数据分析和挖掘技术，亚马逊能够实时追踪和分析客户行为模式的变化，根据客户的喜好和偏好进行动态调整，并持续提供准确的个性化推荐。这种能力不仅提高了客户的购物体验，还增强了客户的忠诚度和持续购买的意愿。
>
> 这个案例展示了数据挖掘和分析在客户行为预测中的应用。通过深入了解客户的行为和偏好，制造企业可以精确预测客户的未来行为和需求，以提供个性化的产品和服务，从而增加客户忠诚度和长期价值。

（3）营销活动优化。通过数据分析，企业可以评估和优化各类营销活动的效果，包括广告投放、促销策略和销售渠道选择等。企业可以通过分析数据，了解各项营销活动的回报率和影响力，从而做出更明智的决策和调整，提高营销投资回报率（ROI）。

> **案例：** 电子商务企业广告投放优化
>
> 假设一个在线电子商务企业正在进行广告投放活动，他们希望通过数据分析来评估和优化广告投放的效果，以提高投资回报率。
>
> 企业首先收集与广告投放相关的数据，包括广告点击率（CTR）、转化率、销售额等指标数据。他们还收集了广告投放渠道、广告内容、受众人群等相关信息。
>
> 然后，利用数据分析技术，企业对广告投放数据进行分析。他们可以使用各种统计分析和机器学习算法，来探索广告投放策略对指标数据的影响，并找出潜在的优化机会。例如，他们可以使用 A/B 测试来比较不同广告内容或投放渠道的效果；他们可以将目标群体分成不同的小组，对比不同广告策略的效果，从而

确定哪种策略更有效。

基于数据分析的结果,企业可以评估每个广告投放活动的回报率和影响力。他们可以比较不同广告渠道和内容的表现,并识别出最成功的投放组合。例如,他们可能发现某个特定的广告渠道在转化率和销售额方面表现出色,而其他渠道的表现较差;他们可以把更多的广告预算投入到高效渠道,同时减少在低效渠道上的投放,以提高整体的投资回报率。

此外,通过数据分析可以洞察受众特征和购买行为。企业可以利用这些信息优化目标市场的选择和广告内容的定位,从而提高广告的效果。

通过数据分析和优化,企业可以做出更明智的决策,优化营销活动,提高投资回报率。这种数据驱动的方法可以帮助企业有效地利用有限的资源,提高广告活动的效果,并增加销售额和业务量。

(4)用户观点分析。通过数据挖掘和分析技术,企业可以从社交媒体、在线评论和客户反馈等渠道中收集用户的观点和意见。这有助于企业了解产品的优缺点、客户的需求和期望,从而进行产品改进和创新,以满足市场需求。

(5)竞争对手分析。通过数据分析,企业可以监测和分析竞争对手的营销活动、产品定价和市场份额等信息。这可以帮助企业了解竞争对手的策略和优势,从而调整自身的营销策略,保持竞争优势。

7.3.4.2 云计算和边缘计算对业务模式的影响

在当今数字化时代,企业需要适应快速变化的商业环境和技术发展,以保持竞争力并创造新的商机。云计算和边缘计算作为两种重要的技术,对业务模式产生了显著的影响。云计算通过提供计算资源和存储能力的灵活性,以及快速开发和部署新产品的能力,为企业创造了更加灵活、创新和高效的商业模式。而边缘计算则将计算和数据处理推向靠近数据源的边缘设备,具有实时性、低延迟和数据安全的优势。本书将探讨云计算和边缘计算对业务模式的具体影响,制造业可以更好地利用云计算和边缘计算技术,为自身业务模式带来持续发展和竞争优势。

云计算是指通过互联网将计算资源、存储和应用程序提供给用户的一种服务模式。而边缘计算是一种分布式计算架构,通过将计算和数据处理推向靠近数据源的边缘设备,减少数据传输延迟并提高实时性。

(1)云计算对业务模式的影响主要包括:第一,云计算可以根据企业的需求快速提供计算和存储资源,避免了传统的硬件依赖和大规模投资。企业可以根据业务需求快速扩展或缩减资源,从而实现更灵活的业务模式和成本控制。第二,云计算提供了强大的开发和测试平台,使企业能够更快地开发和部署新的产品和服务。企业可以通过云端的资源和工具快速迭代和创新,从而提前产品上市时间,提高竞争力。第三,云计算使多个用户可以共享相同的基础设施和资源,从而提高资源利用率和效率。企业可以通过云服务提供商的平台,与供应商、合作伙伴和客户进行即时的信息共享和协作,促进业务合作和创新。

(2)边缘计算对业务模式的影响主要包括:第一,边缘计算将计算和数据处理推向边缘设备,减少了数据传输的延迟。这对于需要实时数据分析和决策的业务非常重要,如物联网设备、智能制造等。边缘计算使企业能够更快地响应和处理实时的数据,并实现基于实时数据的业务模式创新。第二,边缘计算可以在本地设备或边缘节点上进行数据处理和存储,减少了数据在网络中传输的风险。企业可以在边缘设备上进行敏感数据的处理,提高数据安全性和隐私保护,符合数据保护法规和合规要求。第三,边缘计算可以在网络不稳定的环境下继续工作,对于需要离线功能或对网络连接敏感的应用非常重要。企业可以通过边缘计算实现高可靠的业务模式,如工业自动化、智能交通等。

7.3.5 制造业生态系统的建设与优化

7.3.5.1 制造业平台化的发展趋势

制造业平台化是数字经济时代下构建制造业竞争优势的关键之一。制造业平台化指的是建立一个开放的、多方参与的平台,集成资源和服务,促进制造企业间的合作与协同创新。

目前,制造业平台化主要有以下几个发展趋势:

(1)平台化生态系统。制造业生态系统正在从传统的线性供应链向平台化生态系统转变,各个环节的参与者可以在平台上进行合作,共享资源和信息。

案例: GE Aviation 和 CFM International 的数字化平台

GE Aviation 和 CFM International 是世界领先的航空发动机制造商。它们通过建立数字化平台,实现了制造业生态系统的平台化转变。它们的数字化平台名为"GE Aviation Digital Solutions"和"CFM Leap Digital Services",为航空公司、维修和保养提供商以及其他产业参与者提供了全面的解决方案。

数字化平台使 GE Aviation 和 CFM International 能够与他们的供应商、合作伙伴和客户进行紧密合作,共享资源和信息。这种合作关系在产品开发、供应链管理和售后服务等方面发挥着重要作用。通过平台化生态系统,GE Aviation

和 CFM International 能够更高效地管理生产、供应链和维修等各个环节。根据数据统计,借助数字化平台,GE Aviation 实现了 40%的生产效率提升。数字化平台使得用户能够实时收集和分析大量的数据,从而帮助制造商做出更准确的决策。据报道,GE Aviation 的数字化平台每天能够收集数百万个数据点,用于优化发动机性能和预测维修需求。

制造业生态系统向平台化转变的逻辑是多方面的。首先,数字技术的快速发展和普及,使得数据的收集、分析和共享变得更为容易和高效。其次,制造业企业意识到通过合作和共享资源可以实现更高的效率和创新。而平台化生态系统提供了一个便捷的平台,使得各个环节的参与者能够更紧密地合作、共享资源和信息,从而实现更高的价值创造。另外,数字化平台的建立还能带来更多的商业机会和增值服务。通过数据分析和预测,制造商能够提供更定制化的产品和服务,满足客户的个性化需求。同时,平台也有助于降低供应链的风险和成本,提高生产效率和产品质量。

总的来说,制造业生态系统向平台化转变是基于数字化技术的变革和合作共享的理念。通过数字化平台,制造商能够实现更高效的合作、资源共享和信息交流,从而提升整个生态系统的效率和创新能力,这种转变对于提升制造业的竞争力和促进可持续发展具有重要意义。

(2)模块化和定制化。制造业平台可以基于模块化的设计和制造,实现定制化生产,满足个性化需求。当涉及制造业平台的模块化和定制化时,一个典型的案例是 LEGO 集团。

案例: LEGO 集团的模块化和定制化制造

LEGO 是一家世界知名的玩具公司,以其标志性的彩色积木而闻名。LEGO 成功地运用了模块化的设计和制造,使他们的产品能够满足不同消费者的个性化需求。

模块化设计:LEGO 积木是采用模块化设计的经典例子。每个积木块都具有标准化的尺寸和连接方式,这使得消费者可以根据自己的创意和需求自由组装。据统计,LEGO 积木系统中有超过 7000 种不同的积木元素。

定制化生产:LEGO 还通过定制化生产满足消费者的个性化需求。他们推出了名为"LEGO IDEAS"的平台,允许粉丝们设计和提交自己的积木模型构思。当一项构思收到足够的支持票数后,LEGO 将考虑将其制作成真实的产品。这种定制化生产方式使得消费者能够获得独特的、有个性的 LEGO 产品。

模块化设计和定制化生产是制造业平台实现个性化需求的关键因素。首先,通过模块化设计,制造商可以将产品拆分为标准化的模块或组件,使组装和定制变得更加灵活和容易。这使得消费者能够根据自己的喜好和需求选择和搭配产品,实现个性化定制。其次,定制化生产通过允许消费者参与到产品设计和制作的过程中,实现了更高程度的个性化。这种参与性的设计模式不仅能够满足消费者的个人化需求,还可以激发消费者的创造力和参与度,增强其对产品的认同感和忠诚度。最后,模块化和定制化不仅提供了创造独特产品的能力,还能提高制造过程的效率和灵活性。模块化设计使产品的组装和生产变得简单和可重复,提高了生产效率。定制化生产则减少了库存和浪费,使企业能够更快地响应个性化需求。

综上所述,模块化和定制化是制造业平台满足个性化需求的关键策略和机制。通过模块化设计和定制化生产,制造商能够满足消费者的个性化需求,提高产品的竞争力和市场份额。同时,这种模式还可以提高生产效率和灵活性,实现可持续发展。

(3)数据驱动的决策。平台化模式下的制造企业可以通过大数据分析和人工智能技术,实时监测和优化生产过程,做出更加精准的决策。

案例: **工业机器人制造企业 ABB 的数据驱动决策**

ABB 是全球领先的工业自动化和机器人技术提供商。他们运用大数据分析和人工智能技术,实时监测和优化生产过程,从而做出更加精准的决策。

大数据分析:ABB 在生产过程中收集大量的数据,包括机器运行状态、工作参数、传感器数据等。通过对这些数据进行分析,ABB 能够深入了解机器性能、生产能力和质量情况。

实时监测与优化:ABB 借助先进的传感器和物联网技术,实时监测和收集数据。通过这些数据,他们可以及时发现潜在的问题或优化机器运行状态。例如,通过监测传感器数据,他们可以实时检测到设备的故障、过载或温度异常,并及时采取措施避免生产停机或损坏。

精准决策:基于大数据分析和实时监测结果,ABB 运用人工智能技术来做出精准决策。例如,在预测设备故障方面,他们使用机器学习算法分析历史数据,识别出可能导致故障的模式和特征,从而提前采取措施进行维护和修复,减少生产中断的风险。

数据驱动的决策是平台化模式下制造企业的关键能力。首先,通过大数据分析和人工智能技术,企业能够获取丰富的信息和洞察,实时监测生产过程,从而帮助他们做出更加精准的决策。其次,大数据分析能够揭示隐藏在海量数据中的模式和趋势,帮助企业了解产品质量、设备性能和生产效率等方面的情况。最后,实时监测和优化技术使企业能够迅速发现问题和机会,并采取相应的行动。人工智能技术则能够通过机器学习和预测分析,提供精确的预测和决策支持。

通过数据驱动的决策能力,制造企业可以实现以下好处:第一,通过实时监测和优化,企业能够减少生产中断、避免资源浪费,并优化生产流程,提高生产效率。第二,通过大数据分析和实时监测,企业可以识别和纠正质量问题,改进产品设计和制造过程,提供更高质量的产品。第三,通过精准决策,企业可以减少不必要的维修和更换成本,优化资源利用,降低运营成本。

(4) 跨界合作。制造业平台可以促进不同行业之间的合作创新,例如制造业与物流、金融、互联网等行业的融合。

案例: **淘宝制造+数字化物流的跨界合作**

淘宝作为中国最大的电子商务平台,通过与制造业和物流行业的跨界合作,推动了产业链的融合和创新。

首先,淘宝通过建立合作供应链,与制造企业合作开展深度定制和共同研发。制造企业可以根据淘宝平台上的销售数据和消费者需求进行产品设计和生产,以满足市场需求。根据阿里巴巴集团披露的数据,淘宝的制造与供应链合作伙伴的数量超过1000家,合作产品覆盖服装、家居、电子产品等多个领域。

其次,淘宝通过与物流公司的合作,建立了高效的数字化物流体系。物流公司通过接入淘宝平台,可以实现订单信息的实时传输、仓储管理的优化以及快速配送等服务。根据物流公司顺丰速运公布的数据,淘宝是其最大的客户,2019年淘宝平台的销售额贡献了顺丰速运营业额的一半以上。

制造业平台可以促进不同行业之间的合作创新,特别是与物流、金融、互联网等行业的融合。这种合作可以带来以下好处:

首先,通过与制造企业的合作,电商平台可以更好地理解市场需求,并与制造企业共同研发符合消费者需求的产品。制造企业可以通过电商平台的销售数据和用户反馈,及时调整和改进产品设计和制造。

其次,通过与物流公司的合作,电商平台可以实现更高效的物流配送,缩短订单处理时间,提高物流管理的可视化和数字化水平。物流公司通过接入电商平台,可以获取实时的订单信息,进一步优化物流网络和配送效率。

最后,跨界合作可以为用户提供更好的购物体验。例如,快速、准确的物流配送可以提前交付时间,提高用户满意度。此外,通过与金融行业的合作,电商平台可以提供更多的支付、信用和金融服务,增加用户的购物便利性。

7.3.5.2 制造业平台化发展面临的挑战

在制造业平台化发展的进程中,虽然带来了新的机遇,但同时也面临着一系列重要挑战。从技术转型到数据安全,以及从合作关系到产品质量,这些方面的问题都需要制造业平台化系统综合而全面的解决方案。

首先,技术融合与标准化是制造业平台化发展中亟待解决的问题。不同制造业平台之间存在着各异的技术和标准,为实现互操作性和数据共享,必须进行技术融合与标准统一的工作。这不仅要求技术层面的整合,还需要建立行业共识,以促进平台间协同发展。

其次,知识产权保护成为制造业平台化模式下的一项复杂任务。在平台化的运作中,涉及知识产权的保护和分享,需要建立更为完善的法律和政策框架。这有助于保障知识创造者的权益,同时促进信息分享和创新发展。

另外,安全与隐私问题也是制造业平台化发展中的重中之重。由于平台化模式涉及大量的数据共享和交换,必须加强相应的数据安全和隐私保护措施。这包括技术手段的升级,以确保数据传输和存储的安全性,同时需要建立更为健全的法规和标准,以规范数据的合法使用和保护用户隐私。

因此,在克服技术、法律、安全等多方面挑战的同时,制造业平台化的发展需要各方通力合作,形成全局性的解决方案,以推动整个行业朝着更加数字化、协同化的未来迈进。

> **案例：** GE 公司的制造业平台化发展面临的挑战

GE 公司是一家全球知名的制造公司,其制造业平台化发展面临了以下挑战:

GE 公司旗下拥有多个业务部门和制造工厂,每个部门和工厂使用的技术和标准各不相同。实现平台化要求不同部门之间的技术融合和标准统一,以便于数据交换和流程协同。这需要解决各个部门之间的技术差异和标准不一的挑战。

GE 公司在制造业平台化过程中需要共享核心技术和知识,以促进合作和创新。然而,知识产权的保护成为一个重要问题。GE 需要确保在共享知识的同时保护其核心技术和专利,并制定相应的法律和政策来维护知识产权。

制造业平台化涉及大量敏感数据的共享和交换,包括生产信息、供应链数据和客户数据等。GE 需要采取措施来加强数据安全和隐私保护,以防止数据泄露和未授权使用。这需要投资于安全技术、隐私政策和员工培训等方面。

制造业平台化发展面临的挑战涵盖了技术、知识产权和安全等多个方面。技术融合与标准化是因为不同制造业平台之间存在着技术差异和标准不一致,需要通过统一和融合来实现互操作性和数据共享。知识产权保护是因为在平台化模式下,共享核心知识和技术会面临知识产权的保护和分享问题。安全与隐私是因为平台化模式需要大量的数据交换和共享,要求加强数据安全和隐私保护的措施。

克服这些挑战需要制定相应的策略和措施。例如,通过技术标准的制定和推广来促进技术融合和互操作性;通过建立知识产权保护机制和合作框架来平衡知识共享和知识产权保护;通过加强数据安全措施和隐私政策来保护数据安全和用户隐私。

7.3.5.3 制造业与数字经济的融合与协同创新

在数字经济的映衬下,制造业正积极迎接新的机遇,实现与数字技术的深度融合以及协同创新。首先,通过物联网(IoT)和智能制造,制造业能够将设备、传感器和产品巧妙地连接到互联网,从而实现设备的智能化和自动化,有效提升生产效率和品质控制。其次,大数据和数据分析在制造业中的应用也变得至关重要,通过利用大数据技术,制造业可以收集、存储和分析大量生产过程中产生的数据,发现潜在的优化和改进机会。

同时,人工智能(AI)和机器学习的广泛运用也是数字经济融合的关键方面,它们不仅在质量检测方面展现出强大的能力,还在预测性维护、供应链优化等多个领域发挥着重要作用,提升了整个制造过程的智能水平。此外,虚拟现实(VR)和增强现实(AR)技术的引入使得制造业能够更高效地进行产品设计、生产仿真和培训等活动,进一步提升了效率和品质。

在数字经济时代,协同创新成为制造业的重要特征。制造企业不再是孤立发展,而是与科技公司、高校研究机构以及其他制造企业展开合作,共同进行研发、创新和市场拓展,以提升整个产业的竞争力。这种合作模式有助于汇聚各方优势资源,加速技术创新和应用,使制造业更好地适应数字经济的发展趋势。

案例: 汽车制造业与数字经济融合的案例

汽车制造业是一个典型的例子,展示了数字经济对于制造业的影响和融合。

物联网和智能制造:汽车制造商通过将车辆上的传感器和设备连接到互联网,实现了智能制造。例如,现代汽车的工厂采用物联网技术,使各个设备和机器能够实时通信和协作，自动调整生产线和提高生产效率。

大数据和数据分析：汽车制造商利用大数据技术来收集和分析与车辆和生产过程相关的大量数据。通过分析这些数据，制造商可以了解车辆的使用情况、用户行为和市场需求，从而优化产品设计和生产计划，提供更符合消费者需求的车辆和服务。

人工智能和机器学习：汽车制造业利用人工智能和机器学习技术来改善生产流程和质量控制。例如，通过使用机器学习算法对传感器数据进行实时分析，可以预测设备故障和进行预防性维护，减少停机时间和故障率。

虚拟现实和增强现实：汽车制造商使用虚拟现实和增强现实技术来辅助产品设计和生产过程。通过虚拟现实技术，设计师可以在虚拟环境中进行产品设计和评估，提前发现和解决问题。而增强现实技术则可以帮助生产工人进行装配和维修操作，提高操作准确性和效率。

综上所述，汽车制造业与数字经济的融合提供了许多机遇，涵盖了物联网、大数据、人工智能、虚拟现实和协同创新等方面。这些案例支持数字经济对制造业的积极影响，并展示了数字技术在制造业中的广泛应用和潜力。

制造业与数字经济的融合带来了许多新的机遇和创新方式，物联网的应用实现了设备的智能化和自动化，为制造业提供了更高的生产效率和品质控制。大数据和数据分析技术让制造商能够获取和分析规模庞大的数据，从中发现潜在的优化和改进机会。而人工智能和机器学习技术可以应用于质量检测、预测性维护和供应链优化等方面，提高制造业的智能化水平。虚拟现实和增强现实技术则提供了更好的产品设计和生产仿真能力，提高了效率和品质。

此外，协同创新也是数字经济时代下制造业的重要特征。制造企业与科技公司、高校研究机构以及其他制造企业之间的合作能够共同进行研发、创新和市场拓展，通过互相补充优势，提升整个产业的竞争力。

案例：机器人制造业中的协同创新

在数字经济时代下，协同创新是机器人制造业中的一个重要特征。

制造企业与科技公司的合作：制造企业与科技公司之间的合作可以实现技术交流和共同研发，从而推动机器人制造业的创新。例如，一个制造企业与一家专门从事机器人技术研究的科技公司合作，共同开发一个新型的高精度机器人。制造企业提供对实际应用场景和市场需求的洞察，科技公司则提供前沿的研发技术和专业知识。这样的合作能够缩短新产品的研发周期，将最新的技术应用到机器人制造中，从而提升整个产业的竞争优势。

制造企业与高校研究机构的合作:制造企业与高校研究机构之间的合作可以促进学术研究与实际应用的结合,为机器人制造业的发展提供新的思路和解决方案。例如,一个制造企业与一所研究机构合作进行联合研发,共同研究机器人的自主导航和感知技术。制造企业提供实际的生产环境和需求,高校研究机构提供学术专业知识和研发资源。通过此合作,制造企业可以获得前沿的研究成果并将其应用到自己的生产中,同时研究机构也可以通过实际场景的验证和数据反馈,改善和优化他们的研究,同时将过程作为案例融入教学中。

从案例分析可知,协同创新在数字经济时代下的制造业中发挥着重要作用。制造企业与科技公司、高校研究机构以及其他制造企业之间的合作为各方带来了互补的优势。合作伙伴之间可以共享知识、技术和资源,共同进行研发、创新和市场拓展。

通过协同创新,制造企业能够更好地应对市场的变化和挑战,提升自身的竞争力和创新能力。合作伙伴之间的优势互补能够共同推动机器人制造业的发展,并促进整个产业的进步。

7.4 数字经济背景下中国制造业在全球价值链中的竞争地位

中国制造企业正积极进行数字化转型,通过引入先进的生产技术和数字化解决方案,提升生产效率和产品质量,同时优化供应链和生产流程。数字化转型使得中国制造企业能够更好地满足全球市场对个性化、高品质和快速交付的需求。通过与全球合作伙伴的紧密协作和交流,中国制造企业逐渐加入全球价值链,并在其中扮演着越来越重要的角色,为中国制造企业实现全球价值链参与提供了重要的基础和支持。

7.4.1 中国制造业数字化转型的现状

中国制造业数字化转型正成为中国经济发展的重要推动力,为制造业注入了新的活力和竞争优势,不仅改变了制造业的生产方式和商业模式,还对企业的运营管理和未来发展提出了新的要求。目前中国制造业数字化转型现状主要呈现出以下特点:

(1)政府支持:中国政府高度重视数字化转型,在《中国制造 2025》中明确提出推动制造业向数字化、网络化、智能化方向发展的目标,并出台了一系列政策和措施来支持数字化转型。例如,制定了数字化工厂建设财政补贴政策,对数字化设备和系统的采购给予税收政策优惠,以及加大对人才培养与引进的支持力度等。

(2) 技术基础：中国在数字技术领域有着雄厚的基础，尤其在云计算、大数据、物联网和人工智能等方面取得了重要进展，这为制造业的数字化转型提供了技术支持。

云计算：中国是全球最大的云计算市场之一，具有庞大的数据中心基础设施和云服务供应商。根据国际数据公司（IDC）的数据，2020年中国公有云市场规模达到209.4亿美元，增长率为55.6%。

案例：

阿里云是中国领先的云计算服务提供商，为众多制造企业提供云端计算和存储服务，帮助它们实现数字化转型和创新。

大数据：中国拥有庞大的数据资源和数据处理能力。根据国家统计局的数据，中国的大数据产业规模在2019年达到7905亿元人民币（约合1215亿美元），增长率为26.3%。

案例：

华为云推出了大数据平台FusionInsight，帮助制造企业处理和分析海量数据，提供数据驱动的决策支持。

物联网：中国是全球最大的物联网市场之一，具有庞大的物联网设备和应用基础。根据中国物联网产业发展联盟的数据，2020年中国物联网产业规模达到了1.93万亿元人民币（约合2972亿美元）。

案例：

华为推出了物联网平台OceanConnect，为制造业提供物联网连接和数据管理，实现设备互联和智能化生产。

人工智能：中国在人工智能领域取得了重要进展，拥有丰富的人工智能技术和创新应用。根据中国信息通信研究院的数据，2020年中国人工智能市场规模达到1161亿元人民币（约合178亿美元）。

案例：

百度推出了人工智能平台PaddlePaddle，为制造业提供机器学习和深度学习技术，实现智能制造和优化生产流程。

由此可见，中国在云计算、大数据、物联网和人工智能等数字技术领域取得了显著进展,这些技术为制造业的数字化转型提供了支持,同时也为中国制造业的综合竞争优势的形成与强化提供了基础和条件:云计算提供了高效的计算和存储资源,大数据分析提供了数据驱动的决策支持,物联网连接了设备和系统,人工智能实现了智能化的控制和优化。这些技术的应用可以提高制造业的生产效率、产品质量和运营管理水平。同时,技术的规模化应用也促进了技术的不断进步和创新,为制造业数字化转型的实施提供了可行性和前景。

(3)行业先导:一些行业在数字化转型方面取得了先导性的成果,如智能制造、工业互联网和数字化供应链。这些行业的成功经验为其他行业的转型提供了借鉴和参考。

智能制造:智能制造通过融合先进的数字技术和制造业,实现生产流程的自动化、智能化和协同化。据中国工业互联网研究院的数据,中国智能制造市场规模预计在2022年达到1.3万亿元人民币(约合2006亿美元)。

案例:

中国的乌鲁木齐钢铁集团和电子制造巨头富士康是智能制造的成功案例。乌鲁木齐钢铁集团通过数字化技术的应用实现了产能提升和生产效率的提高,富士康则利用自动化和机器人技术实现了高效的生产线和物流管理。

工业互联网:工业互联网是指通过物联网、云计算和大数据等技术,将生产设备、工厂和供应链等各个环节进行连接和集成。根据中国工业互联网产业联盟的数据,中国工业互联网市场规模预计在2022年达到2.6万亿元人民币(约合4024亿美元)。

案例:

中国的国家电网是工业互联网的典型案例之一。国家电网通过建设智能电网,实现了对电力生产、输送和分配等环节的数字化、自动化和智能化管理,提高了电网的运行效率和供电质量。

数字化供应链:数字化供应链利用物联网、大数据和人工智能等技术,将供应链的各个环节进行数字化和智能化管理,优化供应链的运作效率和业务流程。根据中国物流与采购联合会的数据,中国数字化供应链市场规模在2020年达到1.6万亿元人民币(约合2464亿美元)。

案例:

中国的京东物流是数字化供应链的典型案例。京东物流通过物联网技术将仓储设施和运输车辆进行连接和管理,通过大数据分析实现了订单的智能调度和快速配送,提供高效的供应链解决方案。

智能制造、工业互联网和数字化供应链等行业在数字化转型方面取得了先导性的成果,这些行业的成功经验为其他行业提供了借鉴和参考。这些行业的数字化转型实践证明了数字技术的应用对于提高生产效率、降低成本、优化供应链和提升企业竞争力的重要性。其他行业可以从这些先导行业的成功案例中学习并应用相关的数字技术和管理模式,加速其自身的数字化转型进程。此外,先导行业所面临的挑战和解决方案也为其他行业提供了经验教训,帮助它们在数字化转型中避免一些潜在的困难和错误。

7.4.2 中国制造业数字化转型的挑战

尽管中国制造业在数字化转型方面取得了许多积极的成果,但这一转型过程也面临着种种挑战。以下将关注中国制造业数字化转型面临的挑战,并深入探讨如何克服这些挑战进一步推动行业的发展。

(1) 技术应用能力:虽然中国在数字技术领域有一定优势,但在实际应用中仍面临技术应用能力不足的问题。很多企业仍需要提升技术研发和创新能力,以更好地将数字技术应用于生产和管理过程。根据2020年中国互联网企业百强榜单,仅有少数企业在数字化转型方面取得了成功。其中某些领先企业如阿里巴巴、华为和小米等在推动数字化转型方面起到了积极的推动作用,但其他企业仍存在差距。

例如,在制造业领域,很多企业仍停留在传统生产工艺和管理模式上。根据中国企业家研究院发布的数据,截至2020年,中国制造企业数字化转型水平仅为32.5%,仍有很大的提升空间。

造成技术应用能力不足的原因有几个方面:首先,部分企业缺乏足够的研发投入。虽然中国在科技创新方面取得了显著进展,但仍需加大研发投入,培养更多高素质的技术人才,提高技术研发和创新能力。其次,企业在数字化转型过程中可能面临技术适应性和应用难题。数字技术的引入需要企业调整现有的工艺、管理和组织结构,这对企业而言是一个相对复杂的过程。因此,企业需要在技术投入的同时,也要关注技术的实际应用和适应性,以确保数字化转型的顺利进行。此外,数字化转型需要企业具备整体规划和战略执行的能力。仅仅掌握了数字技术并不足以实现有效的转型。企业需要明确自身的数字化目标,制定合适的战略和规划,并将其贯彻到组织的各个层面。这需要企业具备全员参与的文化氛围,并进行持续的员工培训和教育。

综上所述，尽管中国制造业在数字化转型方面有一定优势，但在技术应用能力方面仍存在挑战。通过加大研发投入、提高技术适应性、制定整体规划和战略，中国制造业可以克服这些挑战，推动数字化转型的进程，并将其转化为持续发展的竞争优势。

(2) 数据安全与隐私保护：数字化转型需要大量的数据收集、存储和分析，因此数据的安全性和隐私保护是一个重要的挑战。在数字化转型过程中，确保数据安全性和隐私保护是一项重要任务：数据泄露事件的数量和影响力逐渐增加，突显了数据安全的问题。根据中国互联网安全报告，2020年中国发生的数据泄露事件超过了11 000起，涉及的个人信息超过了5.8亿条。这些数据泄露事件对个人隐私和企业声誉造成了严重损害。

案例：

2018年，中国某知名网络教育平台发生了大规模的数据泄露事件，超过1.7亿学员的个人信息被泄露。此事件引发了广泛的关注和批评，对该教育平台的声誉造成了严重影响。

数据安全和隐私保护的挑战主要有以下几个方面：首先，数据收集和存储过程中存在漏洞。在数字化转型中，企业需要收集和存储大量的数据以支持业务和决策。然而，在这个过程中，数据安全性容易受到威胁，例如未经授权的访问、数据被盗取或篡改等。其次，数据分享和合作的需求带来了隐私保护的难题。在数字化时代，企业需要与合作伙伴、供应商和客户分享数据以实现更好的协同效应和商业合作。然而，这也增加了数据隐私泄露的风险，尤其是在信息流转过程中可能发生的数据泄露和滥用。此外，技术漏洞和攻击方式的不断进化也是数据安全和隐私保护的挑战之一。黑客和恶意分子利用先进的技术手段不断寻找和利用系统漏洞，企图获取敏感数据或者进行网络攻击。因此，企业需要不断提升自身的网络安全防护能力，及时更新防御措施，保护数据安全和用户隐私。

(3) 人才培养和转型：数字化转型需要具备相关技术和管理知识的人才，但目前中国制造业在数字化转型方面的人才缺口较大。在数字化转型中，确保拥有足够数量和质量的具备相关技术和管理知识的人才是至关重要的。根据中国人力资源社会保障部发布的数据，截至2020年，中国制造业数字化转型需要的人才缺口预计为200万人，其中包括技术和管理方面的专业人才。《中国制造业数字化转型人才研究报告》指出，99%的中国制造企业存在数字化转型人才缺口，其中超过四分之三的企业预计在未来三年内将面临数字化转型人才断层。

> 案例：
>
> 　　一些企业已经意识到了数字化转型人才的重要性，并采取了相应的措施。例如，阿里巴巴在中国湖南省设立阿里巴巴数字经济学院，旨在培养数字化时代所需的高素质人才。

　　培养数字化转型的专业人才和提升员工的数字化技能对于中国制造业的数字化转型至关重要。通过建立合适的人才培养机制，包括教育培训体系的升级和企业内部培训计划的开展，可以缩小人才缺口，提高企业在数字化转型中的竞争力。

　　总体而言，中国制造业数字化转型取得了一定进展，但仍面临诸多挑战。政府、企业和社会各界需要共同努力，加强合作，解决技术、人才、安全和文化等方面的问题，推动制造业数字化转型取得更好的成果。

7.4.3　中国制造业在全球价值链中的竞争地位

　　中国作为全球制造业的重要参与者，在数字化投入方面正加快步伐，以提高自身在全球价值链中的竞争地位。从前面分析可知数字化投入对中国制造业竞争优势产生了重大影响。通过数字化转型，企业能够提高生产效率、灵活性和产品质量，实现智能化、自动化和协同化的生产过程。数字化技术对降低成本和提高效率起到关键作用，包括改善生产过程的效率、优化供应链管理、提升产品质量和安全性，以及改善企业的管理效能。通过应用物联网、传感器、数据分析和人工智能等技术，企业能够实时监控和控制生产环境，加快物流流动和信息交换的速度，推出定制化产品和服务，从而提高竞争优势。那些能够有效应用数字化技术并整合数字化资源的企业，在全球价值链中将具有更高的竞争地位。数字化技术在中国制造业中的应用对于提高竞争力、降低成本和增加效率具有重要意义。此外，数字化技术还能够推动创新、优化供应链管理，使企业更好地适应市场需求和全球竞争。因此，数字化投入已成为中国制造业保持竞争优势和在全球价值链中扮演重要角色的关键因素之一。

　　中国制造业在全球价值链中扮演着关键角色，并逐渐向价值链的高端迈进。随着数字化技术的发展和应用，中国制造企业正逐渐从传统的低成本劳动密集型制造向智能制造和高附加值领域转型，并积极寻求在全球价值链中的竞争优势。

　　在数字经济背景下，中国制造业在全球的定位可以从以下几个方面来考虑：

　　（1）制造业智能化转型。中国制造业正积极推动智能制造和数字化转型，通过应用物联网、大数据、人工智能等数字技术来提高生产效率、质量和灵活性。这使得中国制造业在全球制造业中具备竞争优势，成为全球智能制造的重要参与者。

（2）全球供应链关系。中国是全球最大的制造业国家，拥有庞大的供应链基础设施和制造能力。在数字经济背景下，中国制造企业与全球供应商和合作伙伴的联系更加紧密，通过数字化技术实现供应链的优化和协同，提高整体供应链的效率和竞争力。

（3）创新能力提升。中国制造业通过加大研发投入、提升科技水平和推动创新成果转化，不断提高自身的创新能力。数字技术的应用为中国制造业开辟了创新的空间，企业可以在数字化技术领域取得核心技术突破，成为全球数字化创新的领导者。

（4）数字化服务转型。随着数字经济的快速发展，中国制造业将越来越注重提供数字化服务。通过数字技术的应用，中国制造企业可以提供定制化产品和服务，满足个性化需求，增加附加值，提高客户满意度，并在全球市场上拓展更广阔的业务空间。

（5）加强跨国合作和全球化参与。中国制造业正在积极参与全球价值链的重构和重组。中国制造企业积极与国际企业合作，通过提供优质产品和服务，拓展市场份额，并在全球范围内寻找更具竞争优势的合作模式和市场机会。

中国制造业在数字经济时代的战略选择涵盖多个关键方面。首先，通过加强自主创新和技术升级，企业可以增强创新能力，通过研发投入和科技成果转化在数字化技术领域取得核心技术突破，从而在全球价值链中保持更有竞争力的地位。其次，强化企业间的合作与协同是至关重要的。制造企业应加强与供应商、合作伙伴和客户之间的协作，共同推动整个供应链的数字化转型。通过数据和资源的共享，实现供应链的优化和协同，提高整体效率和竞争力。再次，人才培养是数字化时代的迫切需求。随着数字化技术的发展，制造业需要具备数字化能力和创新思维的高素质人才。因此，企业应加强人才培养和引进，建立完善的人才培养体系和创新文化，以满足数字化转型对人才的需求。最后，积极参与全球价值链的重构和重组对于拓展市场机会至关重要。通过寻找更具竞争优势的合作模式和参与全球供应链的重新构建，制造企业可以提供高质量产品和服务，实现差异化竞争，从而在数字经济时代中保持竞争优势。这些综合的战略选择将有助于中国制造业在全球智能制造和数字化创新领域取得更显著的成就。

7.5 本章小结

中国的数字经济将持续迅猛增长，以创新驱动、数字化转型、基础设施建设、人才培养和数据安全为核心，推动数字经济健康发展。数字化转型对制造业竞争优势提升至关重要，涵盖数字化生产流程、供应链和物流管理以及数据驱动的市场营销等方面。在数字经济的背景下，中国制造业通过引入自动化、机器人技术、智能工厂和物联网应用，实现了生产智能化、高效化和灵活化，提高生产效率，降低成本。移动互联网和区块链技术应用增强了供应链透明度、可追溯性和协同能力，数字化物流管理提升了供应链可见性和效率，数据挖掘和分析在市场营销中的运用强化了竞争优势，云计算和边缘计算优势助力制造业优化业务流程、开拓市场、提供卓越用户体验。

中国制造业的数字化转型是经济发展的推动力，得到政府支持和拥有一定的技术基础。然而，仍面临技术应用能力、数据安全与隐私保护、人才培养和转型等方面的挑战，需要政府、企业和社会协同解决。通过研发投入、强化数据管理、监管措施、法规制定和人才培养机制，中国制造业能够在数字经济时代保持竞争优势，成为全球智能制造和数字化创新的关键参与者。

总体而言，中国制造业通过数字化投入在全球具备竞争优势，逐渐朝智能制造和高附加值领域迈进。在智能化转型、全球供应链、创新能力提升、数字化服务和全球合作方面，制定战略选择包括加强自主创新、技术升级、合作与协同，培养高素质人才，积极参与全球价值链的重新构建。这些战略选择将有助于中国制造业在数字经济时代保持竞争优势，成为全球智能制造和数字化创新的重要参与者。随着综合竞争优势逐渐显现，中国制造业从传统成本竞争优势向综合竞争优势的转变成为行业发展的关键，需要根据自身情况进行战略选择和调整。第 8 章将探讨这一战略选择的过程，并提供实用的指导和建议，有助于制造企业在数字经济时代中保持竞争优势，实现可持续发展，并在全球舞台上更具影响力。

第8章

从成本竞争优势到综合竞争优势的战略选择

中国制造业在过去几十年中取得了令人瞩目的成就,中国成为全球最大的制造业国家。这一成功的背后,部分归因于中国具备的成本竞争优势。然而,从前面的分析可知,随着全球经济一体化的深入推进和科技进步的快速发展,制造业面临着新的挑战和机遇。传统的成本优势已经变得不再明显,全球市场对于质量、技术创新、灵活性和可持续发展等方面的要求越来越高。中国制造业需要转变思维方式,转向综合竞争优势的战略路径,进一步提升自身的竞争力。本章将研究在智能制造和数字经济背景下推动中国制造业从成本竞争优势向综合竞争优势转型和升级的战略路径和建议。

8.1 综合竞争优势转型的动力和机遇

中国制造业正面临从成本竞争优势到综合竞争优势的转型,这是一个具有重要战略意义的发展阶段。在这个转型过程中,存在着多种动力和机遇,对于中国制造业而言,抓住这些动力和机遇将是实现持续创新和增长的关键。本章在研究中国制造业从成本竞争优势向综合竞争优势转型和升级的战略路径前,在前面分析的基础上,先简单回顾和总结制造业转型所面临的动力和机遇。

在中国制造业从成本竞争优势向综合竞争优势转型的过程中,存在多种动力和机遇,其中包括技术创新的推动、产业升级的机遇以及市场需求变化的影响(图8.1)。

(1) 技术创新在制造业转型中起到了重要的推动作用。

第一,人工智能(Artificial Intelligence,AI)的发展为制造业提供了巨大的

中国制造：
从成本竞争优势到综合竞争优势

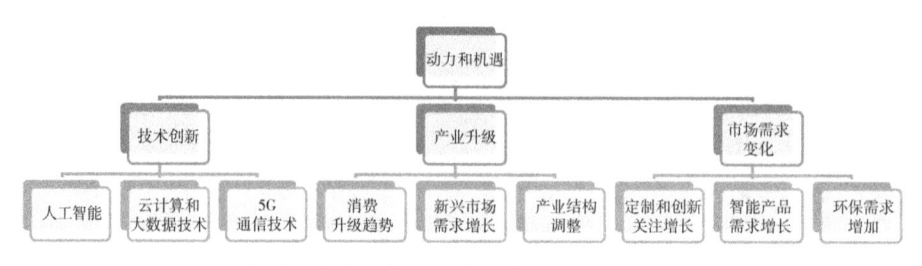

图8.1 从成本竞争优势向综合竞争优势转型的动力和机遇

机遇。通过应用机器学习、自然语言处理和计算机视觉等技术，生产过程中的自动化和智能化水平得到提升。而机器人、自动化系统和智能工厂等应用，以及智能供应链和预测性维护等领域的创新，加速了制造业生产效率的提高和质量的提升。

第二，云计算和大数据技术的快速发展为制造业带来了重要的竞争优势。制造企业可以利用云计算平台存储和分析海量数据，从而更好地应对生产过程中的挑战和变化。通过大数据分析，企业可以获得更深入的洞察、优化决策和改进产品质量。此外，云计算和大数据技术还支持企业实现供应链的数字化转型，提高生产和物流效率。

第三，5G通信技术的广泛应用将进一步推动制造业的转型。5G网络的低延迟和高带宽特性使得制造企业能够实现更快速的数据传输和实时通信。这将促进制造业实现更高级别的自动化、智能化和灵活化。例如，基于5G技术的远程操作和监控系统可以实现工厂设备的远程管理和维护，提高生产效率和工作安全性。

（2）产业升级是制造业从成本竞争优势向综合竞争优势转型的重要机遇。主要包括消费升级趋势、新兴市场需求增长和产业结构调整三方面。

第一，随着人们收入水平的提高和消费观念的变化，消费者对产品质量、品牌和创新的要求逐渐提高。这为制造业提供了向高附加值产品和服务转型的机会。通过加强产品创新、提升品牌价值和改善售后服务，制造业可以满足消费者不断升级的需求，提高市场竞争力。

第二，新兴市场的快速发展和消费能力的提升为制造业提供了巨大的市场机遇。这些市场对基础设施建设、消费品和新技术的需求不断增加。制造企业可以通过深入了解新兴市场需求，优化产品结构和供应链布局，开拓新的市场份额。

第三，优化调整产业结构是制造业实现转型的重要机遇。随着科技进步和市场需求的变化,部分传统产业面临压力和挑战,而新兴产业和高科技产业正蓬勃发展。通过适时进行产业结构调整,将资源和资本引导到具有竞争优势和创新能力的领域,制造业可以获得更好的发展机遇。

(3) 市场需求的变化对制造业竞争优势的转型具有重要影响。主要包括消费者行为变化、智能化产品需求增长和环保需求的兴起等方面。

第一,消费者对产品功能、质量、安全性和环保性等方面的关注度不断提高。消费者更加注重个性化定制和创新性的产品。这促使制造业在设计、生产和营销方面进行相应的调整和创新,以满足消费者多样化的需求。

第二,随着智能技术的不断发展,智能产品在市场上的需求不断增长。智能家居、智能手机、智能汽车等智能化产品的兴起为制造业带来了新的市场机会。制造企业可以通过整合智能技术和传统制造工艺,提供具有智能化功能和良好用户体验的产品,并满足市场需求。

第三,环保意识的提高使得消费者对环保产品和服务的需求增加。制造业在生产过程中应采取环境友好型的生产方式,减少对环境的污染。同时,制造企业可以通过研发和生产环保型产品,满足消费者对可持续发展的需求。

通过技术创新的推动、产业升级的机遇和市场需求变化的影响,中国制造业正在从成本竞争优势向综合竞争优势转型。制造业企业应积极抓住这些机遇,加强技术创新、产品升级和市场拓展,以有效提高竞争力和持续发展能力。

8.2 中国制造业从成本竞争优势到综合竞争优势的路径选择与策略

中国制造业在过去几十年中通过依靠成本竞争优势取得了显著的发展。然而,随着全球经济的演变和市场竞争的激烈化,仅依靠低成本已经不能再维持中国制造业的竞争地位。为了实现从成本竞争优势到综合竞争优势的转变,中国制造业需要选择适合的路径并制定相应的策略(图 8.2)。

在实现这一转变过程中,市场战略的选择是至关重要的。通过开拓高附加值市场、采取多元化市场战略和加强品牌建设和市场定位,中国制造业能够提高产品附加值、扩大市场份额并赢得消费者的认可和忠诚度。这些市场战略选择有助于中国制造业在全球竞争中获得更为稳定和可持续的发展。与此同时,供应链管理优化也是关键的策略之一。通过实施供应链协同管理、数字化转型和建设高效物流体系,中国制造业能够实现供应链的高效运转,提升产品质量和交付能力,以及降低成本和风险。除了市场战略和供应链管理,人才培养与创新驱动也是实现综合竞争优势的重要方面。通过引进和培养高素质的人才,建立创新团队,加强技术研发和知识产权保护,中国制造业能够提升创新能力和竞争力,推动产业升级和转型升级。另外,人工智能与数字化转型也是中国制造业转型的关键领域之一。通过应用智能制造技术、实施数字化供应链管理和进行数据分析与预测,中国制造业能够提高生产效率、优化资源配置并做出更准确的决策,从而实现数字化转型和提升竞争力。最后,绿色制造与可持续发展是中国制造业转型的重要方向。理解绿色制造的概念与意义,应对绿色制造的挑战并制定相应策略和实践,以及获得政策支持和推动措施,都是推动中国制造业向可持续发展方向迈进的关键步骤。

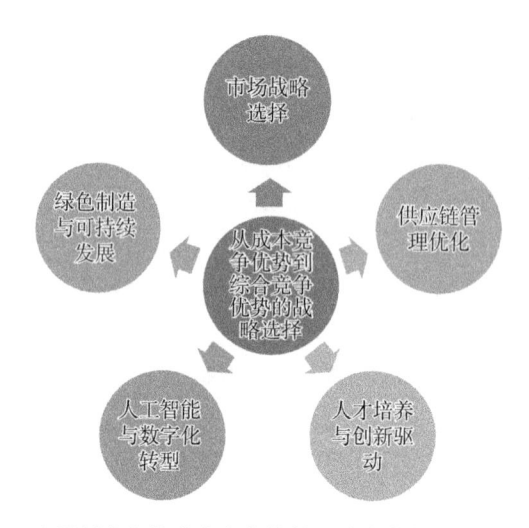

图 8.2 中国制造业从成本竞争优势到综合竞争优势的战略选择

综上所述,中国制造业从成本竞争优势向综合竞争优势的转型需要在市场战略选择、供应链管理优化、人才培养与创新驱动、人工智能与数字化转型以及绿色制造与可持续发展等方面采取相应的策略和举措。下面将分别探讨这些方面的路径选择与相应的策略。

8.2.1 市场战略选择

在中国制造业从成本竞争优势向综合竞争优势的转变过程中,市场战略的选择对于实现这一目标起着关键的作用:

第一,不再仅仅追求低成本,而是寻求更高附加值的市场。传统上,中国制造业以低成本为主要竞争优势,在全球市场中扮演着重要角色。然而,随着全球经济和市场的变化,低成本优势逐渐被其他国家和地区迎头赶上。因此,中国制造业需要转变思维,不仅仅追求低成本,而是寻求更高附加值的市场战略。

第二,为了实现综合竞争优势,制造企业应注重产品创新和差异化。通过研发和设计创新的产品,满足消费者的个性化需求,建立品牌认知度和忠诚度,从而在市场上获得竞争优势。

第三,提供卓越的售后服务和客户支持。制造企业可以通过建立完善的售后服务网络、提供技术支持和维修保养等增值服务,提高客户满意度,并树立良好的企业形象。

第四,中国制造业可以通过开拓新兴市场来拓宽业务范围和增加收入。发展国际市场和进入新兴市场,可以降低对传统市场的依赖,减少与竞争对手的直接竞争,同时也能够获得市场份额的增长和更高的利润空间。

第四,绿色可持续发展也应成为制造企业的重要考虑因素。采用环保的生产工艺、节能减排技术以及减少资源消耗的措施,不仅符合全球环境保护的要求,也能促进企业的形象与竞争力提升。

第五,与其他企业、供应商、客户以及科研机构的合作与创新对于竞争优势的转变有重要意义。通过建立合作伙伴关系,共同开展研发、生产和市场推广活动,可以快速获得新技术和资源,提高企业的创新能力和市场反应能力。

综合来看,市场战略的选择在中国制造业从成本竞争优势向综合竞争优势转变的路径中起着关键作用。

8.2.1.1 高附加值市场的开拓

在中国制造业从成本竞争优势向综合竞争优势的转变过程中,开拓高附加值市场是一个重要的市场战略。

开拓高附加值市场可以帮助中国制造业提高产品的利润率并巩固其在全球价值链中的地位。高附加值市场通常指的是需求更为专业、高端和创新的市场。为了实现这一目标,中国制造业需要提供高质量、创新性和定制化的产品和服务,以最大限度地提升产品的附加值(图8.3)。

技术创新是实现高附加值市场开拓的关键。制造业可以通过不断进行技术创新来开发新产品、改进生产流程以及提高生产效率。通过引入先进的生产技术和设备,提升产品的质量和性能,从而提高产品的附加值。同时,技术创新也可以促使制造业向价值链上游移动,从简单的生产制造环节向设计、研发和创新环节转变。

另一个重要的策略选择是产品升级和高端品牌建设。制造业可以通过不断

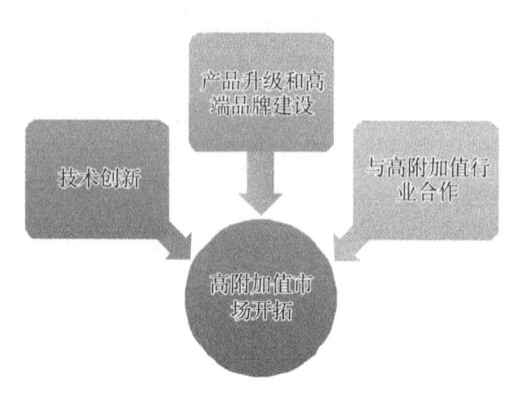

图 8.3　开拓制造业高附加值市场的关键

改进产品设计和功能，提供更具竞争力的产品。同时，建立和提升自主品牌也可以帮助企业在市场中树立良好的品牌形象，提高产品附加值和市场认可度。

与高附加值行业的合作和建立合作伙伴关系也是一种有效的策略选择。通过与高附加值行业的合作，制造业可以借助其专业知识、技术和市场渠道，共同开发创新产品和解决市场需求。这种合作形式可以帮助制造业快速进入高附加值市场，加速产品升级和创新，提升综合竞争优势。在中国制造业中，一些企业已经成功地开拓了高附加值市场，如华为和比亚迪。

案例：华为的高附加值市场开拓策略

华为是中国著名的通信设备制造商，通过技术创新和高端产品在全球市场竞争于高附加值领域。公司致力于研发和生产先进的通信设备、网络解决方案和智能手机等产品，并投入巨大资源于技术创新。华为的研发中心拥有全球影响力，工程师团队规模庞大，拓宽科技发展的边界。在5G技术研发和部署方面，华为做出了重大贡献，推动了全球范围内5G的普及和应用。

华为注重产品的高附加值和创新性，致力于为客户提供具有差异化和竞争力的解决方案，满足不同市场和行业的需求。其产品包括高性能通信设备、智能手机和云计算解决方案等，这些产品具备先进技术和创新功能，能够提供优质用户体验和解决方案。除了技术创新和产品质量，华为还积极拓展全球市场，并与国际运营商和企业展开合作。公司在全球建立了销售和服务网络，与全球领先运营商合作部署网络和解决方案，并提供全方位的技术支持和售后服务。这种合作关系有助于华为扩大市场份额，提升产品附加值和全球市场竞争力。

综上所述，华为通过技术创新、高端产品、全球市场拓展和与合作伙伴的合作，成功地在通信设备制造业中站稳脚跟。公司秉持着为客户提供优质解决方案的理念,不断推动科技进步,推动行业发展。

开拓高附加值市场是中国制造业从成本竞争优势向综合竞争优势转变的合理路径。通过提供高质量、创新性和定制化的产品和服务,技术创新、产品升级和高端品牌建设,以及与高附加值行业的合作,中国制造业可以在市场中获取更大的附加值,并在全球价值链中占据更重要的地位。这将有助于提高企业利润率,推动整体制造业的发展。

8.2.1.2 多元化市场战略

中国制造业可以采取多元化市场战略,将业务扩展到不同的产品领域和市场细分。多元化市场战略有助于降低市场风险,并提供更多的增长机会。通过进一步开拓新兴市场、扩大海外市场份额以及拓展新的产品应用领域,制造业可以实现多元化的市场开拓。此外,与合作伙伴的联合或收购也是一种实施多元化市场战略的途径。

多元化市场战略的核心思想是将业务扩展到不同的产品领域和市场细分,以降低市场风险并获得更多的增长机会。例如发展中的经济体和新兴产业,这些市场通常存在着较高的增长潜力,可以为制造业提供新的发展机遇。同时,中国制造业可以通过扩大海外市场份额来增加销售额和品牌影响力,以及通过积极参与国际贸易、拓展全球销售网络以及提升产品质量和服务水平来实现。

另外,拓展新的产品应用领域也是多元化市场战略的一部分。中国制造业可以通过研发和创新,将现有的技术和产品应用到不同的行业和领域中。例如,将先进的制造技术应用于智能制造、物联网、人工智能等领域,以满足不同行业的需求。

此外,与合作伙伴进行联合或收购也是实施多元化市场战略的一种途径。通过与具有专业知识、市场渠道或先进技术的合作伙伴合作,中国制造业可以快速进入新的市场或产品领域,加速企业的发展步伐。

> **案例:** 小米的多元化市场战略

小米科技有限责任公司是中国的一家以智能手机和智能硬件闻名的电子公司。小米采用了多元化市场战略,在不同的产品领域和市场细分中快速扩展业务。除了手机,小米还推出了智能电视、智能家居设备、电动车等产品。小米在印度市场同样表现出色,通过优质产品和竞争性定价策略,成为该国最大的智能手机供应商之一。

通过不断探索新的产品领域和市场细分,并满足不同市场的需求,中国制造业可以拓展业务、降低市场风险,并在全球舞台上展现自己的竞争力。

总之,多元化市场战略为中国制造业提供了在市场竞争中获得综合优势的路径选择。通过开拓新兴市场、扩大海外市场份额、拓展新的产品应用领域以及与合作伙伴进行合作,中国制造业可以实现多元化的市场开拓,进而提升企业的竞争力。

8.2.1.3 品牌建设和市场定位

在实现综合竞争优势的过程中,品牌建设和市场定位起着重要的作用(图8.4)。中国制造业应该重视品牌价值的建设,通过提升产品品质、创新性和品牌形象,树立国际领先的品牌形象。同时,制造业需要进行市场定位,明确目标客户、市场细分和市场定位策略,以便更好地满足不同市场需求,并实现市场份额的增长。通过品牌建设和市场定位,制造业可以树立差异化的竞争优势,并提高市场竞争力。

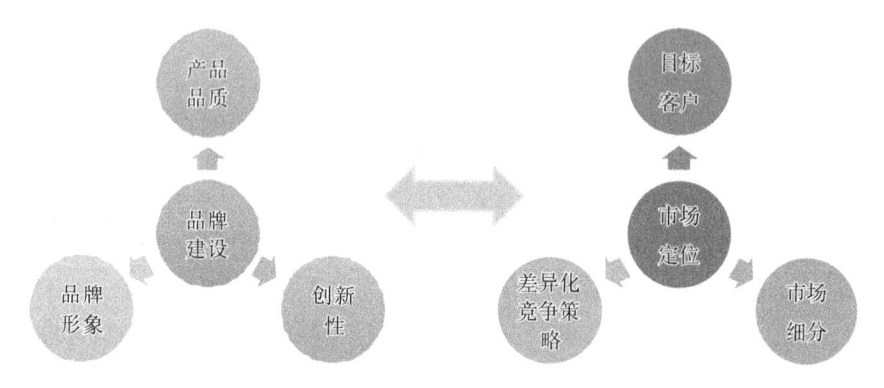

图 8.4 制造业品牌建设和市场定位的关键要素

(1) 在中国制造业提升全球综合竞争优势的过程中,品牌建设显得尤为关键。它不仅能够使企业在全球市场中与竞争对手区分开来,还能够提升产品的附加值和知名度。在品牌建设的过程中,有几个关键要素值得特别注意。首先是产品品质,中国制造业应着重提升产品的质量和可靠性,这需要加强质量管理、产品研发和制造流程控制。其次是创新性,持续的技术创新、设计创新和业务模式创新是品牌建设的重要驱动力,使中国制造业能够在市场上提供独特的产品和解决方案。另外,塑造良好的品牌形象也至关重要,包括品牌名称、标识和口号等方面的建设。通过有效的品牌营销和宣传活动,中国制造业可以提高品牌的知名度和认可度,从而在全球市场中更具竞争力。

> 案例：

罗莱是中国知名的家纺品牌，注重品质和创新。他们致力于提供高品质、舒适和时尚的家庭纺织产品。罗莱通过注重设计、材料选择和质量控制，打造了独特的产品特色和品牌风格。他们通过线上线下渠道进行品牌推广和品牌合作，提升品牌的知名度和形象。罗莱在国内外市场上均享有良好的声誉，并成为消费者心目中首选的家纺品牌之一。

这些案例展示了中国制造企业在品牌建设方面的成功实践。无论是家电还是家纺行业，这些企业都注重产品品质、创新性和品牌形象的塑造，通过积极的市场推广和有效策略，提升了品牌的知名度和认可度。

（2）市场定位是中国制造业发展中不可或缺的一环。在这个过程中，关注目标客户至关重要，深入了解他们的需求、偏好和购买行为。这样的了解有助于制造企业更好地满足客户的需求，提供更符合市场期待的产品和服务。同时，市场细分也是关键，将市场细分成具有相似需求和特征的群体（根据地理位置、年龄、收入水平、兴趣等因素进行区分）可以使制造企业更有针对性地开展市场营销活动。此外，差异化竞争策略是市场定位的自然延伸，制造企业应基于市场定位开发出独特的竞争策略，这种独特性可以是产品功能、性能、设计、定价、渠道选择和客户服务等方面的差异化，以在市场中树立独特的竞争优势。

> 案例：

三只松鼠：三只松鼠是一家以经营坚果类食品为主的中国制造公司，目标客户以中高收入群体为主，注重健康、有机和时尚的生活方式。他们在市场细分上注重差异化，提供各种口味和包装的坚果零食，满足不同消费者的需求。三只松鼠通过精准的营销策略和线上销售渠道的发展，迅速在中国市场崭露头角，成为年轻消费者追求健康零食的首选品牌。

蔚来汽车：蔚来汽车是一家中国新能源汽车制造商，其市场定位是提供高性能、高品质的电动汽车和智能出行解决方案。蔚来注重技术创新和独特设计，致力于提供卓越的驾驶体验和促进自身可持续发展。他们通过建立自有销售和服务中心，以及独特的用户社区，不仅满足消费者对电动汽车的需求，还提供智能化的车联网服务和个性化的客户体验。蔚来汽车在中国市场迅速崭露头角，并成为中国新能源汽车行业的领军企业之一。

这些案例展示了中国制造企业在市场定位方面的成功实践。无论是食品还是科技行业，这些企业通过对技术创新、品质和用户体验的关注，成功地建立了自己的市场形象,并满足了消费者的需求。这些案例为其他企业提供了有益的参考,以在中国市场竞争中脱颖而出。

8.2.2 供应链管理优化

为了实现综合竞争优势,中国制造业需要优化供应链管理。供应链管理涉及从原材料采购到产品交付的整个生产、物流和销售过程。下面将介绍几个关键的供应链管理优化策略,包括供应链协同管理、供应链数字化转型和高效物流体系建设。

8.2.2.1 供应链协同管理

供应链协同管理是指各个供应链参与方之间的紧密合作和协同,以实现供应链的高效运作和优化。在中国制造业中,通过建立合作伙伴关系、共享信息、协调业务流程和技术支持,可以实现供应链各环节的协同和协作。供应链协同管理的关键在于确保信息的透明度和及时性,以便进行有效的需求预测、计划和生产调度。通过供应链协同管理,制造业可以减少库存、降低成本、提高生产效率,并更好地满足市场的需求,从而提升在国际竞争中的行业优势。供应链协同管理需要注意以下几个关键要素的实现(图8.5):

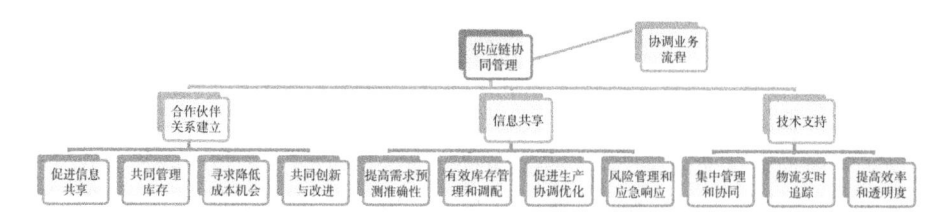

图 8.5 供应链协同管理过程关键要素

(1)建立长期稳定的合作伙伴关系是供应链协同管理的基础。与关键供应商和合作伙伴建立互信、互利的合作关系,共同承担风险和责任,将有助于提高供应链的灵活性和可靠性。合作伙伴关系建立可以给供应链协同管理带来诸多益处。

第一,建立稳定的合作伙伴关系可以促进供应链成员之间的信息共享。通过建立信任和合作的关系,供应链各参与方更倾向于共享关键信息,如需求预测、库存情况、生产计划等。这些信息共享可以帮助供应链中的每个环节根据实际需求进行生产和物流的调整,提高协同效率和响应速度。

第二,稳定的合作伙伴关系有助于共同管理库存。通过与供应商和合作伙伴建立紧密的关系,可以共享库存信息和需求预测数据,进行有效的库存管理和补货规划。这有助于减少库存积压和缺货风险,提高供应链的灵活性和可靠性。

第三,长期合作伙伴关系可以促使供应链参与方共同寻求降低成本的方式和机会。通过深入合作,可以实现成本共享、资源整合和合作采购等方式,降低原材料采购成本、物流成本和运营成本。这有助于提高供应链的整体竞争力。

第四,合作伙伴关系建立了一个共同创新与持续改进的平台。通过共同努力,供应链各参与方可以共同研发新产品、改进业务流程,并相互借鉴最佳实践。这样的合作与创新有助于提高供应链的竞争能力和适应能力。

案例:

京东与苏宁易购的战略合作:京东和苏宁易购是中国两个主要的电商平台,它们在过去几年中建立了一种合作伙伴关系。根据合作协议,两家公司共享仓储和物流资源,进行互补采购和共同开发市场。这种合作关系帮助双方降低了物流成本,提高了订单配送速度,增强了供应链的可靠性和灵活性。

富士康与苹果的合作关系:作为苹果的主要代工厂商之一,富士康与苹果之间建立了长期稳定的合作伙伴关系。富士康通过与苹果的合作,获得了稳定的订单和技术支持,同时通过供应链协同管理,优化了产品生产和物流流程。这种合作关系不仅使得富士康受益,也使得苹果能够稳定供应高质量的产品。

(2)供应链各参与方之间的实时信息共享是供应链协同管理的核心。通过共享供应商和客户的需求信息,以及库存、销售和产能等数据,可以更好地进行需求预测、生产计划和库存管理,减少信息滞后,避免库存积压或缺货情况的发生,提高供应链的响应速度和灵活性。信息共享可以给供应链协同管理带来诸多益处:

第一,供应链参与方之间的信息共享可以提高需求预测的准确性。通过共享客户需求信息和销售数据,供应链中的各个环节可以更好地了解市场需求趋势和变化,从而进行更准确的需求预测和生产计划。准确的需求预测可以帮助避免库存积压或缺货情况的发生,同时提高供应链的响应速度。

第二,信息共享可以支持更有效的库存管理和调配。通过共享库存和仓储数据,供应链参与方可以更好地了解库存状况,避免过剩或短缺的情况。基于实时的库存数据,供应链成员可以进行协调和调整,以实现合理的库存管理和资源分配。

第三,共享生产相关数据有助于供应链中的生产协调和优化。通过共享产能和生产计划信息,供应链参与方可以更好地协调生产活动,避免过度或不足的生产情况，提高生产效率和资源利用率。

第四，信息共享在风险管理和应急响应方面起着重要作用。通过共享供应商和客户的信息，供应链参与方可以更好地识别潜在的风险因素，并快速做出相应的调整和应对措施。及时的信息共享可以帮助减轻风险，保证供应链的稳定性和可靠性。

（3）供应链协同管理需要协调各环节的业务流程。从供应商的原材料采购、生产制造、库存管理，到销售和配送等环节，需要确保业务流程的衔接和协同，避免因信息不对称或操作不协调而导致的问题（如延误）。通过协调各环节的业务流程，供应链能够更加高效地运作，避免了信息不对称和操作不协调所带来的问题，并提高了整体的供应链效能。

（4）供应链数字化和信息技术的应用对于供应链协同管理至关重要。通过采用先进的供应链管理系统、物流管理软件和数据分析工具，可以实现对供应链活动的可视化、追踪和监控，提高供应链的效率和可控性。

第一，采用先进的供应链管理系统可以实现供应链活动的集中管理和协同。根据 Aberdeen Group 的一项研究，使用供应链管理系统的企业相比没有使用系统的企业，其供应链相关成本降低了 20%，交付性能提高了 17%。这是因为系统能够提供实时的供应链数据和可视化报告，使决策者能够快速了解供应链状况并采取相应措施。

第二，物流管理软件能够提供全面的物流信息和实时的运输跟踪功能，从而增加供应链的可控性和透明度。根据 Capgemini 的一项研究，使用物流管理软件的企业平均实现了 30% 的物流成本降低和 25% 的交付时间提前。

第三，通过数据分析工具，企业可以对供应链数据进行深入分析，发现潜在问题和改进机会，从而提高整体的供应链效率和透明度。根据 Deloitte 的一项研究，数据驱动的供应链管理可以帮助企业减少 20% 至 30% 的库存积压和实现 30% 至 40% 的订单交付时间提前。

综上所述，通过应用供应链管理系统、物流管理软件和数据分析工具，企业能够实现供应链活动的可视化、追踪和监控，提高供应链的效率和可控性，这些技术支持可以帮助企业降低成本、提高交付准时率，并实现供应链流程的优化。

通过优化供应链协同管理，中国制造业可以实现以下好处：第一，通过更精确的需求预测和生产调度，减少库存积压和低效生产，提高生产效率和资源利用率；第二，通过供应链协同管理，可以降低物流成本、库存成本和运营成本，提高企业的盈利能力；第三，能够及时获取市场需求信息，快速适应需求变化，提高供应链的灵活性和响应能力，降低供应链风险；第四，通过提供及时交付、高质量产品和个性化服务,增强客户满意度,提升品牌竞争力。

8.2.2.2 供应链数字化转型

供应链数字化转型是将传统的物流和供应链管理过程转变为数字化、智能化和自动化的过程。通过采用物联网、人工智能、大数据分析等先进技术,制造业可以实现供应链过程的即时监控、数据分析和预测,从而提高决策的准确性和效率。数字化转型还可以促进供应链各环节的信息共享和协同,并加强与供应商和客户之间的沟通和合作。

要实现制造业供应链的数字化转型,可以考虑以下关键步骤和措施(图8.6):

图 8.6 制造业供应链数字化转型关键步骤和措施

(1) 制定数字化转型战略。制造企业需要明确数字化转型的目标和愿景,并制定与之一致的战略计划。这包括明确数字化转型的范围和重点领域,确定关键的技术和解决方案,并规划实施的时间表和里程碑。

(2) 采用物联网(IoT)技术。物联网技术允许制造企业的设备和设施之间进行实时互联,并收集和传输大量数据。通过在供应链中采用物联网传感器、标签和装置,可以实现对物流、库存和生产过程的实时监控和追踪,提高物流可见性、准确性和效率。

(3) 进行数据分析和预测。制造企业可以利用大数据分析和预测模型来处理和分析从物联网设备和其他数据源中获得的信息。通过深入分析供应链数据,可以识别潜在的问题和机会,提供实时决策支持,优化供应链流程和资源配置,减少库存积压、降低成本、提高交货准时率。

(4) 实现云计算和软件集成。采用云计算平台和软件集成解决方案,可以实现供应链各个环节之间的数据共享和协同工作。云计算提供灵活的存储和计算能力,使企业能够处理大量的数据和复杂的供应链计划。软件集成可以将不同的供应链管理系统和工具整合起来,实现数据的无缝流动和协同操作。

(5) 采用自动化和智能化技术。采用自动化和智能化技术来提高供应链的效率和可靠性。例如,在生产过程中使用机器人和自动化设备,减少人力介入和提高生产效率。使用人工智能和机器学习算法来优化预测、计划和调度,实现智能化的供应链管理。

(6) 构建供应链可视化和协作平台。建立供应链可视化和协作平台,方便各个供应链参与方之间的实时沟通和协作。这样可以实现信息的共享和提高信息的透明度,提高供应链合作伙伴之间的协调,加速决策和问题解决的速度。

(7) 持续改进和保持创新。数字化转型是一个持续改进和创新的过程。制造企业应该建立一个文化和机制,鼓励员工提出新的想法和解决方案,并持续优化供应链的业务流程和技术应用。同时,关注市场和技术的最新发展,积极探索新的数字化技术和解决方案,以保持竞争优势和适应变化的需求。

通过供应链数字化转型,制造业可以实现更高水平的可视化、智能化和灵活化的供应链管理,从而增强制造业的综合竞争优势(图 8.7):

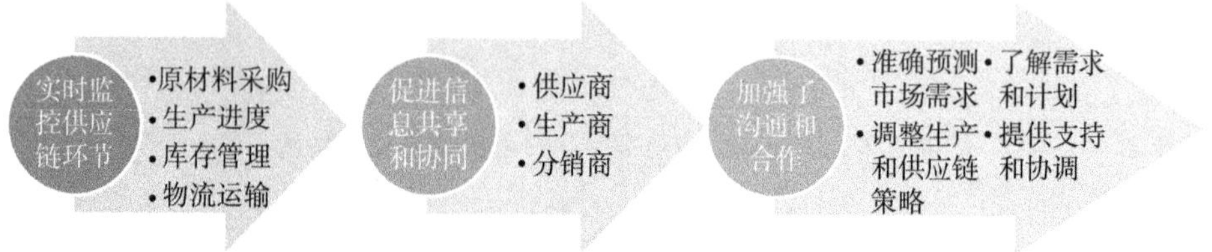

图 8.7 供应链数字化转型增强制造业综合竞争优势的实现过程

首先,通过物联网技术,制造业可以实时监控供应链各个环节,包括原材料采购、生产进度、库存管理、物流运输等。这种实时监控可以提供准确的数据,为决策者提供有关供应链状况的即时洞察。同时,借助大数据分析和人工智能技术,制造业可以对供应链数据进行深入分析,发现趋势、模式和潜在问题,从而更好地预测需求、优化生产计划、降低库存成本等。

其次,供应链数字化转型促进了供应链各个环节之间的信息共享和协同。通过供应链管理系统和协同平台,供应链中的各个参与方(包括供应商、生产商、分销商等)可以实时交换信息,共享供应链数据,并进行协同决策和合作。这种信息共享和协同可以减少信息传递的延迟和错误,提高供应链的敏捷性和响应能力。例如,当市场需求发生变化时,供应链中的各个环节可以快速调整和协调,以满足新的市场需求。

最后,供应链数字化转型加强了制造业与供应商和客户之间的沟通和合作。

通过供应链数字化平台和电子商务工具,制造业可以与供应商和客户进行实时的沟通和交互。这种紧密的合作关系可以帮助制造业更好地了解客户需求,准确预测市场需求,从而调整生产和供应链策略。同时,供应商也可以更好地了解制造业的需求和计划,提供及时的支持和协调。

8.2.2.3 高效物流体系建设

高效的物流体系是实现供应链优化的重要基础。中国制造业应着重建设高效的物流网络和配送系统,以确保原材料的及时供应、产品的准确交付和售后服务的高质量。这包括改进运输和仓储设施的布局、提升物流技术和设备的水平,并建立高效的物流运作机制(图 8.8)。通过高效物流体系建设,制造业可以降低运输成本、提前交货时间,并提升供应链的响应速度和灵活性。

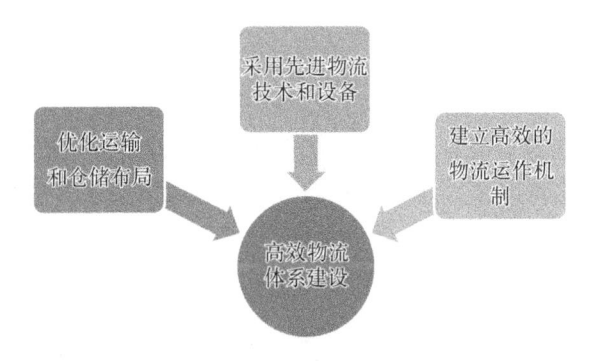

图 8.8　制造业高效物流体系的建设

首先,制造业可以通过优化运输和仓储设施的布局来提高物流效率。这包括合理规划运输路线、建设现代化的仓储设施、优化库存管理等。合理的运输路线和仓储布局可以使物流过程更加流畅和高效,缩短货物的运输时间,并降低物流成本。

其次,制造业可以采用先进的物流技术和设备来提升物流效率。物流技术可以包括自动化仓储系统、智能物流管理系统、无人机或自动车辆等。这些技术和设备可以加速货物的处理和运输过程,减少人为的错误和延误,并提高运输的准确性和可靠性。

最后,制造业可以建立高效的物流运作机制,以确保良好的协调和沟通。这可以包括制定清晰的物流流程和标准操作程序,建立供应链各参与方之间的紧密合作关系,推动信息共享和协同决策,以实现整体物流的高效运转。

通过以上措施,制造业可以实现物流体系的高效建设,并带来以下益处:

第一,优化物流网络和配送系统可以减少运输中的浪费、破损和延误,从而降低相关成本。合理的运输路线规划和仓储布局可以减少里程、节约燃料成本,并降低库存成本。

第二,通过提升物流效率,制造业可以提前产品的交货时间。及时交付可提升客户满意度,增强客户信任,并为企业争取更多业务机会。

第三,提升供应链响应速度和灵活性。高效的物流体系能够使制造业更快地响应市场需求的变化。快速的物流运作可以支持灵活的生产计划和库存管理,使制造业能够及时调整生产和配送策略,满足不断变化的市场需求。

综上所述,建设高效的物流体系对于制造业的供应链管理优化至关重要。它可以降低成本、提前交货时间,并提升供应链的响应速度和灵活性,从而提高制造业的综合竞争优势。

8.2.3 人才培养与创新驱动

为了提升综合竞争优势,中国制造业需要注重人才培养和创新驱动。人才培养和创新构成了制造业可持续发展的关键要素,并且对于提升企业竞争优势和技术创新能力至关重要。重要的策略和措施主要包括人才引进和培养、创新团队建设,以及技术研发与知识产权保护(图 8.9)。

图 8.9 制造业人才培养与创新驱动的实施路径

8.2.3.1 人才引进和培养

人才引进和培养是促进中国制造业发展的关键举措。通过引进高层次人才和专业技能人才,制造业可以获取先进的技术和管理经验。同时,对于现有员工,提供持续的培训和职业发展机会可以提升其技能水平和创新能力。政府可以制定相关政策,鼓励企业加大人才引进和培养的投入,并与高等院校和研究机构合作,建立产学研合作平台,培养适应制造业发展需求的高素质人才。

确保人才引进和培养的成功对中国制造业提升综合竞争优势至关重要。以下提供一些具体的策略和措施来促进人才引进和培养(图 8.10):

(1) 创设吸引人才的环境和条件。政府和企业可以提供具有竞争力的薪酬

创设吸引人才的
环境和条件　　　　　　　加强产学研合作

　　　　　　强调内部人才培养　　　　加大政策支持
　　　　　　　　　　　　　　　　　　和鼓励投入

图 8.10　制造业人才引进和培养措施

和福利待遇，为高层次人才和专业技能人才创造良好的工作环境。此外，提供良好的生活条件和发展机会，比如教育资源、医疗保障等方面，以吸引人才选择在中国从事制造业工作。

案例：

　　政府引导与支持：中国政府通过引入人才引进政策来吸引国际高层次人才。例如，中央和地方政府实行了一系列人才引进计划，如"海外高层次人才引进计划"，鼓励海外具有高级专业技能和管理经验的人才回国工作与创业。政府还提供相关政策和资金支持，为人才提供科研基金、住房补贴和税收优惠等福利。

　　企业支持人才发展：中国的一些制造企业重视人才培养，为员工提供良好的职业发展机会。例如，华为公司注重培养年轻人才的技术和创新能力。他们设立了华为 ICT 学院，为员工提供针对性的技能培训，并鼓励员工参与创新项目和技术研究。

　　建设创新园区和科研机构：中国积极推动高科技产业发展，并建设创新园区和科研机构，提供创新创业的平台和资源支持。例如，深圳的南山科技园和北京的中关村科技园区就成了吸引国内外高科技人才的重要基地。这些园区提供了创新创业的环境和资源，聚集了大量的科研机构、高科技企业和创业者。

　　政府通过引入人才引进政策，提供福利和资金支持，鼓励海内外高层次人才到中国从事制造业工作。同时，企业也注重人才的培养和发展，为员工提供职业发展机会和创新平台。创新园区和科研机构的建设也为人才提供了丰富的资源和机会。

　　（2）强调内部人才培养。除了引进优秀人才，培养现有员工的能力也至关重要。企业可以制定计划和提供内部培训，提升员工的技能和知识水平，使其适应制造业的需求并提升创新能力。强调继续学习和职业发展，使员工能够不断提升自己并适应技术和市场的变化。

中国制造：
从成本竞争优势到综合竞争优势

> **案例：**

内部培训计划：许多中国制造企业制定了内部培训计划，以提升员工的技能和知识水平。例如，富士康科技集团（Foxconn）是一家享有盛誉的电子制造和组装企业，他们通过建立富士康 IE 学院，为员工提供技术培训和发展机会。这个学院提供各种课程，包括生产技术、质量管理和创新设计等，帮助员工获得必要的专业知识和技能。

合作项目和合作学习：一些企业与高等教育机构合作开展项目和学习计划，以培养员工的技能。例如，中国航空工业集团（AVIC）与清华大学合作，开展"航空企业培养计划"，为企业员工提供系统的学习机会。该计划涵盖了航空工程、材料科学和制造技术等领域，帮助员工深入学习和应用相关知识。

制造业技能竞赛：中国举办各种制造业技能竞赛，鼓励员工在特定领域展示技能并与其他行业专业人士竞争。例如，中国职业技能大赛每年举办，范围涵盖了各个行业和职业。这些竞赛为员工提供了一个锻炼和展示自己技能的平台，同时也促进了技能的传承和提升。

通过内部培训计划、合作项目和学习以及技能竞赛，企业能够提高员工的技能水平、推动创新能力的提升，并持续发展员工的职业生涯。这些措施有助于满足制造业的需求，并确保中国制造业在竞争中保持优势。

（3）加强产学研合作。政府、高等院校和研究机构应加强与制造业的合作，建立产学研合作平台。通过共同研发项目、知识共享和技术转移，能够培养出适应制造业需求的高素质人才。同时，制造企业可以提供实习机会、产业讲座和导师制度，与高校和研究机构建立联系，培养人才并加速技术创新。

> **案例：**

物联网技术研发中心：中国移动与清华大学合作成立了物联网技术研发中心。该中心致力于研究和开发物联网相关技术和解决方案，与制造企业合作进行案例研究和技术验证。通过与制造业紧密合作，中心能够了解行业需求，培养物联网领域的专业人才并促进技术创新。

中国航空工业集团与航空院校的合作：中国航空工业集团与多个航空院校合作建立了产学研基地。这些基地提供实习机会、项目合作和技术研究平台，为学生提供与实际企业合作的机会。通过与制造企业密切合作，学生能够深入了解行业需求，提升技术能力，并为制造业提供新的解决方案。

制造业技术创新联盟：中国政府鼓励制造企业与高等院校、研究机构和其他相关企业建立技术创新联盟。例如，中国航天科工集团有限公司与多所高校和研究机构共同建立了航天产学研合作联盟。该联盟通过合作研发、技术共享和人才培养,推动了中国航天制造业的发展和创新。

可见,通过共同研发项目、知识共享和技术转移,实习机会、产业讲座和导师制度等措施,中国能够培养出适应制造业需求的高素质人才,并促进技术创新和产业的发展。这种紧密合作模式有助于加强制造业的竞争力和创新能力。

(4) 加大政策支持和鼓励投入。政府可以制定相关政策,鼓励企业将更多资源用于人才引进和培养。这包括财政支持、税收优惠和奖励措施等。政府还可以设立资金支持和项目扶持,提供创新研发的资金和技术支持,进一步鼓励企业加大创新人才的引进和培养力度。

案例:

技术创新税收优惠政策:中国政府实施了一系列税收优惠政策,鼓励企业增加研发投入和技术创新。例如,针对高新技术企业和创新型企业,政府提供税收减免和减半的政策,降低研发成本,鼓励企业加大技术研发和创新投入。

创新基金和扶持项目:中国政府设立了多个创新基金和扶持项目,以支持企业和科研机构的创新研发活动。例如,国家重点研发计划、国家自然科学基金和科技部重大专项等,这些项目提供资金支持、技术咨询和合作机会,帮助企业加强技术创新和人才培养。

通过制定相关政策,提供财政支持、税收优惠和奖励措施等多种方式,鼓励企业将更多资源用于人才引进和培养。政府设立的创新基金和扶持项目,以及技术创新税收优惠政策,为企业和科研机构提供了资金和技术支持,促进了创新研发和人才培养的发展。这些政策措施为产业与人才之间的合作提供了良好的环境,推动了中国制造业的创新和发展。

通过以上策略和措施,中国制造业可以打造具有竞争力的人才队伍,培养创新驱动型人才,提升企业的技术水平和创新能力,从而实现由成本竞争优势到综合竞争优势的转变。

8.2.3.2 创新团队建设

创新团队是推动制造业创新的重要力量。制造企业应该注重构建高效、多学科的创新团队,吸引具有创新意识和能力的人才。这些团队可以跨部门协作,汇聚不同领域的专业知识和技术,共同攻克技术难题和开展创新项目。此外,企业也可以与高等院校、研究机构等建立合作伙伴关系,共同开展科研项目,促进产学研合作,培养创新型人才。最后,企业还可以设立创新孵化中心,为员工创新创造优质环境(图8.11)。

图8.11 制造业创新团队建设路径

（1）跨部门协作。制造企业可以组建跨部门的创新团队，将不同部门的专业知识和技能汇聚在一起。例如，一个创新团队可以由工程师、设计师、市场专家和生产专家组成，这些团队成员可以共同合作，集思广益，从不同角度解决问题，提出创新的产品设计和制造方案。通过跨部门协作，可以促进团队成员之间的知识共享和协同工作，提高创新效率和质量。

（2）产学研合作。制造企业可以与高等院校、研究机构等建立合作伙伴关系，共同开展科研项目。例如，企业可以与大学的工程院系合作，邀请教授和研究人员担任技术顾问或团队成员，为企业提供专业的技术支持和指导。这种产学研合作可以帮助企业获取最新的科研成果和技术知识，并将其应用到实际的产品研发和制造中，提升企业的创新能力和竞争力。

（3）创新孵化中心。一些制造企业可以设立创新孵化中心，为员工构建创新的平台和环境。这些孵化中心可以提供资源和支持，鼓励员工提出创新点子，并给予他们实施和试验的机会。通过设立创新孵化中心，企业可以培养和发展内部的创新团队，推动员工的创新意识和能力的提升。同时，这些孵化中心也可以成为企业与外部创新机构和创业团队进行合作的平台，促进产业生态系统的共同发展。

通过构建跨部门的创新团队、与高等院校和研究机构进行合作，并设立创新孵化中心，制造企业可以提高创新能力、加速产品研发和技术创新，并培养出更多具有创新意识和能力的人才。这些举措有助于企业在竞争激烈的市场中保持竞争优势，并推动整个制造业的创新发展。

8.2.3.3 技术研发与知识产权保护

技术研发是推动制造业创新和提升竞争力的核心。制造企业应该加大对技术研发的投入，加强自主创新能力的培养和提升。这包括开展前沿技术研究、提升产品设计和工艺技术水平，以及推动新产品的研发和市场化。同时，保护知识产权也尤为重要。加强知识产权保护，可以鼓励企业进行创新投入，提升技术价值,防止知识产权侵权和技术泄露。此外,企业还可以进行技术合作与许可,以及通过技术培训与人才引进提升技术研发能力(图 8.12)。

图 8.12 技术研发与知识产权保护实施路径

(1) 前沿技术研究。制造企业从事前沿技术研究,以保持竞争优势。例如,一家制造企业可以投入资金和人力资源,开展关键技术的研究和实验,探索新材料、新工艺和新技术应用的可能性。这样的研究将有助于企业提升产品质量和性能,开发出具有竞争力的创新产品,并推动行业的技术发展。

(2) 知识产权保护。制造企业在进行技术研发时,必须重视知识产权的保护,企业可以申请专利来保护新发明和创新技术。例如,一家制造企业开发了一种新型的机械装置,可以提高生产效率和产品质量。该企业可以申请专利,确保其在市场上的独占权,防止他人复制或使用该技术,从而保护其技术投入的价值。

(3) 技术合作与许可。制造企业可以与其他企业进行技术合作与许可,实现技术的共享和交流。例如,一家企业在某项技术上取得了重大突破,但是缺乏相关领域的专业知识或市场渠道。这时,该企业可以通过与其他企业建立合作伙伴关系或进行许可协议,共享技术和资源,促进技术的应用和推广。

(4) 技术培训与人才引进。制造企业可以通过技术培训和人才引进来提升自身的技术研发能力。企业可以与高等院校、研究机构或专业咨询公司合作,开展培训项目,提升员工的专业技能水平和创新意识。同时,企业还可以吸引具有创新能力和经验的人才加入团队,为技术研发注入新的动力和思路。

8.2.4 人工智能与数字化转型

在中国制造业实现综合竞争优势的路径选择与策略中,人工智能(AI)与数字化转型扮演着关键的角色,这些技术的应用可以提升制造业的效率、灵活性和创新能力。以下是几个重要的策略和措施,包括智能制造技术应用、数字化供应链管理,以及数据分析与预测(图 8.13)。

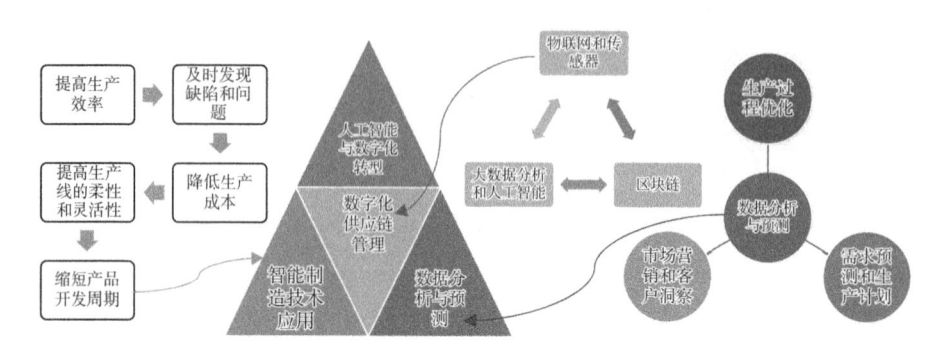

图 8.13　制造业人工智能与数字化转型策略

8.2.4.1　智能制造技术应用

智能制造技术是将人工智能、大数据、物联网等技术应用于制造过程中的关键领域,以实现自动化、智能化和柔性化生产。中国制造业可以通过智能制造技术的应用提高生产效率、提升产品质量,并降低成本。

例如,利用机器学习和视觉识别技术优化生产线的运行,实现智能监测和故障预警;采用自动化和机器人技术提高生产线的柔性和灵活性;应用虚拟现实(VR)和增强现实(AR)技术提升产品设计和制造过程的效率和精确度。

通过将人工智能、大数据、物联网等先进技术应用于制造过程中,中国制造业可以实现以下优势和效益:

(1) 智能制造技术能够实现生产线的自动化和智能化,通过机器学习和视觉识别等技术优化生产过程,提高生产效率和产能。自动化和智能化的生产线可以实现高速、高精度的生产操作,减少人为错误和重复劳动,从而提高生产效率和生产能力。

(2) 智能制造技术可以对产品质量进行实时监测和控制,通过数据分析和反馈,及时发现和纠正生产过程中的缺陷和问题。例如,利用视觉识别技术可以精确检测产品的缺陷和不良,实现零缺陷生产。这有助于提升产品质量水平,减少不良品率,并提升客户满意度。

(3) 智能制造技术的应用可以帮助企业降低生产成本。通过自动化和机器人技术取代部分繁重和重复性劳动,减少人力成本。智能化的生产过程能够减少能源和材料的浪费,提高资源利用效率,从而降低生产成本。

(4) 智能制造技术可以提高生产线的柔性和灵活性。通过自动化和机器人技术的应用,生产线可以快速调整和适应不同产品和订单的需求,实现快速交付和个性化定制。这有助于企业更好地适应市场需求变化,并提高市场竞争力。

(5)智能制造技术可以应用于产品设计和制造过程中。利用虚拟现实(VR)和增强现实(AR)技术,设计师和制造工程师可以进行虚拟实验和模拟,快速验证和优化产品设计和制造方案,这有助于缩短产品开发周期,提高设计和制造效率。

8.2.4.2 数字化供应链管理

数字化供应链管理是通过应用信息技术和数据分析来优化供应链的协同和可视化管理。制造业可以借助数字化技术实现供应链的实时监控、可追溯性和高效协同:利用物联网技术和传感器来实现对供应链各环节的数据采集和监测,从而实现供应链的可视化与追溯;应用大数据分析和人工智能技术来进行供需预测,优化库存管理和生产计划;利用区块链技术确保供应链的安全性和透明度。

(1)物联网和传感器的应用:制造业可以利用物联网技术和传感器在供应链各个环节中实现实时数据采集和监测。例如,在物流环节,货物可以配备传感器,实时监测货物的位置、温度和湿度等信息,以确保物流过程的可追溯性和质量控制。此外,仓库和生产设备也可以安装传感器,以实时监测库存水平和设备运行状态,从而优化供应链的协同和效率。

(2)大数据分析和人工智能的应用:制造业可以利用大数据分析和人工智能技术来进行供需预测和优化库存管理。通过收集和分析大量的供应链数据,例如销售数据、市场趋势和供应商信息,企业可以预测市场需求并相应地调整库存水平和生产计划。人工智能技术还可以自动化供应链决策过程,例如自动调整订单量和供应商选择,从而提高供应链的灵活性和反应速度。

(3)区块链的应用:制造业可以利用区块链技术确保供应链的安全性和透明度。区块链是一个分布式和不可篡改的账本,可以记录和验证供应链中发生的所有交易和活动。通过将供应链中的各个节点和参与方连接到区块链网络,企业可以实现供应链数据的共享和验证,减少信息不对称和欺诈的风险。此外,区块链还可以用于确保原材料和产品的真实性和溯源,提高消费者对产品的信任度。

8.2.4.3 数据分析与预测

数据分析与预测是利用大数据技术和人工智能算法对海量数据进行挖掘和

分析，以获取有价值的洞察和预测，并支持决策。可以利用数据分析和预测来优化生产过程、质量管理和产品设计，如通过分析生产数据来识别生产过程中的瓶颈和改进机会；利用预测模型来预测市场需求和产品销售趋势，从而更准确地制定生产计划和市场营销策略。

(1) 生产过程优化：可以通过分析生产过程中的大量数据来识别瓶颈和改进机会，从而优化生产效率和降低成本。例如，通过监测和分析设备的运行数据，可以确定生产线上的瓶颈和故障点，并采取相应的措施进行改进。数据分析还可以帮助制造企业识别工序中存在的缺陷和质量问题，以及改进产品设计和制造过程。

(2) 需求预测和生产计划：数据分析和预测模型可以帮助制造业预测市场需求和产品销售趋势，从而更准确地制定生产计划和库存管理策略。通过分析历史销售数据、市场趋势和其他相关因素，企业可以预测产品的需求量和销售趋势，以避免库存积压或缺货的问题。这样可以提高供应链的灵活性，减少生产和库存成本，并确保及时满足市场需求。

(3) 市场营销和客户洞察：数据分析可以帮助制造业了解市场和客户的行为和偏好，从而制定更精确的市场营销策略。通过分析市场数据、社交媒体数据和客户反馈，企业可以了解产品在市场上的受欢迎程度、消费者的喜好和购买习惯等信息。这样可以更好地定位产品，改进产品设计，并开展有针对性的市场推广活动，提高产品的竞争力和市场份额。

8.2.5　绿色制造与可持续发展

在中国制造业从成本竞争优势向综合竞争优势转变的路径选择中，绿色制造与可持续发展扮演着重要的角色。随着全球对环境保护的关注日益加深，中国制造业在转型升级的过程中，需要将绿色制造概念融入企业战略和生产实践中。通过技术创新和工艺改进，企业可以减少资源消耗和环境污染，提高生产效率和产品质量，以满足可持续发展的要求，并为企业赢得市场竞争优势。绿色制造使制造业不再仅关注成本竞争优势，而是注重环境保护、资源利用和社会责任。通过采取绿色制造策略，中国制造业可以在追求经济增长的同时实现可持续发展，为未来的发展打下坚实基础。

8.2.5.1　绿色制造的意义

绿色制造是一种以减少对环境的负面影响为核心的制造模式。其主要目标在于通过采用环保技术、改进生产过程和产品设计，减少资源消耗、废物排放和环境污染,从而实现可持续发展。该制造模式追求在生产和消费过程中最大限度地减少对自然资源的需求,同时最小化对环境的损害,涵盖了能源利用效率、废物管理、环境保护、可再生能源利用等多个方面。

在绿色制造的实践中,企业采取多种手段,包括技术创新、生产工艺改进和环境管理措施,以减少能源消耗和碳排放。例如,引入节能设备、优化生产流程、实施循环利用废物以及使用可再生能源等都是绿色制造的实施方式。此外,绿色制造注重对产品生命周期的全面考虑,涉及产品设计、生产、使用到废物处理的各个环节,要求符合环境友好的原则,包括材料选择、产品的可重复使用性、易于拆解和回收利用等方面的考虑。

总体来说,绿色制造旨在实现经济增长与环境保护的良性循环。通过减少资源消耗、降低环境污染和促进可持续发展,绿色制造为人类创造更加清洁、健康和可持续的生产与生活环境,为未来的可持续发展奠定基础。

绿色制造具有重要意义,以下是几个主要方面(图 8.14):

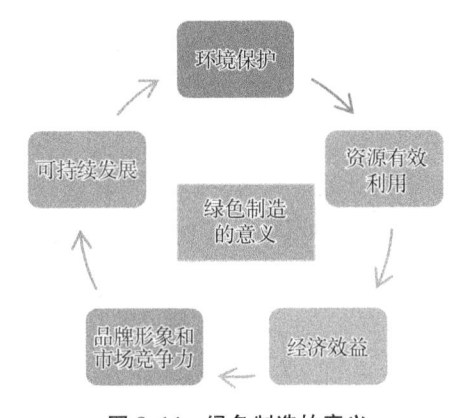

图 8.14 绿色制造的意义

绿色制造的理念旨在降低对环境的不良影响,通过采用环保技术和可持续的生产方式,有效减少能源消耗、废物生成和排放,以及对水、空气和土壤等自然资源的污染。这一做法有助于保护生态系统的稳定性,缓解气候变化和生物多样性丧失等环境问题。

在追求绿色制造的过程中,特别注重优化资源利用效率。通过改进生产过程、实施废物循环利用以及推广可再生能源等措施,能够减少对非可再生资源的依赖,最大限度地利用有限资源,从而提高资源利用效率,减少资源短缺和供需压力。

绿色制造不仅对环境有益,而且对企业和经济体系具有积极作用。首先,它能够降低企业的能源和原材料成本,提高生产效率和竞争力。其次,随着绿色意识的提高,市场对绿色产品和服务的需求也在增加,为企业创造了新的商机和就业机会。

采用绿色制造实践不仅有助于提高企业的经济效益,还能提升其品牌形象和市场竞争力。随着消费者对环保和可持续发展的关注增加,他们更愿意选择具有环保特性和责任感强的企业的产品和服务。通过积极推行绿色制造,企业能够展示其社会责任和可持续发展的承诺,增加消费者对其品牌的认可和忠诚度。

综合而言,绿色制造是可持续发展的重要组成部分,能促使经济增长与环境保护协同发展。通过平衡社会、经济和环境的利益,绿色制造为当前和未来的世代创造了一个可持续的生活环境,使人类能够更好地满足当下需求,同时保护后代利益。

8.2.5.2 绿色制造的优势与挑战

绿色制造是一个旨在减少对环境的不良影响并实现可持续发展的制造模式。它具有许多优势,如降低资源消耗、减少废物排放、提高能源效率,以及改善企业形象和市场竞争力。然而,实施绿色制造也面临一些挑战,如技术和成本方面的限制、转型过程中的困难,以及需要协调各方利益等(图8.15)。了解绿色制造的优势和挑战,将有助于推动其广泛应用并解决相应的问题,以实现更加环保和可持续的制造业。

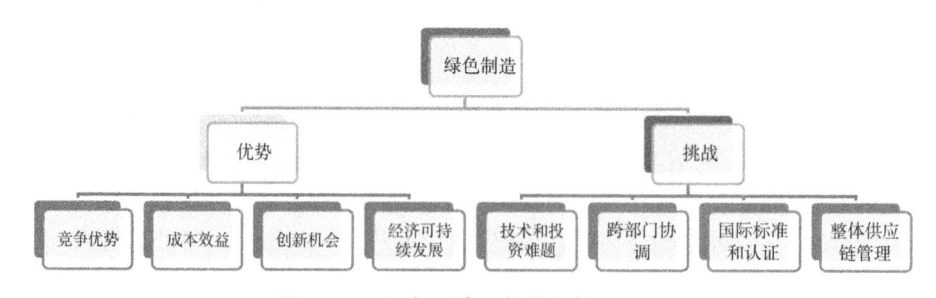

图8.15 绿色制造面临的优势和挑战

一方面,绿色制造具有多方面的优势。首先,它为企业带来竞争优势。随着消费者对环保的关注日益增强,对绿色产品和可持续发展的需求也逐渐升高。通过采用绿色制造实践,企业能够满足市场需求,提高产品的市场竞争力,扩大消费者群体,并加强品牌形象。

其次,绿色制造在长期视角下能够降低成本。通过有效地节约能源和资源、减少废物产生和处理的成本,企业可以提高生产效率、降低生产成本,并在企业运营中实现经济效益。此外,采用绿色制造实践还能减少环境风险和相关处罚,避免因违规或污染事故而面临的法律和罚款风险。

同时,绿色制造鼓励企业进行技术创新和工艺改进。为了减少资源消耗和环境污染,企业需要不断开发和采用新的环保技术和解决方案。这为企业提供了创新和发展的机会,推动了技术进步和产业升级。

最后,绿色制造是实现经济可持续发展的重要手段。通过降低资源消耗和环境污染,绿色制造促进了资源的可持续利用和环境的保护,使经济增长与环境保护相协调。这有助于建立更加稳定和可持续的经济体系,为企业和社会创造长期的经济利益。因此,绿色制造在多个方面为企业和社会带来积极的影响。

另一方面,绿色制造也面临着一系列挑战。首先,技术和投资难题是其中之一,因为采用绿色制造实践需要企业进行技术升级和设备改造,涉及大量资金和技术支持。对于中小型企业而言,这可能成为巨大的挑战,因为它们可能缺乏足够的资源来投入绿色制造的转型。

其次,绿色制造需要在企业的多个部门之间进行有效的协调和合作。从采购到生产、物流到销售,各个环节的资源和信息都需要进行整合和协同。这对组织架构和企业文化提出了要求,即需要建立跨部门的合作机制和沟通渠道。

同时,国际标准和认证也是绿色制造面临的挑战之一。涉及众多的环保标准和认证要求,企业需要适应不同国家和地区的标准,并满足各种认证要求,这可能需要投入大量的时间和精力。标准的更新和演变也是一个持续的挑战,企业需要不断跟进,并调整其制造过程以符合最新的要求。

最后,整体供应链管理是绿色制造的重要方面。企业需要与供应商和合作伙伴密切合作,对整个供应链进行有效的管理和控制,以确保绿色制造实践在整个价值链中得到有效执行。这些挑战共同构成了绿色制造在实施过程中需要克服的关键问题。

案例: 可再生能源电池制造

在过去的几年中,有越来越多的公司将注意力转向可再生能源电池的制造,以应对能源和环境挑战。这些电池可以广泛应用于电动车、储能系统和可再生能源发电设备等领域。在可再生能源电池制造过程中,这些企业也面临着其所带来的优势和挑战。

优势：

竞争优势：随着对可持续能源的需求增加，可再生能源电池制造企业可以满足市场需求，为消费者提供绿色和可持续的能源存储解决方案。这种差异化的产品定位可以帮助企业增强市场竞争力。

成本效益：随着技术进步和规模效应的提高，可再生能源电池制造成本逐渐降低。此外，将生产过程中的环保实践融入供应链管理中，如回收利用材料和减少废物产生，可以进一步降低生产成本和资源消耗。

创新机会：可再生能源电池制造需要技术创新和工艺改进，以提高电池的性能和寿命，并减少对有限资源的依赖。这为企业提供了创新和研发的机会，有助于推动技术进步和产品升级。

经济可持续发展：可再生能源电池制造可以促进可持续能源的利用和环境保护，为经济的可持续发展做出贡献。通过减少对传统能源的依赖，减少碳排放和环境污染，可以建立更加清洁和可持续的能源体系。

挑战：

技术和投资难题：可再生能源电池制造需要大量的技术研发和设备投资。新材料的开发、电池性能的改进和生产工艺的优化都需要投入资金和人力资源。

资源供应链管理：可再生能源电池制造涉及多种材料的采购和供应链管理。在这一过程中可能存在稀有金属、原材料提取的环境影响以及回收材料的再利用等问题。企业需要与供应商和合作伙伴密切合作，确保资源的可持续供应和合规性。

环境影响评估：可再生能源电池制造过程会产生废物和排放物，需要进行全面的环境影响评估和管理。确保生产过程符合环保标准和法规，降低环境风险和负面影响，是一个具有挑战性的任务。

国际竞争：可再生能源电池制造是一个全球化的行业，面临来自全球范围内的竞争。企业需要应对国际市场的变化和竞争压力，不断提升产品质量和技术水平，以保持竞争优势。

这个案例是一个关于可再生能源电池制造的例子，展示了绿色制造的优势和挑战。通过在制造过程中采用环保实践和技术创新，企业可以提升市场竞争优势和成本效益，实现经济可持续发展，但也面临技术投资、供应链管理和环境影响评估等挑战。

8.2.5.3 绿色制造的策略与实践

绿色制造是一种注重环境保护和可持续发展的生产方式。在实施绿色制造的过程中，可以采用以下关键策略和实践措施，包括资源有效利用与节能减排、环保产品设计与生命周期管理，以及绿色供应链与循环经济模式(图8.16)。

（1）资源的有效利用和节能减排是绿色制造的基本要求。企业可以通过以下方法实现资源的有效利用和节能减排：第一，通过改进工艺流程和设备选择，最大限度地减少资源的浪费。合理组织生产线，避免不必要的能源消耗和物料损耗；第二，采用能效更高的设备和技术，例如高效燃烧系统、节能照明设备等，以降低能源消耗；第三，选择能源效率高、能耗低的设备，并优化工艺参数，以减少能源的消耗；第四，建立能源管理体系，进行能源消耗的监测和控制，通过能源管理来提高能源利用效率；第五，积极引入并利用可再生能源，如太阳能、风能等，减少对传统能源的依赖；第六，对企业的能源使用情况进行全面调查和评估，确定能源消耗的薄弱环节，并实施改进措施。

图 8.16 绿色制造的策略与实践

案例： 电子产品制造企业实现资源的有效利用和节能减排实施过程

该企业在生产过程中发现，传统的制造方法存在能源浪费和物料损耗的问题，需要改进以降低对环境的影响。为此，他们采取了以下措施：

首先，对生产线进行分析和调整，通过重新布局设备、优化工艺流程，实现更高效的生产。例如，将设备配置在最佳位置，减少物料运输距离和时间，避免能源和资源的浪费。其次，该企业决定投资购买高效节能的设备。比如，它引入了使用先进燃烧技术的工业炉和燃烧设备，以提高能源利用效率，并减少废气排放。然后，在选择设备和工艺方面，该企业倾向于采用能耗较低的设备，并对工艺参数进行调整，以最大限度减少能源消耗。例如，它选用了节能型照明设备，并通过优化工艺参数控制能源的使用量。接着，该企业建立了能源管理体系，对能源消耗进行定期监测和分析，以便及时发现和解决潜在的问题。例如，它通过设置能源消耗的目标、制定节能措施，并培训员工参与能源管理，以提高能源利用效率和意识。最后，为了减少对传统能源的依赖，该企业积极引入可再生能源。例如，它在厂区安装了太阳能电池板和风力发电设备，以利用可再生能源为生产提供部分电力，减少对煤炭或化石燃料的消耗。

通过以上措施，该企业有效地实现了资源的有效利用和节能减排。他们成功优化了生产过程，引入先进设备和技术，选择节能设备和工艺，建立能源管理体系,并积极推广清洁能源的使用。这些努力不仅降低了能源消耗和废物产生,还提高了企业的竞争力,并积极响应环保和可持续发展的呼吁。

(2)环保产品设计和生命周期管理旨在降低产品对环境的影响,延长产品的使用寿命,促进循环利用。以下是具体实践方法:

第一,从产品设计开始就要考虑环境影响。选择环保材料和工艺,减少有害物质的使用;第二,设计产品时要注重耐用性和可维修性,延长产品的使用寿命,减少资源消耗和废物产生;第三,通过全面评估产品生命周期中的环境影响,包括从原材料获取、生产、使用到废弃处理等各个环节,确定改进措施;第四,鼓励使用可再生材料和能够回收再利用的材料,减少资源消耗和废物排放;第五,向消费者宣传环保产品的信息和标识,引导消费者选择绿色产品,形成绿色消费的氛围。

案例: 家电制造企业致力于生态友好型冰箱的设计和生命周期管理

该企业在设计冰箱时采取了以下环保实践方法:

首先,选择环保材料,如无氟制冷剂和可再生材料。避免使用对臭氧层破坏严重的氟利昂和氯氟烃,选用更环保的制冷剂。此外,使用可再生材料,如再生塑料,降低对有限资源的依赖。

其次,注重产品的耐用性和可维修性,以延长冰箱的使用寿命。设计结实耐用的零部件,并提供可更换的部件和维修指南,使用户能够轻松维修和更新冰箱而不需要整体更换。

然后,进行全面的生命周期评估,从原材料采集、制造过程、产品使用阶段到废弃处理等各个环节,评估冰箱对环境的影响。识别出关键的环境热点,如能源消耗和废弃物管理,并制定改进措施。

接着,鼓励使用可再生材料和能够回收再利用的材料。该企业优先选用可再生材料制造冰箱组件,并致力于提高废弃冰箱的回收和再利用率。与回收和再生利用公司合作,确保废弃冰箱的有效处理和资源回收。

最后,该企业向消费者宣传环保产品的信息和标识。对产品进行认证和标注,如能源标识、环保认证标志,以帮助消费者识别和选择绿色和节能的冰箱产品。

通过以上环保实践方法,该企业的生态友好型冰箱能够降低对环境的影响,延长产品的使用寿命,并促进资源的循环利用。这种注重环保的产品设计和生命周期管理有助于减少能源消耗、废物产生,推动可持续发展,并满足消费者对绿色产品的需求。

(3) 绿色供应链和循环经济模式是推动绿色制造的关键。以下是实践绿色供应链和循环经济模式可以参考的流程：

第一，与环境友好型供应商合作，建立并推广绿色采购政策，选择符合环保标准的原材料和零部件；第二，提高物流和运输的效率，减少能源消耗和碳排放。采用智能物流管理系统，优化运输路径和运输工具选择；第三，建立回收体系，回收和处理废弃产品和原材料，实现资源的再利用；第四，推动循环经济发展，通过废物再加工和资源再利用，实现资源的最大化利用和循环利用；第五，与供应商合作，促进其环境管理、社会责任承担和可持续发展，共同推进绿色供应链的建设。

通过资源有效利用与节能减排、环保产品设计与生命周期管理以及绿色供应链与循环经济模式的实践，企业可以减少对环境的影响，提高资源利用效率，推动绿色制造的发展。这不仅有助于保护环境，减少资源耗竭，还能提升企业形象和竞争力，并与社会共同实现可持续发展的目标。

案例：一家服装品牌致力于建立绿色供应链和实践循环经济模式

该服装品牌在实践绿色供应链和循环经济模式时采取了以下具体措施：

首先，与符合环保标准的供应商建立合作关系，共同推动绿色供应链的建设。品牌与供应商进行定期的环境审核和社会责任评估，确保供应商的经营符合环保要求，包括使用环保材料、遵守环保管理标准等。

其次，制定绿色采购政策，要求从环保认证的供应商采购原材料和零部件。品牌优先选择符合环保标准的原材料，如有机棉、再生纤维等。同时，他们鼓励供应商采用可持续生产和采购方式，减少资源消耗和环境影响。

接着，通过采用智能物流管理系统，优化物流和运输过程，减少能源消耗和碳排放。该品牌使用智能路线规划，选择最优的运输路径和运输工具，同时探索可替代传统燃料的清洁能源运输方式，如电动车辆和可再生能源动力船舶。

然后，建立废弃物回收体系，回收和处理生产过程中产生的废弃物和废料。与回收和再利用企业合作，将废弃物进行分类、处理和再加工，实现资源的再利用。废弃布料可以被回收用于制造新的纺织品，废弃纤维材料可以转化为能源或用于其他工业用途。

最后，与供应商合作，共同推进环境管理、社会责任承担和可持续发展。通过定期培训和交流活动，促进供应商对绿色供应链的理解和实践。品牌与供应商密切合作，分享最佳实践，努力提高整个供应链的环境绩效和可持续性。

通过以上措施，该服装品牌在建立绿色供应链和实践循环经济方面取得了积极的成果。它通过选择环保供应商和原材料、优化物流运输、废弃物回收再利用等措施,降低了对环境的影响,并积极推动可持续发展。这种绿色供应链和循环经济模式的实践有助于减少资源消耗、废弃物产生,促进循环利用,同时提升企业形象和竞争力。

8.2.5.4 绿色制造的政策支持与推动措施

政府政策与法规支持是推动绿色制造的重要手段之一。政府可以通过制定相关法律法规和政策,鼓励企业采用环保技术和可持续生产方式,促进绿色制造的发展(图 8.17)。

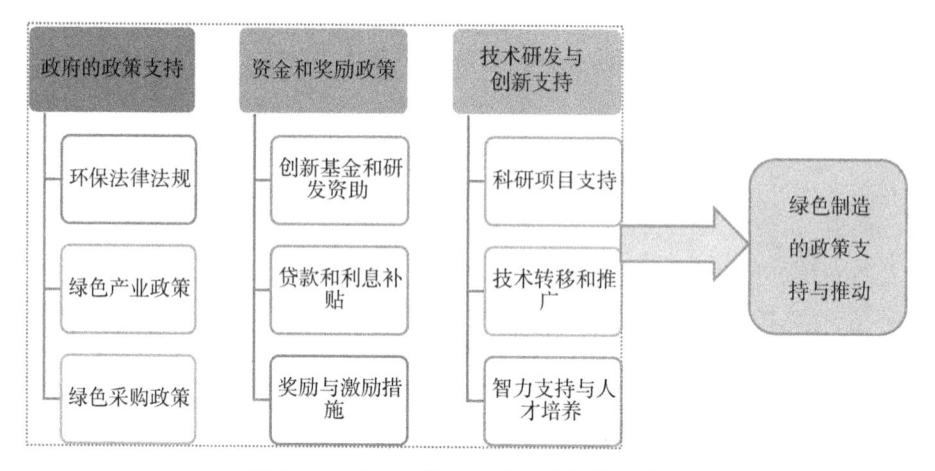

图 8.17 绿色制造的政策支持与推动措施

(1) 政府的政策支持可以包括以下方面:政府在促进环保方面采取了多重手段。首先,通过颁布和执行环保法律法规,政府规范企业的环境行为,确保其在生产过程中遵循环境保护的原则和标准。这包括对环境保护要求、废物处理标准和排放控制要求等的制定,以强制推动企业对环境友好的经营。其次,政府通过绿色产业政策鼓励和支持绿色制造相关的行业和企业。这些政策可能涵盖税收减免或优惠、投资补贴、用地政策等方面,旨在激励企业在绿色制造领域进行投资和创新,推动绿色产业的发展。最后,政府还可以实施绿色采购政策,要求政府机构和公共部门在采购过程中优先选择符合环保标准的产品和服务。这一举措为绿色制造企业提供更广阔的市场机会,促进其技术和产品在市场上的推广和应用,进一步推动整个产业向环保可持续方向发展。这三方面的政策综合起来,形成了一个全面的框架,以引导企业朝着环保和可持续发展的方向迈进。

（2）金融和奖励政策在推动绿色制造方面扮演着关键的支持角色。政府通过提供资金支持和奖励措施，鼓励企业进行绿色制造的技术研发和实施，从而推动整个行业向更环保和可持续的方向发展。首先，政府可以设立绿色制造创新基金，为企业提供资金支持。这些资金可以用于绿色制造技术和产品的研发、试验和推广，从而促进绿色制造的技术创新和应用。这种形式的资金支持有助于降低企业在绿色制造领域的研发成本，鼓励更多企业积极投入绿色技术的创新。其次，政府还可以通过设立绿色制造贷款机制来支持企业。这包括提供低息贷款，降低企业进行绿色制造投资的融资成本。同时，政府还可以提供利息补贴，进一步减轻企业的融资压力，为其在绿色制造领域的投资提供财政支持。最后，奖励与激励措施也是金融支持的一部分。政府可以设立奖励机制，对在绿色制造领域取得突出成就的企业给予奖励和荣誉。通过对优秀企业的奖励和激励，政府可以树立示范效应，激发其他企业的积极性和创新性，推动整个绿色制造行业的进步。综合而言，这些金融和奖励政策形成了一个综合的支持体系，促使企业更加积极地投身于绿色制造的发展与实践。

（3）技术研发与创新支持是推动绿色制造不可或缺的关键要素，政府在此方面发挥着重要作用。首先，政府通过开展科研项目或合作研究，为绿色制造的相关技术提供资金和专业支持。这些项目涵盖了广泛的领域，包括环境友好材料研发、高效能源利用技术研究、生态设计和生命周期评估等，为企业在绿色制造领域的技术创新提供了有力支持。其次，政府可以促进绿色制造相关技术的转移和推广。通过建立技术培训、技术交流平台，政府帮助企业将绿色制造的技术从研究实验室推向市场。这有助于加速绿色技术在实际生产中的应用，推动整个产业向更环保和可持续的方向发展。最后，政府可以致力于智力支持与人才培养。通过鼓励和支持高校、科研机构和企业之间的合作，可以促进绿色制造领域专业人才的培养。利用建立人才培养计划、资助计划或设立奖学金等方式，吸引更多的人才从事绿色制造技术研发和创新工作，为行业的可持续发展提供更多的智力支持。这些综合的技术研发与创新支持措施共同促进了绿色制造领域的不断进步和发展。

8.3 本章小结

中国制造业正经历技术创新、产业升级和市场需求变化的关键时刻。技术创新方面，人工智能、云计算、大数据和5G等技术推动制造业智能化和自动化。

中国制造：
从成本竞争优势到综合竞争优势

产业升级受消费升级趋势和新兴市场需求增长的影响，通过调整产业结构，能更好地满足市场需求。市场需求变化方面，消费者对产品质量、安全性和环保性的关注提升，智能产品需求增加，为制造业带来新的市场机遇。

为形成综合竞争优势，中国制造业可采取多重策略。首先，通过高附加值市场、多元化市场战略、品牌建设和市场定位提升竞争优势，实现持续增长和创新。其次，关键策略之一是优化供应链管理，通过协同管理、数字化转型和高效物流，提高供应链效率，实现成本优化、准时交付和提升客户满意度。同时，人才培养和创新驱动也至关重要，引进高层次人才、培养创新团队，并提升技术水平和创新能力。此外，人工智能与数字化转型是重要路径之一，通过智能制造技术、数字化供应链管理和数据分析，提升生产效率、优化供应链管理，提供更有竞争力的产品和服务。最后，绿色制造在中国制造业中扮演着关键角色，通过技术创新和工艺改进，减少资源消耗，降低环境污染，实现可持续发展，提升市场竞争优势。绿色制造的实施需企业认识到其重要性，制定相应战略和措施，同时政府、行业组织和利益相关方提供支持与合作，为绿色制造创造更广阔的发展空间。

总体而言，中国制造业需超越简单低成本发展，追求高质量、可持续发展。政府、企业和社会需共同努力，强化产业链和供应链管理，注重环境保护和人员福利，加强创新和人才培养。只有通过创新和升级，中国制造业才能实现高质量发展的目标。

第 9 章

研究结论和展望

9.1 主要结论和启示

中国制造业在过去几十年中取得了巨大发展,主要依靠低劳动力成本的竞争优势。然而,随着时间的推移,低劳动力成本优势将逐渐减弱,中国制造业面临着转型升级的挑战。为了实现可持续发展和提高国际竞争力,中国制造业需要加强技术创新、提高产品质量和服务水平,并实现向综合竞争优势的转变。在数字化转型方面,中国制造业已经取得了一定的进展,但仍需加强技术应用和人才培养,以提高生产效率和降低成本。此外,中国制造业还面临着资源短缺和环境污染等问题,需要推动资源节约型社会的建设和循环经济模式的实施。在未来,中国制造业需要拓展高附加值领域,促进制造业与服务业、新兴产业的融合,并加强与全球市场和供应链的合作。通过这些努力,中国制造业有望实现可持续发展,提高竞争力和影响力。具体研究结论和启示如下:

第一,中国制造业在中国国民经济中占据重要地位,并对国际贸易做出了巨大贡献。作为全球制造业的重要一部分,中国制造业在技术发展、推动创新和转型升级等方面发挥着重要作用。然而,中国制造业面临着一系列重要问题和挑战。首先,中国制造业需要提高技术含量,以满足市场需求和提高产品质量。其次,制造业与服务业、新兴产业的融合也是中国制造业发展的重要问题。此外,中国制造业还面临着一系列挑战,包括技术投入、人才培养、资源短缺和环境污染等问题。在数字化转型方面,工业互联网、工业物联网、5G、云计算和大数据等先进技术已经在制造业普及应用。然而,与发达国家相比,中国制造业在数字化转型方面仍存在差距,仍需要解决诸多挑战。

第二,中国制造业的劳动力成本呈现上升趋势,但相对于其他国家仍具有明显的劳动力成本优势。同时,中国制造业的劳动生产率也在不断提高,超过了劳动力成本的增长速度,表现出竞争优势的增强态势。然而,制造业的劳动生产率仍位于国际比较的末位,需要提高劳动生产率。因此,中国制造业未来的发展方向应该从单纯强调劳动力成本转向以提高劳动生产率为重点的发展模式,实现劳动力成本的适度增长与劳动生产率的高速增长相结合,以维持和巩固竞争优势。

第三,中国制造业正从成本竞争优势向综合竞争优势转变。成本竞争优势主要来自低成本劳动力、廉价原材料和税收政策优惠等因素。然而,制造业面临着人口老龄化、劳动力成本上升和环境问题等挑战,为了提升综合竞争优势,需要优化成本效益和规模经济、供应链集成和物流效率、人力资源和人才培养、创新与智能制造,以及数字经济和信息技术的应用。通过优化这些要素,可以提高产品质量以及供应链管理和客户服务能力,形成更全面的竞争优势。此外,物流效率对制造业竞争优势具有重要影响,通过提高物流效率,可以降低供应链成本、提高服务水平,增强供应链的灵活性和可持续发展能力。然而,中国物流产业的总体效率水平不高,不同地区之间存在较大差异。因此,提升物流效率是提升制造业综合竞争优势的关键策略之一。综合来看,物流效率、智能制造和数字经济都是制造业在追求综合竞争优势时可以利用的战略手段。通过优化物流管理、采用智能制造技术和充分利用数字化经济的机遇,企业可以提高产品质量、增强生产效率、满足个性化需求,并与竞争对手区别开来,从而在市场上获得竞争优势。

第四,物流效率对制造业竞争优势的影响逻辑包括降低供应链成本、提高供应链服务水平,以及增强供应链的灵活性和可持续发展能力。中国不同地区之间存在较大的物流效率差异,物流效率的提高对制造业供应链成本有显著影响,提高物流基础设施建设水平是优化物流环境、降低成本和提升制造业竞争优势的重要途径。采用物联网、大数据、云计算等信息化技术可以提高物流实时性和精准度,供应链管理在物流行业发展中起着重要作用。

第五,智能制造是利用信息技术、自动化技术和人工智能等先进技术,实现制造过程智能化、高效化和灵活化的生产方式。中国政府高度重视智能制造的发展,并通过政策支持措施促进制造业的转型升级。智能制造为企业提供了更高效、灵活和可持续的制造方式,推动产业的升级和转型,为经济发展提供了强大的支持和动力。在智能制造领域,中国在技术研发和应用方面取得了显著进展，主要集中在工业机器人技术、大数据和物联网技术以及虚拟现实和增强现实技术等方面。中国智能制造的地位和影响力得到了巩固。智能制造为制造业带来了巨大的潜力和机遇，通过应用信息技术和先进技术，实现生产过程的智能化和高效化，推动企业在竞争激烈的市场中脱颖而出。ChatGPT作为一种强大的语言模型，在制造业中有多项重要应用，如智能客服、虚拟培训导师、实时监测优化和设备故障诊断等。它可以提供决策支持、优化制造流程、促进协同工作以及改善客户体验，推动创新和持续改进。然而，在应用ChatGPT时仍需面对数据质量、领域专业知识、数据安全与隐私保护以及人工与自动化的平衡等挑战。

第六，中国制造业在数字经济时代面临着多重挑战和机遇。为了保持竞争优势，需要加强技术创新和升级，提高产品质量和服务水平，培养创新人才。数字化转型对制造业的竞争优势提升至关重要，包括数字化生产流程优化、数字化供应链管理、数字化物流管理和数据驱动的市场营销等方面，政府的支持和政策措施也是数字化转型的重要保障。通过解决技术、人才、安全和文化等问题，中国制造业可以在数字经济时代保持竞争优势，并成为全球智能制造和数字化创新的重要参与者。战略选择包括加强自主创新和技术升级、加强合作与协同、培养高素质人才，以及积极参与全球价值链的重构和重组。通过这些战略选择，中国制造业可以在数字经济背景下保持竞争优势，成为全球智能制造和数字化创新的重要参与者。

第七，中国制造业正处于技术创新、产业升级和市场需求变化的转型过程中。技术创新方面，人工智能、云计算、大数据和5G等技术的推动使制造业实现了智能化和自动化。产业升级方面，消费升级趋势和新兴市场需求增长提供了发展机会，调整产业结构可以实现更好的发展。市场需求变化方面，消费者对产品质量、安全性和环保性的关注度提升，智能产品需求增长，给制造业带来新的市场机会。为了实现综合竞争优势的转变和升级，应采取多个重要路径和策略方向。首先，通过开拓高附加值市场、多元化市场战略、品牌建设和市场定位等策略，提升竞争优势，并实现持续的增长和创新。其次，供应链管理优化是关键的策略之一，通过供应链协同管理、数字化转型和高效物流体系建设，提高供应链的运作效率，从而实现成本优化、准时交付和提升客户满意度。人才培养和创新驱动也至关重要，通过引进高层次人才、培养具有创新意识和能力的团队，并加强技术研发和自主创新能力，培养竞争力强的人才队伍，提升技术水平和创新能力。另外，人工智能与数字化转型是重要的路径之一，通过智能制造技术应用、数字化供应链管理和数据分析与预测，提升生产效率、优化供应链管理，并提供更具竞争力的产品和服务。绿色制造在中国制造业的发展中扮演着重要角色,通过技术创新和工艺改进,可以减少资源消耗、降低环境污染,并实现可持续发展和提升市场竞争优势。然而,实施绿色制造也面临一些挑战,这需要企业意识到其重要性,并制定相应的战略和措施,同时政府、行业组织和利益相关方也需要提供支持和合作,为绿色制造创造更广阔的发展空间。

9.2 创新之处

本书的创新之处主要体现在以下三个方面:

(1) 综合考虑成本和效率。本书在研究中国制造业竞争优势时,不仅考虑了劳动力成本的变动趋势,还综合考虑了劳动生产率的提高。通过综合考虑成本和效率两个因素,对制造业的竞争优势进行了全面分析,提出了适度增长的劳动力成本与高速增长的劳动生产率相结合的发展模式。

(2) 强调综合竞争优势的转变。本书指出,中国制造业需要从单纯依靠低劳动力成本的竞争优势转变为基于规模效应的综合竞争优势。通过优化成本效益和规模经济、供应链集成和物流效率、人力资源和人才培养、创新与智能制造,以及数字经济和信息技术的应用,中国制造业可以提高产品质量以及供应链管理和客户服务等方面的能力,形成更全面的竞争优势。

(3) 突出物流效率、智能制造和数字经济的重要性。本书强调了物流效率、智能制造和数字经济在制造业综合竞争优势中的重要地位。通过优化物流管理、采用智能制造技术和充分利用数字化经济的机遇,制造企业可以提高产品质量、增强生产效率、满足个性化需求,并与竞争对手区别开来,从而在市场上获得竞争优势。

9.3 未来研究展望

综合竞争优势的战略选择为我们提供了一次深入了解中国制造业在数字经济时代的发展路径的机会。然而,这仅仅是一个开始,未来研究仍然有许多方向值得深入探索和拓展。

(1) 数字化转型的深入研究

未来的研究可以更深入地探讨数字化转型对制造业的全面影响。重点可以放在更具体的技术创新、数字化生产流程优化,以及数字经济背景下的供应链管理等方面。这有助于更全面地理解数字化转型对不同制造业子领域的影响,并提供更具体的战略建议。

第9章
研究结论和展望

（2）全球价值链重组与重构

随着制造业的数字化转型,全球价值链正在发生变革。未来研究可以探讨中国制造业如何更积极地参与全球价值链的重组与重构,以提高在全球市场中的地位。重点可以放在跨国合作、技术升级,以及创新能力的提升等方面。

（3）人才培养与转型

人才缺口一直是制造业数字化转型的瓶颈之一。未来的研究可以深入研究人才培养的策略和机制,以促进制造业人才的快速培养与转型。这可能包括教育体系的改革、培训计划的制定,以及与产业需求更紧密贴合的协同机制。

（4）数据安全与隐私保护

随着数字化转型,数据的重要性愈发突出。未来研究可以深入探讨如何更有效地加强数据安全管理和隐私保护,特别是在制造业中。这可能涉及技术手段、政策制定,以及行业标准的建立等方面。

（5）政府政策与支持

未来的研究可以关注政府在数字化转型中的更具体的支持和政策。这包括政策的实施效果、政策的灵活性,以及政府与企业的协同机制。对政府支持策略的深入研究有助于为未来政策制定提供更具体的建议。

（6）环境可持续性与创新

未来的研究还可以关注制造业数字化转型对环境的影响,以及如何通过创新手段实现环境可持续发展的目标。这可能包括对绿色制造技术、循环经济模式等方面的探索。

总体而言,未来的研究可以深入挖掘数字经济时代下中国制造业的各个方面,为业界提供更多实践指南和决策支持。这些深入研究不仅有助于解决当前数字化转型中的挑战,还能够为未来制造业的可持续发展提供更多的启示。

参考文献

[1] 王霞. 劳动报酬在国民收入中的比重[J]. 中国统计,2009(12):14-15.

[2] KORINGS J, WALSH P. Evidence of efficiency wage payments in UK firm level panel data [J]. The Economic Journal,1994,104(424):542-554.

[3] LEWIS W A. Economic development with unlimited supplies of labour[J]. The Manchester School,1954,22:1-32.

[4] RANIS G. The micro-economics of surplus labor[C]. Center Discussion Paper, 1997:772.

[5] JORGENSON D W. The development of a dual economy[J]. The Economic Journal, 1961, 71: 309-334.

[6] ZAREMBKA P. Marketable surplus and growth in a dual economy[J]. Journal of Economics Theory, 1970, 2:107-121.

[7] 李玉红,郑玉歆. 企业演化:中国工业生产率增长的重要途径[J]. 经济研究,2008(6): 12-15.

[8] ABOWD J M, LEMIEUX T. The effects of international competition on collective bargaining outcomes: a comparison of the United States and Canada[M]. Chicago: University of Chicago Press,1991:124-135.

[9] LETTE, BANISTER J. China's manufacturing employment and compensation costs: 2002-06[J]. Monthly Labor Review,2009(4):35.

[10] 阿瑟,刘易斯. 二元经济论[M]. 施炜,谢兵,苏玉红,译. 北京:北京经济学院出版社,1989.

[11] 蔡昉. 劳动力成本提高条件下如何保持竞争力[J]. 开放导报,2007(2):26-33.

[12] 叶飞文. 中国劳动力比较优势极其走向[J]. 中国劳动,2005(2):27-28.

[13] 杨新华. 对我国劳动力比较优势的理性思考[J]. 北方经济,2008(1):22-23.

[14] A. 谢苗诺夫,C. 库兹涅佐夫. 论促进劳动生产率提高的因素[J]. 国外财经,1992(2): 65-70.

[15] TONE K. A slacks-based measure of efficiency in data envelopment analysis [J].

European Journal of Operational Research,2001,130(3):498-509.

[16] TONE K. A slacks-based measure of super-efficiency in data envelopment analysis[J]. European Journal of Operational Research,2002,143(1):32-41.

[17] 周杰.中国智能制造业绿色全要素生产率增长的时空演变[J].技术经济与管理研究,2022(9):100-105.

[18] 陈佳.中国智能制造业国际竞争力评价研究[J].技术经济与管理研究,2022(5):118-122.

[19] 杨仁发,陆瑶.人工智能对制造业高质量发展的影响研究[J].华东经济管理,2023,37(4):65-76.

[20] 王玉梅,张晓炜.智能经济下我国制造业智能制造能力成熟度指标体系研究[J].科学决策,2021(11):118-132.

[21] 王媛媛,张华荣.全球智能制造业发展现状及中国对策[J].东南学术,2016(6):116-123.

[22] 钟志华,臧冀原,延建林,等.智能制造推动我国制造业全面创新升级[J].中国工程科学,2020,22(6):136-142.

[23] 谢伟丽,石军伟,张起帆.人工智能、要素禀赋与制造业高质量发展——来自中国208个城市的经验证据[J].经济与管理研究,2023,44(4):21-38.

[24] 刘峰.全球制造业变革的前景与挑战——智能制造发展形势多重解析[J].学术前沿,2015(11):18-26.

[25] 付宏,刘其享,汪金伟.智能制造、劳动力流动与制造业转型升级[J].统计与决策,2020(23):181-184.

[26] 刘军,钱宇,曹雅茹,等.中国制造业智能化驱动因素及其区域差异[J].中国科技论坛,2022(1):84-93.

[27] 郑丽琳,刘东升.工业智能化如何影响制造业参与国际分工——基于全球价值链视角[J].广东财经大学学报,2022,37(4):18-29.

[28] 曾玲玲,肖雅南.制造业智能化水平测度及其对企业投资效率影响的研究[J].工业技术经济,2022,41(9):69-78.

[29] 郑琼洁,王高凤.人工智能对中国制造业价值链攀升的影响研究[J].现代经济探讨,2022(5):68-75.

[30] 崔艳.人工智能对制造业就业的影响及应对研究:来自微观企业和劳动者调查数据[J].当代经济管理,2022,44(3):59-66.

[31] 刘曙光,孟庆婕.人工智能技术对中国制造业全球价值链升级的影响效应研究[J].工业技术经济,2022,41(12):94-99.

[32] 戴理达.数字时代制造业服务化转型的财务困境与纾解——兼论智能产品的定价模型与收入核算[J].财会通讯,2022(21):82-89.

[33] 李廉水,石喜爱,刘军.中国制造业40年:智能化进程与展望[J].中国软科学,2019(1):1-9+30.

[34] 袁晴棠,殷瑞钰,曹湘洪,等.面向2035的流程制造业智能化目标、特征和路径战略研究[J].中国工程科学,2020,22(3):148-156.

[35] 米晋宏,江凌文,李正图.人工智能技术应用推进中国制造业升级研究[J].人文杂志,

2020(9):46-55.

[36] 李健旋.中国制造业智能化程度评价及其影响因素研究[J].中国软科学,2020(1):154-163.

[37] 陈瑾,李若辉.新时代我国制造业智能化转型机理与升级路径[J].江西师范大学学报(哲学社会科学版),2019,52(6):145-152.

[38] 罗序斌.传统制造业智能化转型升级的实践模式及其理论构建[J].现代经济探讨,2021(11):86-90.

[39] 王立平,李缓.制造业智能化、产业协同集聚与经济高质量发展——基于高技术产业与生产性服务业实证分析[J].管理现代化,2021,41(2):24-28.

[40] 林琳,吕文栋.数字化转型对制造业企业管理变革的影响——基于酷特智能与海尔的案例研究[J].科学决策,2019(1):85-98.

[41] 郑琼洁,王高凤.人工智能驱动制造业价值链攀升:何以可能,何以可为[J].江海学刊,2021(4):132.

[42] 黄群慧.《中国制造业发展研究报告2019:中国制造40年与智能制造》书评[J].经济学动态,2019(11):156-157.

[43] 雷芳,王媛媛.美德日制造业智能化转型创新模式比较——基于国家创新体系的视角[J].亚太经济,2022(3):72-79.

[44] 王媛媛.高质量发展背景下中国制造业智能化转型:成就、问题与创新路径分析[J].亚太经济,2020(2):116-126+152.

[45] 付文宇,李彦,赵景峰.人工智能如何影响地区制造业优化升级?——基于双重中介效应的研究[J].经济体制改革,2020(4):187-193.

[46] 李廉水,鲍怡发,刘军.智能化对中国制造业全要素生产率的影响研究[J].科学学研究,2020,38(4):609-618+722.

[47] 唐晓华,迟子茗.工业智能化对制造业高质量发展的影响研究[J].当代财经,2021(5):102-114.

[48] 孙早,侯玉琳.人工智能发展对产业全要素生产率的影响——一个基于中国制造业的经验研究[J].经济学家,2021(1):32-42.

[49] 朱小艳.数字经济赋能制造业转型:理论逻辑、现实问题与路径选择[J].企业经济,2022,41(5):50-58.

[50] 陈素梅,李晓华.数字经济驱动制造业绿色发展的作用机理[J].企业经济,2022,41(12):140-150.

[51] 周勇,吴海珍,韩兆安.数字经济对制造业转型升级的影响[J].统计与决策,2022(20):122-126.

[52] 屠年松,李柯,柴正猛.数字经济如何影响制造业全球价值链地位:机制分析与空间溢出[J].科技进步与对策,2022,39(22):62-71.

[53] 李娜,王宏,王艺.数字经济对制造业高质量发展的非线性异质影响研究[J].技术经济与管理研究,2022(10):10-15.

[54] 崔祥民,张子煜.传统制造业与数字经济融合模式研究[J].财会通讯,2023(2):16-25.

[55] 陈晓峰.数字经济发展对我国制造业升级的影响——基于省际面板数据的经验考察[J].南通大学学报(社会科学版),2022,38(3):128-140.

[56] 冯居易,魏修建.信息服务业与制造业互动融合的研究——基于数字经济背景的实证分析[J].技术经济与管理研究,2022(1):94-98.

[57] 郑琼洁,姜卫民.数字经济视域下制造业企业数字化转型研究——基于企业问卷调查的实证分析[J].江苏社会科学,2022(1):137-149.

[58] 李煜华,廖承军,向子威.数字经济背景下制造业服务化转型组态路径研究[J].中国科技论坛,2022(8):68-76.

[59] 潘彪,黄征学.数字经济时代制造业转型与空间区位变革[J].改革,2022(10):65-77.

[60] 李莹,程广斌.制造业与数字经济产业融合水平及创新效率测度[J].统计与决策,2023(1):17-22.

[61] 杜金柱,吴战勇,扈文秀,等.数字经济与制造业高质量发展:影响机制与经验证据[J].统计与决策,2023(7):5-10.

[62] 柳毅,赵轩,杨伟.数字经济对传统制造业产业链创新链融合的影响——基于中国省域经验的实证研究[J].浙江社会科学,2023(3):4-14+156.

[63] 王小明,邵睿,朱莉芬.数字经济赋能制造业高质量发展探究[J].改革,2023(3):148-155.

[64] 周正,门博阳,王搏.数字经济驱动制造业高质量发展的增长效应——基于中国数字经济与制造业的实证检验[J].河南师范大学学报(哲学社会科学版),2023,50(1):72-78.

[65] 魏长升,周航宇.数字经济与制造业产业链现代化耦合协调研究[J].工业技术经济,2023,42(4):24-33.

[66] 梁向东,苏在坤.数字经济驱动中国制造业高质量发展的空间效应[J].江汉论坛,2023(6):19-25.

[67] 周正,王搏.数字经济推动制造业高质量发展路径研究——以居民消费为中介效应的实证检验[J].学习与探索,2023(5):113-121.

[68] 王金波,王佳.数字经济赋能制造业出口竞争力:基于出口质量攀升的视角[J].武汉金融,2023(1):17.

[69] 吴剑辉,许志玉.数字经济驱动制造业绿色转型:门槛效应与空间溢出效应[J].现代管理科学,2023(2):124-133.

[70] 惠宁,杨昕.数字经济驱动与中国制造业高质量发展[J].陕西师范大学学报(哲学社会科学版),2022,51(1):108-122.

[71] 张旭娜,南士敬,卢山冰.数字经济与制造业企业创新——基于企业生命周期理论的检验[J].商业研究,2023(2):81-89.

[72] 韦庄禹.数字经济发展对制造业企业资源配置效率的影响研究[J].数量经济技术经济研究,2022,39(3):66-85.

[73] 陶长琪,丁煜.数字经济政策如何影响制造业企业创新——基于适宜性供给的视角[J].当代财经,2022(3):16-27.

[74] 罗军,邱海桐.城市数字经济驱动制造业绿色发展的空间效应[J].经济地理,2022,42(12):13-22.

[75] 马中东,宁朝山.数字经济、要素配置与制造业质量升级[J].经济体制改革,2020(3):24-30.

[76] 李治国,王杰.数字经济发展、数据要素配置与制造业生产率提升[J].经济学家,2021

(10):41-50.

[77] 刘鑫鑫,惠宁.数字经济对中国制造业高质量发展的影响研究[J].经济体制改革,2021(5):92-98.

[78] 李英杰,韩平.数字经济下制造业高质量发展的机理和路径[J].宏观经济管理,2021(5):36-45.

[79] 何文彬.全球价值链视域下数字经济对我国制造业升级重构效应分析[J].亚太经济,2020(3):115.

[80] 焦勇.数字经济赋能制造业转型:从价值重塑到价值创造[J].经济学家,2020(6):87-94.

[81] 徐星,惠宁,崔若冰,等.数字经济驱动制造业高质量发展的影响效应研究——以技术创新效率提升与技术创新地理溢出的双重视角[J].经济问题探索,2023(2):126-143.

[82] 薛君,许雷鑫,张利.数字经济下制造业升级的德国模式及借鉴[J].宏观经济管理,2023(4):80-90.

[83] 李颖,贺俊.数字经济赋能制造业产业创新研究[J].经济体制改革,2022(2):101-106.

[84] 黄赜琳,秦淑悦,张雨朦.数字经济如何驱动制造业升级[J].经济管理,2022,44(4):80-97.

[85] 徐兰,吴超林.数字经济赋能制造业价值链攀升:影响机理、现实因素与靶向路径[J].经济学家,2022(7):76-86.

[86] 付文宇,李彦,赵景峰.数字经济如何赋能中国制造业优化升级?[J].经济问题探索,2022(11):128-142.

[87] 田朔,孙爱琳.数字经济对中国制造业企业创新的影响研究[J].经济问题,2023(6):41-49.

[88] 秦建群,赵晶晶,刘超.数字经济与制造业高质量发展——基于政府创新偏好调节效应的研究[J].西南民族大学学报(人文社会科学版),2022,43(10):104-115.

[89] 董香书,王晋梅,肖翔.数字经济如何影响制造业企业技术创新——基于"数字鸿沟"的视角[J].经济学家,2022(11):62-73.

[90] 李史恒,屈小娥.数字经济赋能制造业高质量发展:理论机制与实证检验[J].经济问题探索,2022(10):105-117.

[91] 王德祥.数字经济背景下数据要素对制造业高质量发展的影响研究[J].宏观经济研究,2022(9):51.

[92] 董婉璐,李慧娟,杨军.数字经济发展对中国制造业的影响研究——基于可计算一般均衡模型的价值链分析[J].价格理论与实践,2022(9):78-82+205.

[93] 张百珍,张捷.数字经济与制造业全球价值链嵌入[J].金融与经济,2022(7):49-61.

[94] 于世海,许慧欣,孔令乾.数字经济水平对中国制造业资源配置效率的影响研究[J].财贸研究,2022,33(12):19-34.

[95] 李春发,李冬冬,周驰.数字经济驱动制造业转型升级的作用机理——基于产业链视角的分析[J].商业研究,2020(2):73-82.